高等院校经管类"十三五"规划教材

税务稽查学（第二版）

主编 唐登山

WUHAN UNIVERSITY PRESS
武汉大学出版社

图书在版编目(CIP)数据

税务稽查学/唐登山主编.—2版.—武汉：武汉大学出版社,2019.4
高等院校经管类"十三五"规划教材
ISBN 978-7-307-20672-4

Ⅰ.税… Ⅱ.唐… Ⅲ.税务稽查—高等学校—教材 Ⅳ.F810.423

中国版本图书馆 CIP 数据核字(2018)第 299662 号

责任编辑:唐 伟 责任校对:李孟潇 版式设计:马 佳

出版发行:**武汉大学出版社** （430072 武昌 珞珈山）
（电子邮箱: cbs22@ whu.edu.cn 网址: www.wdp.com.cn）
印刷:湖北民政印刷厂
开本:787×1092 1/16 印张:17 字数:403 千字 插页:1
版次:2010 年 10 月第 1 版 2019 年 4 月第 2 版
 2019 年 4 月第 2 版第 1 次印刷
ISBN 978-7-307-20672-4 定价:45.00 元

目　　录

第一章　税务稽查学概述

第一节　概　　述

一、税务稽查现象及其法律法规的产生

税收是政府为了满足社会公共需要，凭借政治权力，强制、无偿地取得财政收入的一种形式。尽管纳税人缴纳税款的目的是为公共需要提供资金，但由于纳税人所缴税款和其所享受的公共服务二者之间并不存在类似市场机制发生作用的领域那样"等价交换"，因此，为了减轻自己的税收负担，部分纳税人可能会违反税法、不遵从税法，甚至会偷漏税款。由此，在社会分工中需要有对纳税人（含扣缴义务人，下同）是否遵从税法的行为进行审查的部门和人员，这就是税务稽查存在的理由。

税务稽查需要相应的法律法规进行规范。依法治税是现代社会对税收征收管理的要求。我国从 1993 年开始推行"新税制"，奠定了今天税制结构的框架。与此同时，税收征收管理的法律法规也为了适应"新税制"而出台。1992 年 9 月 4 日，我国第七届全国人民代表大会常务委员会第二十七次会议通过了《中华人民共和国税收征收管理法》（以下简称《税收征收管理法》），随后几经修订，当前版本是 2015 年 4 月 24 日修正版。中华人民共和国国务院于 2002 年 9 月 7 日颁布《中华人民共和国税收征收管理法实施细则》（以下简称《税收征收管理法实施细则》），随后也几次修订，当前版本是 2016 年 1 月 13 日修正版。我国税务部门的税务稽查行为适用《税收征收管理法》和《税收征收管理法实施细则》。

二、税务稽查的定义

税务稽查是税务机关依法对纳税人、扣缴义务人履行纳税义务、扣缴义务情况所进行的税务检查和处理工作的总称。

税务稽查的基本任务是依照国家税收法律、法规，查处税收违法行为，保障税收收入，维护税收秩序，促进依法纳税，保证税法的实施。

税务稽查必须以事实为根据，以税收法律、法规、规章为准绳，依靠人民群众，加强与司法机关及其他有关部门的联系和配合。

税务稽查工作应当按照确定稽查对象、实施稽查、审理、执行等程序分工负责，互相配合，互相制约，以保证准确有效地执行税收法律、法规。

从上述定义中可以看出，税务稽查与注册会计师审计有相似之处：都是对被稽查

（或被审计）单位的行为是否合法合规进行"鉴证"的行为。但二者是相似而不相同的。

三、税务机关税务稽查与注册会计师审计（审阅等）的关系

（一）共性

税务稽查是税务机关依法对纳税人、扣缴义务人履行纳税义务、扣缴义务情况所进行的税务检查和处理工作的总称。注册会计师审计是指注册会计师接受客户委托，对客户财务报表进行独立检查并发表意见。税务稽查和注册会计师审计（阅）有很多相似之处，我们仅列举比较重要的方面说明如下：

（1）目标相近。二者都是"鉴证"业务，前者是评价被检查方是否遵循税收的法律法规，后者是评价被审单位是否按照适用的会计规则和相关会计制度的规定编制财务报表以及报表是否在所有重大方面公允反映被审单位的财务状况、经营成果和现金流量。换言之，二者都是评价被查（审）单位是否遵循了相应的规则。区别在于，前者的规则是税法；后者的规则是会计准则和会计制度。

（2）手段相近。二者都需要按照必要的程序，获取具有说服力的证据，以形成被查（审）单位是否遵循各自领域内的准则（或规范）的结论。因此，在进行税务稽查时可以借鉴注册会计师审计（阅）方面的技术手段，"让证据说话"。如何找到证据，"眼耳鼻舌身"全方位"感知"：观察、阅读（文件）、监盘、询问、函证、分析等，都是我们可以考虑的获取证据的手段。

（二）差异

税务稽查和注册会计师审计（阅）具有很多不同之处，我们仅列举比较重要的方面说明如下：

（1）引发稽查或审计（阅）工作的需求不同。前者是属于税收"征—管—查"中的一部分环节，是属于税务机关的"内部"事务，是辖区税务机关的职责所在，而且不存在有偿服务或无偿服务之分；后者是属于社会大众（投资人或潜在投资人、债权人、政府等）为确认被审计（阅）单位是否"违规"（违会计准则之规）而引发的必要工作，该工作对于会计师事务所来说是可选的，是一种有偿服务。

（2）查方与被查方的关系不尽相同。注册会计师及其事务所与被审单位是一种独立的市场主体之间的民事关系或合约关系，是否接受注册会计师及其事务所的审计（阅）是可以商谈的。而税务稽查则不同，查方与被查方的"身份"代表的是"征方"与"纳方"的关系，只要税务稽查人员在稽查过程中不违规，被查方是不可以选择稽查方的，当然如果在稽查违规的情况下，被查方可根据《中华人民共和国赔偿法》等法律文本保护自己的合法权益。

（3）两者关注的侧重点不同。前者的侧重点在于对纳税人（被查方）的涉税方面进行检查，对于其他方面的关注只是为了达到税务稽查的目的而实施的手段；后者侧重于对被查方的财务报表进行检查，所关注的面比前者要广泛得多，纳税人的涉税问题只是其中

的一部分。

(4) 两者的检查"路径"不尽相同。税务稽查是对涉税项目进行检查，一般按税种进行，如增值税稽查、消费税稽查、企业所得税稽查等，其中商品劳务流转税多与取得收入有关，故商品劳务流转税的稽查多从纳税人的"销售与收款循环"入手①；企业所得税不仅与取得收入有关，而且与营业（销售）成本、费用类账户有关，故企业所得税的稽查才与注册会计师审计的"路径"类似，即不仅涉及"销售与收款循环审计"，还涉及"采购与付款循环审计""存货与仓储循环审计""筹资与投资循环审计"等"路径"。而注册会计师审计则是大体上需要从企业的"产、供、销"等多环节实施审计。

(5) 两者的取证权限不同。根据《中华人民共和国税收征管法》，税务机关有权检查纳税人（扣缴义务人）的会计信息资料、有权到纳税人（扣缴义务人）的生产经营场所实施检查、有权检查纳税人（扣缴义务人）的存款账户、有权到车站（码头、机场、邮政企业及其分支机构）实施检查与纳税人（扣缴义务人）相关的信息资料、有权责成纳税人（扣缴义务人）提供相关信息资料、有权询问纳税人（扣缴义务人），纳税人、扣缴义务人必须接受税务机关依法进行的税务检查，如实反映情况，提供有关资料，不得拒绝、隐瞒。而注册会计师在获取证据时在很大程度上有赖于被审计单位及相关单位的配合和协助，对被审计单位及相关单位没有行政强制力。

(6) 两者对发现问题的处理方式不同。税务机关对从事生产、经营的纳税人以前纳税期的纳税情况依法进行税务检查时，发现纳税人有逃避纳税义务行为，并有明显的转移、隐匿其应纳税的商品、货物以及其他财产或者应纳税的收入的迹象的，可以按照批准权限采取税收保全措施或者强制执行措施；对违反国家规定的，可向有关主管机关提出处理、处罚意见。注册会计师对审计过程中发现需要调整和披露的事项只能提请被审计单位调整和披露，没有行政强制力，如果被审计单位拒绝调整和披露，注册会计师视情况出具保留意见或否定意见的审计报告。如果审计单位受到被审计单位或客观环境的限制，注册会计师视情况出具保留意见或无法表示意见的审计报告。②

第二节　工作规程

所谓工作规程，是指从事某项工作应需经历的业务流程及应遵循的规则和程序。税务稽查是一项技术性、利害关系较强的工作，因此需要有规范的工作规程加以强调。所谓技术性强，是指税务稽查工作对工作人员的技术要求较强，工作人员除了最基本的应懂得税收法律法规外，还应具有类似于注册会计师那样的"审计"能力。所谓利害关系强，是指税务稽查涉及税收征纳双方的利益关系，尤其是纳税方的利益关系。

---

① 当然，由于我国增值税用当期销项税额减去当期进项税额，因此增值税稽查不仅涉及"销售与收款循环"，还涉及"采购与付款循环"。

② 中国注册会计师协会编：《审计》，经济科学出版社 2010 年版，第 14 页。

　　税务稽查大致分为四个工作环节：稽查选案环节、稽查实施环节、稽查审理环节、稽查执行环节。其中第一环节涉及"谁"会被选为被稽查对象，第二环节涉及具体的案头稽查和（或）现场稽查，第三环节涉及对第二环节的结论进行再评估，第四环节涉及如何处理纳税人的涉税违法或犯罪行为。

一、稽查选案环节的规定

　　稽查局应当在年度终了前制订下一年度的稽查工作计划，经所属税务局领导批准后实施，并报上一级稽查局备案。

　　税务稽查对象一般应当通过以下方法产生：①采用计算机选案分析系统进行筛选；②根据稽查计划按征管户数的一定比例筛选或随机抽样选择；③根据公民举报、有关部门转办、上级交办、情报交换的资料确定。

二、稽查实施环节的规定

　　稽查实施环节包括两个阶段：准备阶段和具体实施阶段。现分述如下：

　　（一）稽查实施的准备阶段

　　该阶段包括如下几个方面的准备：

　　①法律准备。税务稽查是一项政策性很强的工作，税收法律及其他相关的经济法律是税务稽查工作的根本法律依据，不了解和熟悉法律就不能做好该项工作。尤其是面对被稽查对象复杂，涉及的行业广泛，纳税人违法表现多种多样的现状更要求稽查人员有较高的执法水平和能力。可以说，稽查前的法律准备对最终稽查结果有决定性的影响。在该阶段税务机关应根据具体稽查对象查找并明确相关的适用法律，以保证稽查工作顺利进行。

　　②资料准备。按照我国现行的税收管理体制和要求，纳税人申报纳税时必须同时向其税务主管部门报送各类财务报表，因而，税务机关向纳税人实施稽查前已经掌握纳税人被稽查期的财务报表。为了提高税务稽查的效率和效果，税务稽查机关和稽查人员在准备阶段可以分析相关的会计报表，找出疑点，确定实施稽查的目标。

　　③技术准备。全面分析纳税人的情况，拟定稽查的提纲和重点，是准备阶段一项重要的任务。每个被稽查对象的具体情况不同，做技术准备时除了分析纳税人的财务报表外还要分析纳税人生产经营的特点和现状，确定稽查的目标和重点。

　　④送达税务稽查通知书。按照有关法律的规定，税务机关进行税务稽查时必须以法律允许的形式提前告知纳税人，下达税务稽查通知书是税务机关实施稽查的必经程序。当然以电话通知的形式告知纳税人税务稽查的时间也是实践中经常采取的一种方法。

　　（二）具体实施阶段

　　该阶段是稽查人员实际行使稽查权力的工作阶段。按照《中华人民共和国税收征收管理法》的规定，这个阶段的主要工作内容如下：

①出示有关法律证件，明确稽查人员的执法身份。

②在法律允许的范围内进行实物稽查，包括检查会计凭证、会计账簿、会计报表、银行对账单和各类发票的存根和未使用发票、纳税人签订的各类合同、库存现金、各种银行支票的存根、库存产品和材料、经营场所等。

③根据需要采取法律允许的手段记录、录音、录像、照相和复制纳税人的有关资料包括财务资料。

④向被稽查对象解释有关的政策法律。

⑤按照法律规定编制稽查工作底稿并保存稽查底稿。

⑥按照法律规定向其他部门提出行政协助的要求，并完成行政协助事宜。

⑦依法实施税收保全措施。

⑧制作《稽查报告》交审理环节，完成稽查实施过程。

三、稽查审理环节的规定

该环节的工作包括以下内容：

①受理实施环节的稽查报告；

②审理实施环节的稽查报告；

③对不合规定的稽查报告提出补充意见，返回稽查环节，限时补充稽查；

④采取适当的方式处理应审理的案件；

⑤制作《审理报告》《税务处理决定书》连同《稽查报告》呈报局长批准；

⑥将批准的《税务处理决定书》转交执行环节执行，制作其他有关的法律文书，登录数据资料库；

⑦对达到刑事立案标准的，经局长批准填制《税务案件移送书》移送司法部门处理；

⑧各种稽查资料由审理环节统一整理立卷归档。

四、稽查执行环节的规定

该环节的工作包括以下内容：

①接受税务审理环节转来的《税务处理决定书》；

②送达《税务处理决定书》；

③要求被查对象按期缴纳税款和滞纳金或税收罚款；

④对既不履行纳税义务又不申请税务行政复议和诉讼的被查对象及时采取税收强制措施；

⑤执行完毕后，制作《执行报告》，经批准后，报送有关部门。

第三节　常　用　文　书

一、税务稽查文书的概念

税务稽查文书是税务机关依法对纳税人、扣缴义务人履行纳税义务、扣缴义务及其他纳税义务情况进行检查和处理的活动中所形成的文件、资料及其他书面文字的总称。

规范的税务稽查文书，有利于提高稽查人员的执法水平，增强法制观念，避免执法程序上的不规范和执法的随意性，并减少由此而产生的税务行政复议的变更和税务行政败诉的发生，保证了执法的公正、正确。

二、常用文书

税务相关文书是指税务机关在实施税收管理过程中印制的具有统一标准的文件格式。① 税务稽查文书可以按税务稽查环节分为选案环节的文书、实施环节的文书、审理环节的文书、执行环节的文书，也可按文书送达对象分为内部传递文书、对外执法文书。部分常见文书如下。

（一）税务稽查任务书

税务稽查任务书是税务上级机关对下级机关下达税务稽查任务时的书面文件，其格式如下：

税务稽查任务书

- 编号：
- _____：
- 根据稽查工作计划，请在_____期间对附件所列纳税人共_____户实施稽查。
- 税务机关（章）
- 年　　月　　日
- 附件：　　份
- 说明：
- 1. 本通知适用于上级机关对下级机关下达稽查任务时使用。
- 2. 本通知一式两份，一份下达稽查任务机关留存，一份交执行稽查任务机关。
- 3. 本通知为 16 开竖式。

（二）税务稽查通知书

税务稽查通知书是税务机关对拟被稽查对象下达的准备实施稽查环节的文书，其格式如下：

---

① 有兴趣的读者可浏览国家税务总局网站，点击"下载中心"即可搜索到相关信息。

_____税务局（稽查局）

税务检查通知书

____税检通一〔 〕 号

_____：

　　根据《中华人民共和国税收征收管理法》第五十四条规定，决定派_____等人，自_____年___月___日起对你（单位）___年___月___日至_____年___月___日期间（如检查发现此期间以外明显的税收违法嫌疑或线索不受此限）涉税情况进行检查。届时请依法接受检查，如实反映情况，提供有关资料。

税务机关（签章）

年 月 日

告知：税务机关派出的人员进行税务检查时，应当出示税务检查证和税务检查通知书，并有责任为被检查人保守秘密；未出示税务检查证和税务检查通知书的，被检查人有权拒绝检查。

_____税务局（稽查局）

税务检查通知书

____税检通二〔 〕 号

_____：

　　根据《中华人民共和国税收征收管理法》第五十七条规定，现派_____等___人，前往你处对_____进行调查取证，请予支持，并依法如实提供有关资料及证明材料。

税务机关（签章）

年 月 日

告知：税务机关派出的人员进行税务检查时，应当出示税务检查证和税务检查通知书，并有责任为被检查人保守秘密。未出示税务检查证和税务检查通知书的，被调查人有权拒绝为税务机关提供有关资料及证明材料；有权拒绝协助税务机关调查取证。

（三）询问（调查）通知书和笔录

询问（调查）笔录是指在实施询问程序时对所询问的信息进行的记录，其格式如下：

_____税务局（稽查局）
询问通知书
____税询〔 〕 号

_____：

　　根据《中华人民共和国税收征收管理法》第五十四条第（四）项规定，请_____于_____年___月___日___时到_____就涉税事宜接受询问。

联系人员：

联系电话：

税务机关地址：

税务机关（签章）
年　　月　　日

_____税务局（稽查局）
询问（调查）笔录

（第　　次）
共　　页第　　页

时　　间：_____　　　地　　点：_____

询问（调查）人：_____　　记录人：_____

被询问（调查）人姓名：_____性别：_____年龄：_____

证件种类：_____　　证件号码：_____

工作单位：_____　　职务：_____　　联系电话：_____

住址：_____

问：_____

答：_____

_____

询问（调查）人签字：_____　　记录人签字：_____

被询问（调查）人签字并押印：　　　　　　年　　月　　日

（四）调取账簿资料通知书和清单

调取账簿资料清单是指税务稽查过程中根据工作需要对被查单位的账簿资料进行调取时形成的文书，其具体格式如下：

_____税务局（稽查局）
调取账簿资料通知书
____税调〔 〕 号

_____：

根据《中华人民共和国税收征收管理法实施细则》第八十六条规定，经_____税务局（分局）局长批准，决定调取你（单位）____年___月___日至____年___月___日的账簿、记账凭证、报表和其他有关资料到税务机关进行检查，请于____年___月___日前送到_____税务局（稽查局）。

联系人员：

联系电话：

税务机关地址：

税务机关（签章）
年 月 日

调取账簿资料清单

被查对象名称：   共 页第 页

序号	账簿资料名称	资料所属时间	单位	数量	页（号）数	备注

税务检查人员签字：	税务检查人员签字：
企业经办人签字：	企业经办人签字：
税务机关（签章）	税务机关（签章）
调取时间： 年 月 日	退还时间： 年 月 日

（五）协查函

协查函是不同的税务机关为了完成稽查工作所需要的协助稽查工作而进行的往来函件，其格式如下：

×××税务局
协 查 函
（　　）税调〔　〕号

_____:

　　现将_____等（单位或个人）_____转去，请你单位协助查证下列问题：

　　1.

　　2.

　　3.

　　结果请函复。

　　附件　　份

　　税务机关（章）

年　　月　　日

　　函复地址：　　　单位：　　　邮编：　　　电话：

　　说明：

　　1. 本通知一式两份，一份存档，一份函寄对方机关。

　　2. 本通知为 16 开竖式。

（六）检查存款（储蓄）账户许可证

检查存款（储蓄）账户许可证是指稽查人员需要对被查单位的银行存款（储蓄）账户进行检查时向银行金融机构出示的证明文书，其格式如下：

_____税务局（稽查局）
检查存款账户许可证明
____税许〔　　〕　号

_____：

　　根据《中华人民共和国税收征收管理法》第五十四条第（六）项规定，经_____税务局（分局）局长批准，我局税务人员_____等____人（税务检查证号码分别为：_____）前去你处查询_____的_____情况，请予支持协助。

税务机关（签章）
年　　月　　日

（七）检查证明

　　检查证明是指对金融、军工、尖端科学等保密单位和跨管辖行政区域纳税人进行税务检查时出示的文书，其格式如下：

×××税务局
税务检查专用证明（存根）
（　　）税证字第　　　号

前往单位：_____

检查人员：_____　检查证号：_____

批准人：_____

年　　月　　日
（加盖税务机关印）

税务检查专用证明

（　　）税证字第　　号

_____ :

　　兹有我局税务人员_____等_____人（检查证号分别为：_____）前去你处检查_____的_____情况。

　　请你处予以接洽。

税务机关（章）

年　　月　　日

说明：1. 本证明适用于对金融、军工、部队、尖端科学等保密单位和跨管辖行政区域纳税人的税务检查。

　　　2. 本证明规格为 16 开竖式。

（八）稽查底稿①

稽查底稿是指税务稽查人员在税务稽查过程中形成的税务稽查工作记录和获取的资料。其格式如下：

×××税务局
税务稽查底稿
税　　类问题：

账簿名称	凭证序号	记账时间	对应科目	问题摘要	金额		备　注
					借方	贷方	

检查人：　　　　被检查人：　　　　检查时间：　　　　说明：

说明：本底稿规格为 16 开竖式。

_____

①　税务稽查底稿，又称税务稽查工作底稿，类似于注册会计师的审计工作底稿，是税务稽查人员在执行税务稽查工作中形成的记录的一种文件方式。这种文件方式便于"痕迹"管理，能够帮助人们了解税务稽查人员所做的稽查工作是如何开展的。详细的税务稽查工作底稿，参阅孙瑞标主编的《税务稽查审计型检查工作底稿指引》，中国税务出版社 2011 年第 1 版。

（九）稽查结论

稽查结论是指对稽查实施环节所形成的意见。其格式如下：

_____税务局（稽查局）

税务稽查结论

____税结〔 〕 号

_____：

　　经对你（单位）_____年___月___日至_____年___月___日期间_____情况的检查，未发现税收违法问题。

税务机关（签章）

年 月 日

（十）税收保全措施决定书、冻结存款通知书和解除税收保全措施决定书和解除冻结存款通知书

　　税收保全措施决定书、冻结存款通知书和解除税收保全措施决定书和解除冻结存款通知书是指发现纳税人有逃避税款的可能时所采取的措施。其格式如下：

_____税务局（稽查局）

税收保全措施决定书

____税保冻〔 〕 号

_____：

　　根据《中华人民共和国税收征收管理法》_____规定，经_____税务局（分局）局长批准，决定从_____年___月___日起冻结你（单位）在_____的存款（大写）_____（￥ ）元。请于_____年___月___日前缴纳应纳税款；逾期未缴的，将依照《中华人民共和国税收征收管理法》_____规定采取强制执行措施。

　　如对本决定不服，可自收到本决定之日起六十日内依法向_____申请行政复议，或者自收到本决定之日起三个月内依法向人民法院起诉。

　　冻结账户的账号：

税务机关（签章）

年 月 日

_____税务局（稽查局）

冻结存款通知书

_____税冻通〔　〕　号

_____：

　　根据《中华人民共和国税收征收管理法》_____规定，经_____税务局（分局）局长批准，请从_____年___月___日___时起冻结_____在你处的存款账户_____号的存款（大写）_____（￥　　）元。

税务机关（签章）

年　月　日

以下由银行（或其他金融机构）填写

存款账户余额：

签收人：

签收时间：　　年　　月　　日　　时　　分

签收单位（签章）

年　月　日

_____税务局（稽查局）

解除税收保全措施决定书

（冻结存款适用）

_____税解保冻〔　〕　号

_____：

　　鉴于你（单位）的税款_____，根据《中华人民共和国税收征收管理法》第三十八条规定，我局决定解除_____年___月___日《税收保全措施决定书（冻结存款适用）》（____税保冻〔　〕号）对你（单位）存款账户_____号存款的冻结。

税务机关（签章）

年　月　日

```
_____税务局（稽查局）
解除冻结存款通知书
____税解冻通〔 〕 号


_____：
    鉴于_____的税款_____，决定从_____年___月___日起解除
_____年___月___日发出的《冻结存款通知书》（____税冻通〔 〕号）对其
存款账户_____号存款的冻结。


                                        税务机关（签章）
                                         年   月   日
```

【本章小结】

    本章主要阐述税务稽查学的基本概念、工作规程、常用文书等内容。学习本章时，最重要的是掌握税务稽查的概念、税务稽查的四个环节，了解税务稽查中的常用文书。

【关键术语】

    税务稽查　注册会计师审计　工作规程　常用文书

【思考题】

    1. 税务稽查与注册会计师审计有何异同？
    2. 税务稽查有哪些常见的工作规程？

第二章 税务稽查选案法

第一节 概 述

选案技术是指国家税务机关依据税收法律、法规的规定、税务稽查的内在要求和税收征纳的客观实际，有计划、按程序地选择、确定稽查对象的技能和诀窍。[1]

选案技术运用的期望目标，是有目的地选出稽查对象，确定检查方向，提高检查效率。

在实务中，有多种选案技术。由于计算机使用已经日益普及，因此利用计算机进行选案是必要的。学术界有大量研究计算机选案的文献，如美国的"判别式函数（discriminate function analysis，DIF）"法[2]、神经网络方法[3]。

以下着重介绍几种利用计算机进行辅助选案的技术——聚类分析法和 Logistic 回归分析法。

聚类分析法和 Logistic 回归分析法有共性也有区别。共性在于：二者都是一种数值分类法。数值分类一般有两种情况：一是研究对象不存在事前分类的情况，而将数据进行结构性分类，是一种无师分类；二是已知研究对象的分类情况，需将某些未知个体正确地归属于其中某一类，是一种有师分类。前者属于聚类分析的内容；而后者则属判别分析（discriminant analysis）的内容。[4] 区别在于：聚类分析法是一种无师分类；Logistic 回归分析法是一种有师分类。

如何将聚类分析法和 Logistic 回归分析法运用于税务稽查选案呢？税务机关拥有大量的与纳税人相关的数据，如纳税人的各税种申报表、会计报表（主要是资产负债表、损益表等），因此可以通过构建相应的计量经济学模型，通过计算机来分析选案。一般来讲，可以运用计算机进行这两种运算，第一，通过计算机和相关的计量模型将同行业的纳税人进行分类，对于偏离平均数水平的纳税人应给予高度的关注。因为在环境相近的情况

① 沈立中主编：《税务检查技术》，中国税务出版社 1999 年版，第 1 页。

② 董根泰：《中美税务审计比较及借鉴》，《涉外税务》2003 年第 5 期，第 39~42 页。

③ 马庆国、王卫红、陈健、黄冠云、戴和忠：《神经网络在税务稽查选案中的应用研究》，《数量经济技术经济研究》2002 年第 8 期，第 98~101 页。

④ 米红、张文璋编著：《实用现代统计分析方法及 spss 应用》，当代中国出版社 2004 年版，本文来自人大经济论坛（http://www.pinggu.org），详细出处参考：http://www.pinggu.org/html/2008-4/20/308336.html.

下，偏离平均数水平的纳税人有最大的偷漏税嫌疑。因此通过聚类分析法可以大体区分出大类和小类①，对于属于小类中的纳税人，应作为税务稽查的首选。第二，如果税务局的数据库中拥有过去的稽查所产生的历史数据资料，我们可以通过 Logistic 回归分析法来识别：在什么情况下，纳税人最有可能偷逃税款。

下面我们分别加以介绍。

第二节　聚类分析法

一、聚类分析法的概念

聚类分析法是研究"物以类聚"的一种多元统计分析方法。聚类分析法的基本思想是根据对象间的相关程度进行类别的聚合。在进行聚类分析之前，这些类别是隐蔽的，能分为多少种类别事先也是不知道的。聚类分析的原则是同一类中的个体有较大的相似性，不同类中的个体差异很大。为此，可以运用一定的方法将相似程度较大的数据或单位划为一类，划类时关系密切的聚合为一小类，关系疏远的聚合为一大类，直到把所有的数据或单位聚合为唯一的类别。这种分类就是最常用、最基本的一种聚类分析方法——系统聚类分析法（或称为分层聚类分析）的内涵。

聚类分析法运用于税务稽查选案中就是将比较相似的纳税人归于一类，不相似的则不归于一类。通常情况下，可把遵纪守法的纳税人归于一类，被怀疑有偷漏税嫌疑的纳税人归于另一类。

二、聚类分析法的一般步骤

系统聚类分析法的具体聚类过程是：聚类开始时，样本中的各个样品（或变量）自成一类；通过计算样品（或变量）间的相似性测度，把其中最相似的两个样品（或变量）进行合并，合并后，类的数目就减少一个；重新计算类与类之间的相似性测度，再选择其中最相似的两类进行合并，这种计算、合并的过程重复进行，直至所有的样品（或变量）归为一类。整个聚类过程可以用聚类图（树图）形象地描绘出来。

三、聚类分析法在税务稽查选案中的应用

（一）建立纳税人信息数据库

考虑到不同行业的纳税人的可比性较同一行业的纳税人的可比性差，因此可以将同一行业的不同纳税人建立在一个数据库中，不同行业的纳税人建在不同的数据库中。我们把样本数据按二维形式（如表 2-1 所示）排列，其中指标可以选择纳税人的财务指标，如增

---

① 此处的大类和小类是指纳税人的数量，而非其他数字特征值。比如 1 万家企业，可以区分为 8000 家的大类和 2000 家的小类，或者其他分类情况。

值税负担率①、消费税负担率②、企业所得税负担率③、资产规模、资本结构④、销售利润率⑤、总资产周转率⑥等。上述财务指标分别从税收负担、偿债能力、盈利能力和资产管理能力等几个不同的角度来反映纳税人的基本信息。我们的目标就是要对纳税人单位聚类。

表 2-1   聚类分析样本数据表

指标 纳税人	指标 1 X_1	指标 2 X_2	…	指标 p X_p
单位 1	X_{11}	X_{12}	…	X_{1p}
单位 2	X_{21}	X_{22}	…	X_{2p}
…	…	…	…	…
单位 p	X_{n1}	X_{n2}	…	X_{np}

（二）标准化原始数据

在聚类分析过程中，需要对各个原始数据进行一些相互比较运算，而各个原始数据往往由于计量单位不同而影响这种比较和运算。因此，需要对原始数据进行必要的变换处理，以消除不同量纲对数据值大小的影响。

设原始数据（如表 2-1 所示）构成如下数据矩阵：

$$\mathbf{X} = \begin{bmatrix} X_{11} & X_{12} & \cdots & X_{1p} \\ X_{21} & X_{22} & \cdots & X_{2p} \\ \vdots & \vdots & \vdots & \vdots \\ X_{n1} & X_{n2} & \cdots & X_{np} \end{bmatrix} \tag{2-1}$$

其中：n 为纳税人单位排序，p 为原始指标个数，X_{ij} 表示第 i 个纳税人单位在第 j 个财务指标上的数据值。

所谓标准化原始数据，就是把原始数据转换为标准 Z 分数（Z score）的变换方法。其变换公式为：

$$X'_{ij} = \frac{X_{ij} - \bar{X}_j}{S_j} \quad (i = 1,\ 2,\ \cdots,\ n,\ j = 1,\ 2,\ \cdots,\ p) \tag{2-2}$$

---

① 增值税税收负担率＝申报的应纳增值税税额/申报的应纳增值税的销售收入×100%。
② 消费税税收负担率＝申报的应纳消费税税额/申报的应纳消费税的销售收入×100%。
③ 企业所得税税收负担率＝申报的应纳所得税税额/申报的销售收入×100%。
④ 这里的资本结构可变相表达为资产负债率，资产负债率＝负债÷资产×100%。
⑤ 销售利润率＝（净利润÷销售收入）×100%。
⑥ 总资产周转率可以用"总资产与收入比"来表示，总资产与收入比＝总资产÷销售收入×100%。

其中：X'_{ij} 表示标准化数据、$\overline{X}_j = \dfrac{1}{n}\sum\limits_{i=1}^{n} X_{ij}$ 表示财务指标 j 的均值，S_j 表示财务指标 j 的标准差，即：

$$S_j = \sqrt{\frac{1}{n-1}\sum_{i=1}^{n}(X_{ij}-\overline{X}_j)^2}$$

故，标准化后的数据库变换为如下数据库：

$$X' = \begin{bmatrix} \dfrac{X_{11}-\overline{X}_1}{S_1} & \dfrac{X_{12}-\overline{X}_2}{S_2} & \cdots & \dfrac{X_{1p}-\overline{X}_p}{S_p} \\[2ex] \dfrac{X_{21}-\overline{X}_1}{S_1} & \dfrac{X_{22}-\overline{X}_2}{S_2} & \cdots & \dfrac{X_{2p}-\overline{X}_p}{S_p} \\[1ex] \vdots & \vdots & \vdots & \vdots \\[1ex] \dfrac{X_{n1}-\overline{X}_1}{S_1} & \dfrac{X_{n2}-\overline{X}_2}{S_2} & \cdots & \dfrac{X_{np}-\overline{X}_p}{S_p} \end{bmatrix} \tag{2-3}$$

或

$$X' = \begin{bmatrix} X'_{11} & X'_{12} & \cdots & X'_{1p} \\ X'_{21} & X'_{22} & \cdots & X'_{2p} \\ \vdots & \vdots & \vdots & \vdots \\ X'_{n1} & X'_{n2} & \cdots & X'_{np} \end{bmatrix} \tag{2-4}$$

（三）计算聚类统计量

聚类统计量是根据变换以后的数据计算得到的一个新数据。它用于表明各纳税人单位的关系密切程度。常用的统计量有距离和相似系数两大类。这里仅以欧氏距离（euclidean distance）为例进行探讨，其他聚类统计量请查阅有关数据资料。

$$d_{ik} = \sqrt{\sum_{j=1}^{p}(X'_{ij}-X'_{kj})^2} \tag{2-5}$$

将所有行之间的欧氏距离都算出，同样可以得到一个 $n×n$ 的欧氏距离矩阵[①]：

$$D = \begin{bmatrix} d_{11} & d_{12} & \cdots & d_{1p} \\ d_{21} & d_{22} & \cdots & d_{2p} \\ \vdots & \vdots & \vdots & \vdots \\ d_{n1} & d_{n2} & \cdots & d_{np} \end{bmatrix} \tag{2-6}$$

其中 $d_{ij}(i = 1, 2, \cdots, n; j = 1, 2, \cdots, n)$ 表示式（2-5）中第 i 行和第 j 行的欧氏距离。

（四）选择聚类方法

根据聚类统计量，运用一定的聚类方法，可以将关系密切的纳税人单位聚为一类，将

---

① 该矩阵为实对称矩阵。

关系不密切的纳税人单位加以区分。

SPSS 软件默认的聚类方法是组间连接法。所谓组间连接法，是指"合并两类的结果使所有的两两样品之间的平均距离最小。样品对的两个单位分别属于不同的类"。①

（五）输出聚类结果

利用 SPSS 软件，选择树形图或柱形图，把纳税人分为两类或三类，这样就能对纳税人进行初步判断。

第三节　Logistic 回归分析法

一、Logistic 回归的基本概念

在回归分析模型中，当因变量的取值只有 2 种可能结果（通常编码为 "0" 与 "1" 两个数值），便可以考虑运用 Logistic 回归分析方法。

当因变量 y 的值取 0 或 1 时，设结果 $y = 1$ 的概率为 p，$y = 0$ 的概率则为 $1 - p$。假设 x_1，x_2，$\cdots$，x_m 表示为结果 y 的 m 个影响因素。用 Logistic 回归公式表示 2 个事件 $y = 1$ 和 $y = 0$ 发生的概率比值，取其自然对数为：

$$\ln \frac{p}{1 - p} = \beta_0 + \beta_1 x_1 + \beta_2 x_2 + \cdots + \beta_m x_m + \varepsilon \tag{2-7}$$

式（2-7）中，β_0 为方程的常数项，β_0，β_1，β_2，$\cdots$，β_m 是模型的回归系数。

由式（2-7），可得

$$p = \frac{e^{\beta_0 + \beta_1 x_1 + \cdots + \beta_m x_m + \varepsilon}}{1 + e^{\beta_0 + \beta_1 x_1 + \cdots + \beta_m x_m + \varepsilon}} \tag{2-8}$$

从上面的 Logistic 回归方程可见，拟合方程所解答出的回归系数，即可算出结果为 "1"（假定 "1" 代表 "诚信纳税人"，则 "0" 代表 "不诚信纳税人"）的概率 （p）值。②

二、Logistic 回归运用于增值税稽查选案的实例分析

（一）初步建立数据库

根据过去的经验，初步建立具有 "诚信纳税人" 和 "不诚信纳税人" 的数据库。将 "诚信纳税人" 设定为 "1"，将 "不诚信纳税人" 设定为 "0"。与此同时，选定相应的财务指标，如 "资本结构" "资产收益率" "资产周转率"。这些财务指标用 X_1，X_2，$\cdots$，

---

① 米红、张文璋编著：《实用现代统计分析方法及 spss 应用》，当代中国出版社 2004 年版，第 230~232 页。

② 陈仕鸿、张英明：《二分类 Logistic 回归分析在税务稽查中的应用》，《华南金融电脑》2009 年第 6 期，第 48~49 页。

X_m 等表示（如表 2-2 所示），且自变量之间要考虑共线性的问题①。

表 2-2 　　　　　　　　　　　**供 Logistic 回归分析的数据库**

诚信（1）或不诚信（0）	自变量（X_1）	自变量（X_2）	…	自变量（X_m）
1	X_{11}	X_{12}	…	X_{1m}
1	X_{21}	X_{22}	…	X_{2m}
…	…	…	…	…
1	…	…	…	…
0	…	…	…	…
0	…	…	…	…
…	…	…	…	…
0	X_{n1}	X_{n2}	…	X_{nm}

（二）建立 Logistic 回归模型

建立 Logistic 回归模型如下：

$$\ln \frac{p}{1-p} = \beta_0 + \beta_1 x_1 + \beta_2 x_2 + \cdots + \beta_m x_m + \varepsilon$$

其中，p 表示"$Y=1$（诚信纳税人）"的概率，$1-p$ 表示"$Y=0$（不诚信纳税人）"的概率。

（三）使用 SPSS 软件进行 Logistic 回归分析

使用 SPSS 软件进行 Logistic 回归分析，可求出各个 β_m，即回归系数。然后再将待检测的纳税人的实际数据代入 Logistic 回归模型，将该纳税人的 p 值与原来的回归方程的 p 值进行比较，从而初步判断该纳税人的"诚信"程度。

当然，稽查选案还有其他方法。如通过举报人举报所得到的信息进行选案，通过上级税务机关的指示或者其他税务机关的信息共享所得到的信息进行选案。也有学者尝试用遗传算法优化 BP 神经网络进行纳税评估和选案②。

---

① 共线性问题可以通过将高维的财务指标体系"降维"，可借鉴计量经济学中的"主成分分析法"加以解决。

② 蔡伟鸿、郭陈熹：《遗传算法优化 BP 神经网络在纳税评估中的应用》，《汕头大学学报（自然科学版）》2008 年第 2 期，第 62~68 页。

【本章小结】

　　本章介绍税务稽查的第一个环节——稽查选案。随着计算机运用的普及，通过计算机选案具有可行性。本章重点介绍利用计算机技术和计量经济学的方法（聚类分析法和Logistic回归分析法）来进行选案。其中，聚类分析法是在不知道谁诚信谁不诚信的背景下将纳税人按照一定的指标进行分类，来发现异类的方法。Logistic回归分析法是在知晓谁诚信谁不诚信的背景下估计纳税人不诚信概率的一种计量经济学方法。

【关键术语】

　　选案技术　聚类分析法　Logistic回归分析法

【思考题】

　　1. 什么叫税务稽查选案？
　　2. 什么叫聚类分析法？在税务稽查选案中如何运用？
　　3. 什么叫Logistic回归分析法？在税务稽查选案中如何运用？

第三章　稽查证据及获取

第一节　税务稽查证据[1]

一、税务稽查证据的概念及特征

税务稽查证据是指经过查证属实可以作为定案根据的，具有法定的形式和来源的，证明税务违法案件真实情况的一切事实。

依据会计记录编制财务报表（包括纳税申报表）是被查单位管理层的责任，税务稽查人员应当测试会计记录以获取稽查证据。财务报表依据的会计记录一般包括对初始分录的记录和支持性记录，如汇票、电子资金转账记录、发票、合同、总账、明细账、记账凭证和未在记账凭证中反映的对财务报表的其他调整，以及支持成本分配、计算、调节和披露的手工计算表和电子数据表。上述会计记录是编制财务报表的基础，构成了税务稽查人员执行税务稽查业务所需获取的稽查证据的重要部分。

会计记录中含有的信息本身并不足以提供充分的稽查证据作为对财务报表（含纳税申报表）发表稽查意见的基础，税务稽查人员还应当获取用做稽查证据的其他信息。可用做稽查证据的其他信息包括税务稽查人员从被稽查单位内部或外部获取的除会计记录以外的信息，如被稽查单位会议记录、内部控制手册、询证函的回函、分析师的报告、与竞争者的比较数据等；通过询问、观察和检查等稽查程序获取的信息，如通过检查存货获取存货存在性的证据等；以及自身编制或获取的可以通过合理推断得出结论的信息，如稽查人员编制的各种计算表、分析表等。

财务报表（含纳税申报表）依据的会计记录中包含的信息和其他信息共同构成了稽查证据，两者缺一不可。税务稽查凭证据"说话"。收集和评价被稽查单位证据是税务稽查人员得出稽查结论、支撑稽查意见的基础。税务稽查人员应当获取充分、适当的稽查证据，以得出合理的稽查结论，作为形成稽查意见的基础。

二、稽查证据的特性

税务稽查人员应当保持职业怀疑态度，运用职业判断，评价稽查证据的充分性和适当性。

---

[1]　参见郭焰：《税务稽查证据相关问题研究》，《湖南税务高等专科学校学报》2004 年第 6 期，第 3～6 页；中国注册会计师协会主编：《审计》，经济科学出版社 2010 年版。

（一）稽查证据的充分性

稽查证据的充分性是对稽查证据数量的衡量，主要与税务稽查人员确定的样本量有关。例如，对某个稽查项目实施某一选定的稽查程序，从 200 个样本中获得的证据要比从 100 个样本中获得的证据更充分。

（二）稽查证据的适当性

1. 稽查证据的适当性的含义

稽查证据的适当性是对稽查证据质量的衡量，即稽查证据在支持各类交易、账户余额、列报的相关认定，或发现其中存在错报方面具有相关性和可靠性。相关性和可靠性是稽查证据适当性的核心内容，只有相关且可靠的稽查证据才是高质量的。

2. 稽查证据的相关性

稽查证据要有证明力，必须与税务稽查人员的稽查目标相关。例如，稽查人员在稽查过程中怀疑被查单位销售产品却没有给顾客开具发票，需要确认销售以及销售收入的完整性。稽查人员应当从发货单中选取样本，追查与每张发货单相应的销售发票副本、销售明细账和总账，以确定销售行为的完整性。如果稽查人员从销售明细账和总账中选取样本，并追查至与每张发票相应的发货单，则获得的证据与完整性目标就不相关。

稽查证据是否相关必须结合具体稽查目标来考虑。在确定稽查证据的相关性时，稽查人员应当考虑以下几个方面的问题。

（1）特定的稽查程序可能只为某些认定提供相关的稽查证据，而与其他认定无关。例如，检查期后应收账款收回的记录和文件可以提供有关存在和计价的稽查证据，但是不一定与期末截止是否适当相关。

（2）针对同一项认定可以从不同来源获取稽查证据或获取不同性质的稽查证据。例如，稽查人员可以分析应收账款的账龄和应收账款的期后收款情况，以获取与坏账准备计价有关的稽查证据。

（3）只与特定认定相关的稽查证据并不能替代与其他认定相关的稽查证据。例如，有关存货实物存在的稽查证据并不能够替代与存货计价相关的稽查证据。

3. 稽查证据的可靠性

稽查证据的可靠性是指证据的可信程度。例如，稽查人员亲自检查存货所获得的证据，就比被查单位管理层提供给稽查人员的存货数据更可靠。

稽查证据的可靠性受其来源和性质的影响，并取决于获取稽查证据的具体环境。稽查人员在判断稽查证据的可靠性时，通常会考虑下列原则。

（1）从外部独立来源获取的稽查证据比从其他来源获取的稽查证据更可靠。从外部独立来源获取的稽查证据未经被查单位有关职员之手，从而减少了伪造、更改凭证或业务记录的可能性，因而其证明力最强。此类证据包括银行询证函回函、应收账款询证函回函、保险公司等机构出具的证明等。相反，从其他来源获取的稽查证据，由于证据提供者与被查单位存在经济或行政关系等，其可靠性应受到质疑。此类证据包括被查单位内部的会计记录、会议记录等。

（2）内部控制有效时内部生成的稽查证据比内部控制薄弱时内部生成的稽查证据更可靠。如果被查单位有着健全的内部控制且在日常管理中得到一贯的执行，会计记录的可信赖程度将会增加。如果被查单位的内部控制薄弱，甚至不存在任何内部控制，被查单位内部凭证记录的可靠性就大为降低。例如，如果与销售业务相关的内部控制有效，稽查人员就能从销售发票和发货单中取得比内部控制不健全时更加可靠的稽查证据。

（3）直接获取的稽查证据比间接获取或推论得出的稽查证据更可靠。例如，稽查人员观察某项内部控制的运行得到的证据比询问被查单位某项内部控制的运行得到的证据更可靠。间接获取的证据有被涂改及伪造的可能性，降低了可信赖程度。推论得出的稽查证据，其主观性较强，人为因素较多，可信赖程度也受到影响。

（4）以文件、记录形式（无论是纸质、电子或其他介质）存在的稽查证据比口头形式的稽查证据更可靠。例如，会议的同步书面记录比对讨论事项事后的口头表述更可靠。口头证据本身并不足以证明事实的真相，仅仅提供一些重要线索，为进一步调查确认所用。如稽查人员在对应收账款进行账龄分析后，可以向应收账款负责人询问逾期应收账款收回的可能性。如果该负责人的意见与稽查人员自行估计的坏账损失基本一致，则这一口头证据就可成为证实稽查人员对有关坏账损失判断的重要证据。在一般情况下，口头证据往往需要得到其他相应证据的支持。

（5）从原件获取的稽查证据比从传真件或复印件获取的稽查证据更可靠。稽查人员可审查原件是否有被涂改或伪造的迹象，排除伪证，提高证据的可信赖程度。而传真件或复印件可能是变造或伪造的结果，可靠性较低。

稽查人员在按照上述原则评价稽查证据的可靠性时，还应当注意可能出现的重要例外情况。例如，稽查证据虽然是从独立的外部来源获得，但如果该证据是由不知情者或不具备资格者提供，稽查证据也可能是不可靠的。同样，如果稽查人员不具备评价证据的专业能力，那么即使是直接获取的证据，也可能不可靠。

4. 充分性和适当性之间的关系

充分性和适当性是稽查证据的两个重要特征，两者缺一不可，只有充分且适当的稽查证据才是有证明力的。

稽查人员需要获取的稽查证据的数量也受稽查证据质量的影响。稽查证据质量越高，需要的稽查证据数量可能越少。也就是说，稽查证据的适当性会影响稽查证据的充分性。例如，被查单位内部控制健全时生成的稽查证据更可靠，稽查人员只需获取适量的稽查证据，就可以为发表稽查意见提供合理的基础。

需要注意的是，尽管稽查证据的充分性和适当性相关，但如果稽查证据的质量存在缺陷，那么稽查人员仅靠获取更多的稽查证据也可能无法弥补其质量上的缺陷。例如，稽查人员应当获取与销售收入完整性相关的证据，实际获取到的却是有关销售收入真实性的证据，稽查证据与完整性目标不相关，即使获取的证据再多，也证明不了收入的完整性。同样的，如果稽查人员获取的证据不可靠，那么证据数量再多也难以起到证明作用。

三、税务稽查证据的种类①

比照我国《行政诉讼法》的规定，税务稽查证据依据不同形式可分为以下七类。

（一）书证

书证即作为稽查证据的文书，是指以其内容、文字、符号、图画等来表达一定的思想并用以证明稽查案件事实的一切材料。其特征是以其表达或反映的思想内容来证明案件的事实。税务稽查中常见的书证有稽查工作底稿、询问笔录、会计报表、会计账簿及凭证、工商营业执照、税务登记证、纳税申报表、完税凭证、处罚决定书、缴纳罚款单据、经营合同、雇员劳动合同及聘书、董事会决议、政府职能部门批文等。对于书证，一般应提取原件，并附清单。如不能提取原件或收集原件确实有困难，可以收集与原件核对无误的复印件，但必须注明出处。

（二）物证

物证即作为稽查证据的物品，是指以其存在的外形、规格、质量、特征等形式来证明稽查案件事实的物品。其基本特征是以物品的自然状态来证明案件事实，不带有任何主观内容。税务稽查中常见的物证有应税产品、货物等。对物证一般采取勘验检查的方法收集，原则上也应提取原物，同时要制作提取过程笔录并附清单，由双方签字、盖章、加注日期。如原物为数量较多的种类物时，可提取其中的一部分。

（三）视听资料

视听资料是指利用录音、录像计算机储存等手段所反映出的音响、影像或其他信息证明稽查案件事实的资料。税务稽查中常见的视听资料有会计核算软件、当事人陈述的录音录像等。视听资料是随着现代科学技术的进步而发展起来的一种独立的证据种类。其特征是以其音响、影像或其他信息等内容来证明案件的事实，其内容的显示需要借助科学仪器，并且它一般是以动态的内容来起证明作用的，因而它既有别于书证，又有别于物证。

（四）证人证言

证人证言是指当事人以外的第三人就其知道的稽查案件事实以口头或书面的方式向税务机关做出的陈述。税务稽查中常见的证人证言有询问笔录。

（五）当事人的陈述

当事人的陈述是指当事人就稽查案件事实向税务稽查机关做出的叙述和承认。作为稽查证据的当事人陈述只限于当事人对案件事实的陈述，它包括承认、反驳和支持叙述三方面的内容。当事人的陈述是一种应用广泛并且有较强证明力的证据形式。但由于当事人与

---

① 参见郭焰：《税务稽查证据相关问题研究》，《湖南税务高等专科学校学报》2004年第6期，第3~6页。

案件有直接的利害关系，因此，当事人的陈述可能存在一定的片面性和虚假性。税务稽查中常见的当事人陈述有询问笔录、案件事实说明、认定意见等。

（六）鉴定结论

鉴定结论是指税务机关依法委托或指定的鉴定人，运用其专门知识和专门技能对稽查案件中某些专门性问题进行分析、鉴别和判断，从而得出的能够证明稽查案件事实的书面结论。

（七）现场笔录

现场笔录是指税务机关及其检查人员为执行检查工作，在稽查证据难以保全或者事后难以取证的情况下，对某些事项当场所做的能够证明案件事实的记录，又称为当场记录。现场笔录应由执行职务的检查人员、当事人、见证人等有关人员签名或盖章。

第二节　证 据 获 取①

一、税务稽查取证的基本要求

根据证据的本质和特点，按照税务稽查工作的内在规律，税务稽查取证应遵循以下要求。

（一）取证应符合法律规定

这是对证据收集的基本要求，它包含四层意思。一是形式合法，即所收集的证据必须具备法定形式。《行政诉讼法》对证据的形式做了明确规定，如当事人陈述、证人证言必须以书面形式加以固定。在制作询问调查笔录时，必须注明制作笔录的时间、地点，当事人阅读无误后签名或盖章并摁上手印，并有调查人员和记录人的签名。在复印、复制有关账目、凭证时，必须注明原件保存单位和出处，必须有复制、复印的时间，由原件保管人、当事人签注"与原件核对无误"的字样，并按规定要求盖章签字，同时要注意复制、复印的内容是否完整、全面。在询问调查过程中，要注意被询问人员的陈述和申辩，并完整地记录下来，全面反映被询问人员陈述申辩的情况。在取得有关单位、部门的证明材料时，必须加盖单位公章，不能使用单位内设部门的印章或其他业务用章。二是主体合法，即证据必须由法定人员提供和收集，如税案证据的收集主体必须是具备检查资格的检查人员。三是程序合法，即证据必须依照法定程序和方法收集，如需要制作当事人陈述、证人笔录的，询问调查人员应出示税务检查证，告知询问的有关事项，应至少有两名调查人员在场，不得对纳税人或证人引供、诱供和逼供。四是取证期限合法，取证的合法期限应该是在税务机关下达《税务检查通知书》之后，并在纳税人提出行政复议或行政诉讼之前。

---

① 参见郭焰：《税务稽查证据相关问题研究》，《湖南税务高等专科学校学报》2004 年第 6 期，第 3~6 页；中国注册会计师协会主编：《审计》，经济科学出版社 2010 年版。

这是因为《行政复议法》和《行政诉讼法》等法律都规定在行政当事人提出复议或诉讼以后，调查机关无权自行向纳税人和其他证人取证，否则取得的证据无效。

（二）取证应客观真实

证据的本质是事实。所谓客观地收集证据，就是要从实际出发，尊重客观事实，符合事物的本来面目。税务稽查人员在取证时既不能主观臆断、随意取舍，也不能先入为主，而应实事求是，凡是能够真实反映涉税案件事实的证据材料，无论是否符合检查人员的主观意愿都应收集。

（三）取证应充分完整

所谓充分完整，是指收集的证据对案件的事实具有足够的证明力，并且这些证据能形成相互联系、相互印证的完整的证据体系，构成认定案件事实的充分根据和理由。税案证据不是孤立存在的，它们往往表现为一个相互联系的有机整体。因此，检查人员在获取证据时，应做到全面、充分、完整，尽量收集直接证据和原始证据，形成一个完整的证据链条。

（四）取证应迅速及时

收集证据的时间性很强。税务检查人员在检查中一旦发现违法事实后，应立即取得相应证据。如果不能及时准确收集有效证据，时过境迁，作为证据的事实材料，可能会随时间的推移发生变化甚至损毁、灭失，从而失去证明作用；有时可能会给违法者留下破坏、转移、伪造证据的机会。

（五）认真查证证据

税务稽查人员应对收集的各种证据进行认真的查证，去伪存真，确保稽查证据合法、完整，以充分证明案件事实的真实情况。

（1）对书证的查证应注意：书证制作人身份是否合法、制作手续是否完备；书证所记载的内容表述的含义是什么、其内容是否是有关人员的真实意思表示；书证有无伪造、变造的痕迹。

（2）对物证的查证应注意：物证的来源是否合法；物证的外部特征与稽查案件事实是否有关联性。

（3）对视听资料的查证应注意：制作该视听资料的设备及技术是否直接影响到视听资料的准确性；该视听资料形成的时间地点及周围的环境是否影响到视听资料的准确性；视听资料的内容是否被删节、剪辑、编纂而失去真实性；视听资料制作过程是否符合收集和调查的程序。

（4）对证人证言的查证应注意：证人的作证能力如何；证人的品格、操行对其证言是否产生影响；证人与稽查案件当事人或稽查案件本身是否有利害关系；证人证言与案件事实有何种关联、与其他稽查证据有无矛盾之处、与被确认的稽查案件事实之间是否相互吻合，有无矛盾之处。

（5）对当事人的陈述的查证应注意：当事人是在什么情况下陈述的，其陈述的动机和目的是什么；当事人陈述的具体内容是否与稽查案情相符；当事人陈述的具体内容与本案其他稽查证据所反映的情况是否一致。

（6）对鉴定结论的查证应注意：鉴定人的条件是否具备；鉴定结论所依据的送鉴材料是否真实、充分；鉴定的设备是否先进、方法是否科学；鉴定结论的依据是否科学；结合全案其他证据综合查证。

（7）对勘验笔录、现场笔录的查证应注意：制作主体是否合法；制作人的业务水平与工作态度如何；制作当时有无见证人、当事人在场；现场笔录有无执行职务的检查人员、当事人、见证人等有关人员签名或盖章。

二、税务稽查取证的常用方法

（一）询问

询问是任何案件中都经常使用的证据收集措施和方法。无论刑事案件还是民事案件，无论经济纠纷还是行政诉讼案件，收集证据的其他措施和方法都可以不用，唯独询问是必不可少的。因此，有人称询问是收集证据的"常规武器"，反映出检查人员的"基本功"。

根据《税收征管法》第五十四条的规定，税务机关在实施税务稽查时，有权向当事人、见证人及其他有关知情人了解与税务稽查案件有关的问题和情况。税务机关在询问前应向被询问人发出《询问通知》；询问应有专人记录、制作《税务稽查询问笔录》，并告知当事人不如实提供情况应承担的法律责任，询问人、记录人、被询问人均签署日期并签名；稽查人员询问时，必须有两人以上参加，并出示税务稽查证件。

（二）检查

根据《税收征管法》第五十四条的规定，税务机关在实施税务稽查时，有权对税务稽查案件所涉及对象的相关会计资料、生产经营场地、货物存放地点、存款账户及储蓄存款等进行检查。第五十八条规定，在检查过程中，依照法定程序和手续，可调取被查对象的会计资料；对与案件有关的情况和资料，可以记录、录音、录像、照相和复制。

检查人员在审阅会计记录和其他书面文件时，应注意其是否真实、合法，具体如下。

（1）审阅原始凭证时，应注意其有无涂改或伪造现象；记载的经济业务是否合理合法；是否有业务负责人的签字等。

（2）审阅会计账簿时，应注意是否符合《企业会计准则》及国家其他有关财务会计法规的规定，包括审阅被稽查单位据以入账的原始凭证是否整齐完备；账簿有关内容与原始凭证的记载是否一致；会计分录的编制或账户的运用是否恰当；货币收支的金额有无不正常现象；成本核算是否符合国家有关财务会计制度的规定；稽查目标要求的其他内容。

（3）在审阅会计报表时，应注意会计报表的编制是否符合《企业会计准则》及国家其他有关财务会计法规的规定；会计报表的附注是否对应予揭示的重大问题作了充分的披露。

检查人员在复核会计记录及其他书面文件时，应注意检查各种书面文件是否一致，具体如下：

①原始凭证上记载的数量、单价、金额及其合计数是否正确。

②日记账上的记录是否与相应的原始凭证记录一致。

③日记账与会计凭证上的记录是否与总分类账及有关的明细分类账相符。

④总分类账的账户余额是否与所属明细分类账的账户余额合计数相符。

⑤总分类账各账户的借方余额合计与贷方余额合计是否相等。

⑥总分类账各账户的余额或发生额合计是否与会计报表上相应项目的金额相等。

⑦会计报表上各有关项目的数字计算是否正确，各报表之间的有关数字是否一致。如果涉及前期的数字，是否与前期会计报表上的有关数字相符。

⑧外来账单与本单位有关账目的记录是否相符。

现场监盘是检查人员现场监督被稽查单位各种实物资产及现金、有价证券等的盘点，并进行适当的抽查。

一般而言，实物资产的盘点应由被稽查单位进行，检查人员只进行现场监督；对于贵重的物资，检查人员还可抽查复点。采用现场监督的方法是为了确定被稽查单位实物形态的资产是否真实存在并且与账面数量相符，查明有无短缺、毁损及贪污、盗窃等问题存在。但现场监盘有其局限性，它只能对实物资产是否确实存在提供有力的稽查证据，但却不能保证被稽查单位对资产拥有所有权，并且也不能对该资产的价值提供稽查证据。因此，检查人员在监盘之外，应对实物资产的计价和所有权另行稽查。

（三）扣押、查封

根据《税收征管法》第三十八条的规定，税务机关可依法定程序、法定权限对案件当事人采取"扣押、查封纳税人的价值相当于应纳税款的商品、货物或其他财产"的税收保全措施，这是取得物证的主要方法。

（四）鉴定

税务稽查案件中的鉴定是指税务机关针对有疑点的证据，聘请专门的机构或者人员利用其专业技术和科学技术设备，进行检测，并作出鉴定结论的活动。税务稽查案件中遇到需要鉴定解决的问题主要有会计鉴定、文书书法鉴定等。

三、当前税务稽查取证工作存在的问题

随着税收征管改革的逐步深入，税务检查的重要作用不断得到加强。调查取证作为税务检查的核心环节，是检查活动顺利有效进行的基础和保证。但是，目前由于检查人员对取证工作的认识还有待提高，对证据等有关知识的了解还不够深入，对取证工作的程序、方法还不甚掌握，使税务检查取证工作仍然存在一些不容忽视的问题，影响了其在税务检查中作用的发挥，这些问题主要表现在以下几个方面。

（一）取证内容不够完整充分

完整、充分的证据，不仅是税务机关正确查处涉税违法案件的唯一依据，同时也是行

政复议和行政诉讼中税务处理决定得以被维护与支持的保证。但在实际工作中，检查人员在对某一涉税违法事实提取证据的过程中，有时只注意到最明显、最直接的证据，而没有完整收集认定该事实所需要的相互联系的证据体系中的全部要素。如果要证明一笔收入未缴纳增值税，只提取该项收入的原始凭证是不够的，它只能说明企业发生了一项经济业务，不能说明是否交税，将该笔收入未计提税金的账务处理过程全部收集才是一条完整的证据。在对不能提取原件的有关账目、凭证进行复制时，复制内容不够全面，如没有复制时间、地点、复制人员与复核人的签名等。

（二）取证程序不合法、不规范

规范取证是税案证据真实、合法、有效的保障，同时也是税务机关的法定职责。检查人员在收集证据时要严格按照法律和制度办事，并且遵循一定的方法，才能确保证据的合法有效性。工作中有的检查人员不注意获取证据是否符合法定程序及形式，认为只要有证据就可以定案，程序合法与否并不重要。具体表现为：（1）超越法律授权的检查项目和范围进行检查取证。例如税务机关在发现纳税人有重大涉税犯罪嫌疑的情况下，除了对纳税人涉税案件有关场所进行检查外，还对其住所进行检查；在纳税人、当事人不配合的情况下，税务机关强行打开保管账簿、凭证资料、商品货物的橱柜、仓库进行检查；税务机关在码头、车站、机场、邮政企业等地擅自开箱、开包检查纳税人托运、邮寄的应税商品、货物等行为均属违法取证。（2）超越法律授权的检查方式进行检查取证。《税收征管法》第五十八条只授权税务机关调查税务违法案件时，对案件有关的情况和资料可以记录、录音、录像、照相和复制。如果通过强行搜查、秘密侦察等手段均属违法取证。（3）超越法律授权的取证时限进行检查取证。《行政诉讼法》与《行政复议法》都有规定，诉讼、复议过程中被告、被申请人不得自行向原告、申请人等收集证据。根据法律的规定，税务案件调查取证的时间应该是在税务机关下达《税务检查通知书》之后，税务机关做出税务处理决定或税务行政处罚决定之前。如税务机关没有正式下达《税务检查通知书》之前，在当事人不知情的情况下取证是属于侦察取证，税务机关又无此权力，也违反了《税收征管法》第五十九条的规定。按照最高人民法院《关于行政诉讼证据若干问题的规定》第五十七条的规定，严重违反法定程序收集的证据材料不能作为定案的依据，这说明即便获取的证据是真实的，但如果不符合法定程序，仍然不能作为证据使用。因此税务检查人员调查取证必须合法规范，否则所谓的证据将被视为无效。

（三）取证手段相对单一

根据《税收征管法》第五十四条的规定，税务机关在对纳税人进行税务检查时，可以行使查账权、实地检查权、责成提供资料权、询问权、商品货物流通环节检查权、存款账户及储蓄存款查询权等。但目前税务机关在检查中经常运用的手段主要是查账、实地检查和询问等。认定案件事实的证据也相应地以书证和询问笔录的形式提取，视听材料证据使用范围不广，勘验笔录、现场笔录、鉴定结论等证据类型，由于人力物力等原因则更少运用，这与法律规定的七种证据类型相比较，显得比较单一，这使得税务检查的取证力度相对薄弱，在一定程度上影响了检查质量。

（四）取证标准不统一

取证工作是税务检查行政执法活动的一个重要环节，既是执法，就应有规范、统一的标准。但从实际工作情况看，取证标准不统一的情况比较普遍。在对同一违法行为调查取证时，不同的税务检查部门，有着不同的标准；同一税务检查部门，在不同时期里，标准也不一样，具体表现在认定案件事实的证据数量、证据的证明力和法律文书的使用上。这些问题不仅影响了税务处理决定的准确性，还可能引发税务复议或诉讼，同时也降低了税务机关的执法权威。

（五）取证后证据保管不力

证据保管是取证工作的重要环节。提取了证据材料并不等于取证工作的结束，取证的目的是用这些证据来证明案件事实，无论在时间上还是在空间上，提取证据和最后使用证据之间都有一定的距离，因此，应妥善保管已提取的证据材料。实际工作中，有的案件案情复杂，收集的证据较多，由于没有妥善的证据保管措施，加上检查人员对此未引起足够重视，发生了证据遗失的情况。这既影响了检查工作的进度，也给认定案件事实带来了新的困难。在这种情况下形成的税务处理决定，一旦被提起行政复议或诉讼，作为被申请人或被告人的税务机关，将会陷入非常被动的局面。

出现上述问题的原因是多方面的，既有主观认识不足，也有客观条件限制。检查人员应该针对税务检查取证工作中存在的问题，分析原因，找到解决问题的办法，保证税务检查取证工作正常有序地开展。

四、加强税务稽查取证工作的建议

（一）从思想上切实加强对取证工作重要性的认识

思想是支配行动的原动力，只有思想的认同，才能取得行动的统一。作为取证工作主体的检查人员，应首先认识到税务检查是一项行政执法活动，任何一个税务处理决定的形成，都要有充分确凿的事实依据，这在法律上就表现为证据，所以取证工作是税务检查的基础工作，在税务检查中具有举足轻重的地位。实际工作中有些检查人员认为，就某个案件纳税人已经承认了违法事实，并进行了补税，有无证据并不重要。但税务法规在赋予税务机关行政处罚权的同时，也给予行政管理相对方以法律救济权利，即如果纳税人不服税务处理决定，在法定期限内有权依法申请行政复议或提起行政诉讼。一旦进入这些程序，没有证据支持的税务处理决定将给税务机关造成无可挽回的损失。所以，检查人员应克服证据可有可无的思想，深入研究取证工作的内在规律，在检查中善于获取充分确凿的证据，以规范执法行为，提高税务检查办案质量。

（二）提高检查人员的业务素质，增强取证工作能力

由于税案证据的特殊性，税案取证要求从事这项工作的人员应具备较高的业务素质和较强的工作能力。税务检查人员是取证工作的具体承担者，不仅应有扎实的财务、税政功

底，还应通晓法律、审计、计算机等专业知识，同时还要有敏锐的洞察力和准确的判断力。一个充分、确凿的税案证据的取得，需要检查人员运用丰富的财务知识和查账技巧，才能在纷繁复杂的会计资料中发现案件线索，去伪存真，找到案件事实材料。之后，检查人员还应该采取一定方式、按照法定程序审查各种证据。通过从证据的来源、证据的内容和形式、证据取得的方法、相关证据之间的关系等方面进行综合审查，最终形成定案证据。因此，税务检查人员应努力提高法律意识，加强对证据等有关法律知识的学习。同时税务检查人员要广泛涉猎其他领域，不断更新知识结构，提高自身文化素质和业务能力，在工作中及时总结经验，善于发现规律，切实做好取证工作。

（三）制定取证工作标准，规范取证行为

取证是税务机关的法定职权，同时也是税务机关应履行的职责。《税收征管法》和国家税务总局的《税务稽查工作规程》对取证工作的实体、程序、方法等都做出了原则性规定。在税务检查取证工作实践中，我们应以这些原则为基础，结合工作实际，研究各种证据的特点，并以最终能够通过司法审查为标准，制定有关证据收集、审查判断、保管使用等工作制度，使法律规定更具操作性，保证取证工作有法可依、有章可循，进一步规范取证行为，充分发挥取证在税务检查中的重要作用，有效提高检查办案的质量。

（四）加强税法宣传，使取证工作得到社会的支持和配合

任何工作都是在社会中进行的，税务检查工作不是孤立的，它涉及社会的方方面面。税务检查活动的开展除了对当事人进行检查、收集有关证据外，还要根据需要向有关单位和知情人调查与涉税案件有关的情况，取得他们的支持与配合。《税收征管法》第五十七条规定了税务机关依法进行税务检查时，有关单位和个人有协助税务机关调查的义务，第七十三条对银行或者其他金融机构拒绝接受税务机关依法检查纳税人存款账户、造成税款流失的法律责任做了明确规定。这些规定都为税务检查取证工作的顺利实施提供了法律保障。税务机关应采取多种形式，广泛加强税法宣传，让公民和其他单位知晓，协助税务机关调查是他们应尽的义务。同时，税务机关应加强与工商行政管理、公安、银行、交通、邮电、铁路等部门的协调，并利用现代化信息技术与其联网，实现数据资源共享，进行方便、快捷的查询，为税案事实的定性取得真实、可靠的第一手证据资料。

（五）加强税收管理，充分利用现代化手段，有效解决取证工作遇到的难题

随着信息技术的迅猛发展，企业会计电算化已成为不可阻挡的趋势，尤其是外资企业，应用财务软件进行会计核算更为普遍。会计数据的可随时更改性和会计资料的无纸化，给传统意义上的取证工作带来一定的困难。针对这种情况，税务机关一方面应加强对这些企业的监管，依法要求其将使用的财务软件到税务机关备案；另一方面应加强对检查人员计算机知识等的培训，使检查人员了解有关财务软件的使用方法、核算特点、数据生成方式和逻辑关系，并积极研究开发稽查软件，以现代化科技手段提高取证工作的质量；同时，税务检查部门可以充分利用税控装置提供的信息和数据，解决一些行业中难于取证的问题，如服务业中餐饮娱乐企业营业收入的确定。

【本章小结】

　　本章介绍税务稽查证据及其证据的获取等内容。学习本章时，最重要的是了解税务稽查的证据类型以及在实际工作中如何灵活地采取证据获取的方法进行税务稽查。

【关键术语】

　　稽查证据　　证据获取

【思考题】

　　1. 在稽查过程中各种证据有何特征？

　　2. 如何灵活地运用稽查程序获取有关证据？

第四章 稽查路径

第一节 概　　述

税务稽查涉及检查纳税人的管理层所做出的认定。比如，增值税的销项税额与产品销售收入的"完整性"认定有关，如果产品销售收入的"完整性"存在问题，则纳税人会漏缴增值税；增值税的进项税额与采购的"存在"或"发生"认定有关，如采购交易的"发生"存在问题，纳税人同样会少缴增值税；纳税人的期间费用的计提是否"存在"或"发生"，对企业所得税的影响也是至关重要的。因此，在进行税务稽查过程中，需要了解纳税人的有关认定，并考虑相关的税务稽查问题，进而选择有效的稽查路径。

一、纳税人管理层的认定

所谓认定，是指纳税人对纳税申报表以及与此相关的财务资料所做的断言或声明。纳税人的认定与稽查目标密切相关，因此稽查人员的基本职责就在于确定纳税人对其纳税申报表以及与此相关的财务资料所做的认定是否恰当。

纳税人对纳税申报表及其相关的财务资料各组成要素均做出了认定，稽查人员的稽查工作就是要确定纳税人的认定是否恰当。

（一）与各类交易和事项相关的认定

稽查人员对所稽查期间的各类交易和事项运用的认定通常分为下列类别：

（1）发生：记录的交易和事项已发生，且与被查单位有关。

（2）完整性：所有应当记录的交易和事项均已记录。

（3）准确性：与交易和事项有关的金额及其他数据已恰当记录。

（4）截止：交易和事项已记录于正确的会计期间。

（5）分类：交易和事项已记录于恰当的账户。

（二）与期末账户余额相关的认定

稽查人员对期末账户余额运用的认定通常分为下列类别：

（1）存在：记录的资产、负债和所有者权益、应交税费等是存在的。

（2）权利和义务：记录的资产由被查单位拥有或控制，记录的负债是被查单位应当履行的偿还义务。

（3）完整性：所有应当记录的资产、负债和所有者权益均已记录。

（4）计价和分摊：资产、负债和所有者权益以恰当的金额包括在财务报表中，与之相关的计价或分摊调整已恰当记录。

（三）与列报相关的认定

稽查人员对列报运用的认定通常分为下列类别：

（1）发生以及权利和义务：披露的交易、事项和其他情况已发生，且与被查单位有关。

（2）完整性：所有应当包括在财务报表中的披露均已包括。

（3）分类和可理解性：财务信息已被恰当地列报和描述，且披露内容表述清楚。

（4）准确性和计价：财务信息和其他信息已公允披露，且金额恰当。

二、具体稽查目标

稽查人员了解了认定，就很容易确定每个与税收相关的项目的具体稽查目标，并以此作为实施进一步稽查的基础。

（一）与各类交易和事项相关的稽查目标

（1）发生：由发生认定推导的稽查目标是确认已记录的交易是真实的。例如，如果没有发生采购交易，但在付款日记账中记录了一笔采购，则违反了该目标。

发生认定所要解决的问题是纳税人是否把那些不曾发生的交易或事项列入财务信息中，它主要与财务信息中的高估有关。在增值税进项税额的稽查、企业所得税的主营业务成本以及费用等的稽查中，均应防止纳税人高估此类认定。

（2）完整性：由完整性认定推导的稽查目标是确认已发生的交易确实已经记录。例如，如果发生了销售交易，但没有在销售明细账和总账中记录，则违反了该目标。

发生和完整性两者强调的是相反的关注点。发生目标针对潜在的高估，而完整性目标则针对漏记交易（低估）。

（3）准确性：由准确性认定推导的稽查目标是确认已记录的交易是按正确金额反映的。例如，如果在销售交易中，发出商品的数量与账单上的数量不符，或是开账单时使用了错误的销售价格，或是账单中的乘积或加总有误，或是在销售明细账中记录了错误的金额，则违反了该目标。

准确性与发生、完整性之间存在区别。例如，若已记录的采购交易是不应当记录的（如流入的商品是代购商品），则即使发票金额是准确计算的，仍违反了发生目标。再如，若已入账的销售交易是对正确发出商品的记录，但金额计算错误，则违反了准确性目标，但没有违反发生目标。完整性与准确性之间也存在同样的关系。

（4）截止：由截止认定推导出的稽查目标是确定接近于资产负债表日的交易记录于恰当的会计期间。例如，如果本期交易延迟到下期，或下期交易提前到本期，均违反了截止目标。

（5）分类：由分类认定推导的稽查目标是确认被查单位记录的交易经过适当分类。

例如，将出售经营性固定资产所得的收入记录为营业收入，则导致交易分类的错误，违反了分类的目标。

（二）与期末账户余额相关的稽查目标

（1）存在：由存在认定推导的稽查目标是确认已记录的金额确实存在。例如，如果不存在向某单位进行的存货采购，但在材料采购明细账中却列入了对该供应商的材料采购，则违反了存在性目标。

（2）权利和义务：由权利和义务认定推导的稽查目标是确认资产或权益归属于被查单位，负债属于被查单位的义务。例如，如果将子公司的资产减值准备的计提归属于母公司，则违反了权利目标；将不属于被查单位的债务记入账内，违反了义务目标。

（3）完整性：由完整性认定推导的稽查目标是确认已存在的金额均已记录。例如，如果发生了对某单位的销售业务交易，但在销售明细账中没有记录这笔销售，则违反了完整性目标。

（4）计价和分摊：资产、负债和所有者权益以恰当的金额包括在财务报表中，与之相关的计价或分摊调整已恰当记录。

（三）与列报相关的稽查目标

各类交易和账户余额的认定正确只是为列报正确打下了必要的基础，财务报表还可能因被查单位误解有关列报的认定或舞弊等而产生错报。另外，还可能因被查单位没有遵守一些专门的披露要求而导致财务报表错误。因此，即使稽查人员稽查了各类交易和账户余额的认定，实现了各类交易和账户余额的具体稽查目标，也不意味着稽查人员获取了足以对纳税申报及其相关的财务报表发表稽查意见的充分、适当的稽查证据。因此，稽查人员还应当对各类交易、账户余额及相关事项在纳税申报表及其相关财务报表中列报的正确性实施稽查。

（1）发生以及权利和义务：将没有发生的交易、事项，或与被查单位无关的交易和事项包括在纳税申报表及其相关的财务报表中，则违反了该目标。例如，复核董事会会议记录中是否记载融资租入固定资产，询问该固定资产是经营性租入还是融资性租入，即是对列报的发生、权利认定的运用。如果是融资租入的固定资产，则其后续期间的计量方式同经营性租入固定资产是不同的，应加以详细说明，否则会影响企业所得税的计算。

（2）完整性：如果应当披露的事项没有包括在财务报表中，则违反该目标。例如检查关联方和关联交易，以验证其在财务报表中是否得到充分披露，是对列报的完整性认定的运用。

（3）分类和可理解性：财务信息已被恰当地列报和描述，且披露内容表述清楚。例如，检查金融资产的主要类别是否已披露，各类金融资产的公允价值是否正确披露，是对列报的分类和可理解性认定的运用。

（4）准确性和计价：财务信息和其他信息已公允披露，且金额恰当。例如，检查财务报表附注是否分别对原材料、在产品和产成品等存货成本核算方法做了恰当说明，对金融工具的计价方式做了恰当说明，是对列报的准确性和计价认定的运用。

三、纳税人管理层认定、具体稽查目标和稽查方向的关系

如上所述，纳税人管理层的认定有"存在"或"发生""权利与义务""完整性""计价和分摊""分类""截止"等几种。在具体实施稽查过程中，某些认定对稽查的方向特别敏感，而有些却对稽查的方向不敏感。

对稽查方向敏感的认定。对稽查方向敏感的认定一般包括两类，第一类是"存在"或"发生"；第二类是"完整性"。例如，在增值税的进项税额的稽查中，稽查人员感兴趣的是与进项税额相关的采购交易是否"发生"或"存在"，对其"完整性"不感兴趣，如果稽查人员按照形成会计记录的方向（"证"→"账"→"表"方向）去查，则会形成"稽查失败"①。反之，在增值税的销项税额的稽查中，稽查人员感兴趣的是与销项税额相关的销售交易是否"完整性"，对其"发生"或"存在"不感兴趣，如果稽查人员按照"逆"会计记录形成的方向（"表"→"账"→"证"方向）去查，也会形成"稽查失败"。

对稽查方向不敏感的认定。除了上述的两类认定（"存在"或"发生"、"完整性"）以外，其余的认定对稽查方向不敏感。例如，对"计价和分摊"认定，稽查人员既可以顺着会计记录的方向，用发运凭证、发票上的数量和价格与总账、明细账上的数量和价格进行核对，也可以逆着会计记录的方向，用总账、明细账上的数量和价格与发运凭证、发票上的数量和价格进行核对，这都不会影响稽查的效率和效果。对于"截止"认定的稽查路径，与"计价和分摊"认定的稽查路径类似。因此，稽查人员既可以顺着形成会计记录的方向查，也可以逆着形成会计记录的方向查。前者叫"顺查"，后者叫"逆查"。下面分别加以说明。

第二节　顺　　查

一、顺查定义

顺着会计资料的形成路径进行检查，叫做税务稽查的顺查法，即沿着"证→账→表"的方向进行检查。

二、顺查适用范围

大致来讲，税务稽查的顺查法所适用的范围如下：与收入增加、支出（或费用、损失等）减少相关的交易、账户余额、列报等信息。稽查时，着重考察其"完整性"，而对其"存在"或"发生"不予考察。

---

① "稽查失败"是借鉴"审计失败"的语言而作。"审计失败"是指由于实施了错误的审计方向，不能达成注册会计师的审计目标。

（一）流转税领域

1. 与收入增加相关的项目

工业企业的销售收入直接对应着增值税的销项税额，因此在稽查过程中，应着重考察产品销售收入科目的"完整性"。在增值税的稽查过程中，对于第三产业的各行业，由于增值税与劳务提供所形成的收入息息相关，因此，也应对第三产业的劳务提供所形成的收入项的"完整性"保持高度的警惕。

2. 与支出（或费用、损失等）减少相关的项目

企业在发生进货退回或折让时，相应地减少当期进项税额，相当于变相地增加当期销项税额，因此在增值税稽查过程中，应对企业发生的进货退回或折让的"完整性"保持高度警惕。

（二）企业所得税领域

企业所得税的税基大致由收入项和支出（成本、费用、损失、税金等）构成。企业的收入类项目是企业会计利润、应税所得和企业所得税的"增加项"，因此在企业所得税的稽查过程中，应对企业的收入项的"完整性"保持高度警惕，与此相反，对收入项的"存在"或"发生"可不予考察。

以上各类项目，在进行税务稽查时，均应按照顺查法进行，否则就会出现"稽查失败"。

第三节 逆 查

一、逆查定义

逆着会计资料的形成路径进行检查，叫做税务稽查的逆查法，即沿着"表→账→证"的方向进行检查。

二、逆查适用范围

大致来讲，税务稽查的顺查法所适用的范围如下：与收入减少、支出（或费用、损失等）增加相关的交易、账户余额、列报等信息。稽查时，着重考察其认定的"存在"或"发生"，而对其"完整性"不予考察。

（一）流转税领域

1. 与收入减少相关的项目

工业企业的产品销售的折扣销售、退回与折让，与收入减少相关。企业在发生销货退回或折让时，相应地减少当期销项税额，相当于变相地增加当期进项税额，因此在增值税稽查过程中，应对企业发生的销货退回或折让的"存在"或"发生"保持高度警惕。

2. 与支出（或费用、损失等）增加相关的项目

工业企业的采购支出，由于它直接对应着增值税的进项税额，因此需要考察其"存在"或"发生"认定的真实性。

（二）企业所得税领域

企业的支出（成本、费用、损失、税金等）类项目是企业会计利润、应税所得和企业所得税的"减少项"，因此在企业所得税的稽查过程中，应对企业的支出（成本、费用、损失、税金等）项的"存在"或"发生"保持高度警惕，与此相反，对支出（成本、费用、损失、税金等）项的"完整性"可不予考察。

以上各类项目，在进行税务稽查时，均应按照逆查法进行，否则也会出现"稽查失败"。

【本章小结】

本章介绍税务稽查的路径选择。学习本章时，要明确纳税人的认定可具体分解为哪些方面，哪些方面的认定对稽查路径敏感而哪些对稽查路径不敏感；顺查法和逆查法分别适用于哪些方面的认定。

【关键术语】

纳税人认定　稽查路径　顺查　逆查

【思考题】

1. 在什么认定情况下，需要考虑稽查路径问题？
2. 顺查法适用于哪些交易、事项、账户余额和列报？请举例说明。
3. 逆查法适用于哪些交易、事项、账户余额和列报？请举例说明。

第五章　稽查工作底稿

第一节　稽查工作底稿概述

一、稽查工作底稿的含义

稽查工作底稿，是指稽查人员对制订的稽查计划、实施的稽查程序、获取的相关稽查证据，以及得出的稽查结论作出的记录。稽查工作底稿是稽查证据的载体，是稽查人员在稽查过程中形成的稽查工作记录和获取的资料。它形成于稽查过程，也反映整个稽查过程。

二、稽查工作底稿的编制目的

稽查工作底稿在计划和执行稽查工作中发挥着关键作用。它记录了稽查工作实际执行情况，是形成稽查报告的基础。稽查工作底稿的功能如下。

（1）通过列示涉税风险点和评估、检查程序，指导稽查人员"干什么、怎么干"，为稽查人员提供了统一规范的作业标准，有助于提升稽查人员的核心业务能力。

（2）通过稽查流程控制和专用表格填制，考评稽查人员"干没干、干得怎么样"，为事后监督提供客观翔实的复查依据，有助于规范稽查人员的执法行为。

三、稽查工作底稿的编制要求

稽查人员编制的稽查工作底稿，应当使未曾接触该项稽查工作的有经验的专业人士清楚地了解如下内容。

（1）按照稽查准则和相关法律法规的规定实施的稽查程序的性质、时间安排和范围。

（2）实施稽查程序的结果和获取的稽查证据。

（3）稽查过程中遇到的重大事项和得出的结论，以及在得出结论时做出的重大职业判断。

第二节　稽查工作底稿的格式

一、稽查工作底稿样式举例

以下从孙瑞标主编的《税务稽查审计型检查工作底稿指引》① 中节选几个税务稽查

---

① 孙瑞标主编：《税务稽查审计型检查工作底稿指引》，中国税务出版社 2011 年版。

工作底稿的样式，给读者直观的认识。

风险评估程序表

被查单位：　　　　　编制人：　　　　　日期：　　　　　索引号：A0

检查期间：　　　　　复核人：　　　　　日期：　　　　　页　次：

风险评估程序	是否检查	检查人	完成时限	工作底稿索引号
一、了解被查单位外部信息				
索取评估部门资料				A1-1
查询纳税人征管信息				A1-2
查阅网络、报刊等媒体对被检查单位及其行业的相关报道				A1-3
调取国际税收情报交换信息及其他第三方信息				A1-4
二、了解被检查单位内部信息				
1. 内部环境信息				
索取被查单位的资料清单				A2-1
查阅股东大会、董事会、监事会及其他决策层会议记录				A2-2
查阅被查单位内部审计报告				A2-3
现场观察被查单位记录				A2-4
询问管理层调查表				A2-5
询问公司法务、内审等人员记录				A2-6
询问财务部门调查表				A2-7
询问销售部门调查表				A2-8
询问采购部门调查表				A2-9
询问生产部门调查表				A2-10
2. 内部财务信息				
资产负债表分析工作底稿				A3-1
利润表分析工作底稿				A3-2
财务指标分析工作底稿				A3-3
结构分析工作底稿				A3-4
趋势分析工作底稿				A3-5
纳税评估常用指标分析工作底稿				A3-6
3. 纳税申报信息				

续表

风险评估程序	是否检查	检查人	完成时限	工作底稿索引号
企业所得税申报表分析工作底稿				A4-1
增值税申报表分析工作底稿				A4-2
三、总结及计划				
风险评估会议纪要				A5-1
制订下一阶段检查计划				A5-2

检查人员签字： 日期：

查询纳税人征管信息

被查单位： 编制人： 日期： 索引号：A1-2

检查期间： 复核人： 日期： 页 次：

一般指引：检查人员应从中国税收征管信息系统（CTAIS）"通用查询"或××省国税综合数据平台"综合关联查询"等查询模块调取被查单位税收征管信息，掌握基本情况，为制订检查方案提供参考。	

查询项目	查 询 内 容
纳税人基本信息	具体指引：主要填列"纳税户基本信息栏"和"纳税户统计分析指标栏"以及税务登记信息的"税务登记表""税务登记变更信息"和"状态变更信息"等相关内容，以获取纳税人税务登记的主要信息。
	底稿索引
税种登记信息	具体指引：主要填列"税种登记及理事变更信息"的相关内容，以获取纳税人税种登记信息。
	底稿索引
税务认定信息	具体指引：主要填列"税务认定信息"和"一般纳税人信息及理事变更情况"的相关内容，以获取税收"减、免、抵、退"、一般纳税人认定与年审等税务认定信息。
	底稿索引
申报征收信息	具体指引：主要填列"申报信息"和"征收信息"的相关内容，以获取纳税人的纳税申报与征收信息。
	底稿索引
发票使用信息	具体指引：主要填列"发票信息"的相关内容，以获取纳税人的发票"领、用、存"、票种核定及历史变更、超限量购买发票审批、防伪税控核定及历史变更、发票开具明细等发票使用信息。主要内容包括核定票种、最大持票限量、保管方式、购票方式、开票方式、开票限额、检查期间购买发票情况等。
	底稿索引

续表

查询项目	查询内容		
稽查违法 违章信息	具体指引：主要填列"稽查信息"中的"已结案稽查案件信息"以及"违章信息"中的"已结为法违章案件信息"的相关内容，以获取纳税人的稽查违法、违章信息。		
	底稿索引		
情况说明	具体指引：根据具体情况，对查询情况做必要说明。		
	底稿索引		

检查人员签字： 日期：

询问管理层调查表

被查单位： 编制人： 日期： 索引号：A2-5

检查期间： 复核人： 日期： 页 次：

内　容	是	否	备注（如回答是，简要概述或提供相关资料）
1. 关于行业状况、法律环境与监管环境以及其他外部因素			
1.1 行业状况			
公司经营是否存在较强的季节性？			
公司是否存在较长的经营周期？			
公司的产品技术更新换代是否很快？			
公司检查期间的供应链是否发生重大变化？			
公司检查期间的供应价格是否发生重大变化？			
对行业状况的简要分析评价：			
1.2 法律环境及监管环境			
有重大影响的法律法规及监管活动主要有：			
对开展业务产生重大影响的货币政策：			
对开展业务产生重大影响的财政政策：			
对开展业务产生重大影响的税收政策：			
对开展业务产生重大影响的贸易政策：			
公司所处行业和所从事经营活动的环保要求是否很高？			
公司是否采取了环保措施？			
对法律环境及监管环境的简要分析评论：			
……			
2. 被检查单位的性质			
2.1 列示所有权结构			

续表

内　　　容	是	否	备注（如回答是，简要概述或提供相关资料）
2.2 列示治理结构（包括董事会的构成情况）：			
董事会内部是否有独立董事？			
治理结构中是否设有审计委员会或监事会？			
审计委员会或监事会是否按照相关规定规范运作？			
公司治理层是否能够独立于管理层对公司的事务作出客观判断？			
管理当局报酬是否有很大一部分取决于财务状况和经营成果？			
2.3 列示组织结构			
公司是否有复杂的组织结构、大量分散的经营实体，如有如何监控？			
内部是否有审计部门？如有是否有效？			
2.4 经营活动			
列示主营业务的性质：			
公司检查期间的关键客户是否发生变化？			
公司的重要供应商检查期间是否发生变化？			
公司关联交易是否频繁，利润是否主要来源于关联交易？			
2.5 投资活动			
在过去几年中，公司是否收购其他行业的企业？			
公司的重要组成部分或重要投资单位是否准备被出售？			
公司检查期间是否进行重大证券投资、委托贷款？			
公司检查期间是否处置重大证券投资、委托贷款？			
公司检查期间是否进行重大投资活动？			
公司检查期间是否处置重大固定资产、无形资产？			
2.6 筹资活动			
公司是否存在对外担保责任？			
公司债务结构是否合理或与公司经营相适应？			
公司检查期间是否有重大的固定资产租赁？			
公司是否向关联方融资？			
……			
3. 公司的生产经营相关情况			

续表

内　　容	是	否	备注（如回答是，简要概述或提供相关资料）
公司是否存在关于新的生产技术、新产品、新工艺研究与开发活动？			
是否存在公司为他方提供担保的情况？是否履行过担保责任？			
是否存在他方为本公司提供担保的情况？			
公司是否利用衍生金融工具进行融资？			
公司是否发生联盟、合营、外包情况？			
公司是否实施并购活动或重大资产处置？（分两行列示）			
公司的重要组成部分或重要投资单位近期是否要被出售？			
公司是否使用服务机构（如委托某机构统一销售、统一采购等）？			
……			
4. 公司在其他方面是否存在可能导致涉税风险的如下事项或情况			
严重违反有关法律法规或政策；			
异常原因导致停工、停产；			
有关法律法规或政策的变化可能造成重大不利影响；			
因自然灾害等不可抗力因素遭受严重损失；			
……			
说明：B1-5 固定资产内部控制了解及测试表，此表与 B1-6 人事管理内部控制了解及测试表的"了解和分析"部分一并填写；B1-7 关联和非常规交易内部控制了解及测试表。			

检查人员签字：　　　　　　　　　　　　　　　　　　　　　　　　日期：

风险评估会议纪要

被查单位：　　　　　　编制人：　　　　　日期：　　　　　索引号：A5-1

检查期间：　　　　　　复核人：　　　　　日期：　　　　　页　次：

一般指引：完成风险评估程序至少需要组织 3 次会议讨论并形成会议纪要：第一次是在"了解被查单位外部信息"后进行讨论，提高了解被查单位内部环境信息工作针对性；第二次是在了解"内部环境信息"之后进行讨论，分析纳税人涉税风险点；第三次是通过"内部财务信息"分析进一步量化涉税风险点后，对整个评估阶段进行讨论，并制订进一步检查计划。
日期：
参加人员：
讨论内容：

续表

通过评估确认可能存在的涉税风险点：
应对方案：
对可能存在的涉税风险点采取的应对措施：

检查人员签字：　　　　　　　　　　　　　　　　　　　　日期：

控制测试程序表

被查单位：　　　　　　编制人：　　　　　日期：　　　　　索引号：B0
检查期间：　　　　　　复核人：　　　　　日期：　　　　　页　次：

一般指引：在风险评估的基础上，通过穿行测试等方法，对被查纳税人内部控制制度的有效性及执行情况进行测试，进而从内控层面排查评估涉税风险点；另外，结合实质性程序发现的个别涉税问题，应进行相关控制测试，最终由点到面发现全部同类涉税问题。检查期间如果内部控制制度发生重大变化，需要对变化前后分别进行测试。

控制测试程序	是否检查	检查人	完成时间	工作底稿索引号
一、了解、测试及评价				
销售环节内部控制了解及测试表				
采购与付款环节内部控制了解及测试表				
生产环节内部控制了解及测试表				
投资与筹资环节内部控制了解及测试表				
固定资产内部控制了解及测试表				
人事管理内部控制了解及测试表				
关联和非常规交易内部控制了解及测试表				
货币资金内部控制了解及测试表				
二、总结及计划				
控制测试会议纪要				
制订实质性程序计划				

检查人员签字：　　　　　　　　　　　　　　　　　　　　日期：

主营业务收入①

被查单位：　　　　　　编制人：　　　　　日期：　　　　索引号：C1-1
检查期间：　　　　　　复核人：　　　　　日期：　　　　页　次：

基本风险点描述与确认		
基本风险点描述	是否适用被查单位	
	适用	不适用
1-1 查核销售货物收入实现的时间是否按税法规定时限申报纳税：（1）采用托收承付方式销售货物的，是否按税法规定在办妥托收手续时确认收入；（2）采用预收款方式销售货物的，是否按税法规定在发出商品时确认收入；（3）销售货物需要安装和检验的，是否在购买方接受商品以及安装和检验完毕时确认收入。如果安装程序比较简单，是否在发出商品时确认收入；（4）采用支付手续费方式委托代销的销售货物，是否在收到代销清单时确认收入；（5）以分期收款方式销售货物的，是否按照合同约定的收款日期确认收入的实现；（6）采取产品分成方式取得收入的，是否按照企业取得产品的日期确认收入，收入的金额是否按照产品的公允价值确定；（7）其他销售方式销售货物的，是否按权责发生制为原则确认收入。		
1-2 人为滞后销售入账时间，延迟实现税款，主要包括：（1）发出商品时不做销售收入处理，不申报纳税；（2）采用交款提货销售方式销售时，货款已收到，提货单和发票已交给买方，买方尚未提货情况下，是否不做销售收入处理；（3）推迟代销商品的结算，造成应缴税金延后；（4）发出代销商品超过180天仍未收到代销清单及货款的，是否在发出代销商品满180天的当天视同销售处理缴纳税款。		
1-3 查核销售货物收入计税额是否按税法规定申报纳税：（1）采用售后回购方式销售货物的，销售的货物是否按售价确认收入；（2）销售货物涉及商业折扣的，是否按照扣除商业折扣后的金额确定销售收入金额；（3）销售货物涉及现金折扣的，是否按扣除现金折扣钱的金额确定销售货物收入金额；（4）已经确认销售收入的售出货物发生销售折让和销售退回，是否在发生当期冲减当期销售收入；（5）采取产品分成方式以非货币形式取得收入，是否按公允价值确定收入额。		
2 销货退回业务方面是否存在以下问题：（1）销货退回不真实或不符合规定，人为减少应计税销售收入；（2）销售货物直接冲减生产成本或库存商品；（3）以退货名义支付费用。		
3 将收取的销售款项，先支付费用（如购货方的回扣、推销奖、营业费用、委托代销商品的代销手续费用等用销货款直接进货），再将余款计入销售收入。		

① 本稽查工作底稿用于"销售与收款循环"中对"主营业务收入"科目的实质性程序。

续表

基本风险点描述		是否适用被查单位	
		适用	不适用
4	纳税人销售货物或（应税劳务）的价格是否明显低于同行业其他企业同期的销售价格，或某一笔交易的货物（应税劳务）销售价格明显低于同期该货物的平均销售价格。		
5	税率适用方面（增值税和消费税）： （1）兼营不同税率的货物或应税劳务，未分别核算不同税率的货物或应税劳务的销售额，是否从高适用税率；（2）兼营不同税率的货物或应税劳务，是否将高税率货物的销售额混入低税率货物的销售额进行核算；（3）销售不同税率货物或应税劳务，并兼营应属一并征收增值税的非应税劳务，未分别核算或不能准确核算不同税率货物或者应税劳务和一并征收增值税的非应税劳务销售额，是否从高适用税率。		
6	以旧换新、还本销售方面： （1）采取还本销售方式销售货物，是否按减除还本支出后的销售额计税； （2）采用以旧换新方式销售货物，是否按实际收取的销售款项计税（金银首饰除外）。		
7	受托加工制造大型机械设备、船舶、飞机以及从事建筑、安装、装配工程业务或者提供其他劳务等，持续时间超过12个月的，是否按照纳税年度内完工进度或者完成的工作量确认收入的实现（主义增值税与所得税计税依据区别）。		
…			

基本风险点检查参考程序			
	程 序 描 述	附表索引	备注
1-1	将本期的主营业务收入与上期的主营业务收入进行比较，分析产品销售的结构和价格变动是否正常，并分析异常变动的原因。		结合评估
1-2	比较本期各月主营业务收入的波动情况，分析其变动趋势是否正常，并查明异常现象和重大波动的原因。	C1-1-3-2	结合评估
1-3	计算本期重要产品的毛利率，分析比较本期与上期各类产品毛利率变化情况，注意收入与成本配比的问题，并查清重大波动和异常情况；必要时，应获取或查询同行业同类产品的平均毛利率的情况，并做分析比较。如与同行业平均毛利率存在重大或异常的差异，应重点关注收入的真实性。		结合评估
1-4	计算重要客户的销售额及其产品毛利率，分析比较本期与上期有无异常变化；同时关注重要客户之间的销售产品的单价是否存在重大差异，如有，应查明原因，并考虑异常情况存在的合理性和真实性。		结合内控
1-5	计算向前5名客户销售的收入总额以及占全部销售收入的比例，审查与上年是否有重大变化。	C1-1-3-4	结合评估

续表

	程 序 描 述	附表索引	备注
1-6	根据普通发票或增值税发票申报表，测算企业全年的收入，与其实际入账收入金额核对，并检查是否存在虚开发票或销售而未开票的情况。		
1-7	查明主营业务收入的确认原则、方法，注意是否符合税法的收入实现条件，注意检查有无特殊的销售行为，如委托代销、分期收款销售、商品需要安装和检验的销售、附有退回条件的销售、售后租回、售后回购、以旧换新等。	C1-1-3-3	
1-8	根据摘要内容和凭证字号，审查相关合同类资料，对照"销货发票""出库单"等单据上记载的发出商品的时间，资金往来的相关记录，结合原始凭证资料，分析"主营业务收入""主营业务成本"等账户借方发生额和红字冲销额，查证收入项目、内容、单价、数量、金额等是否准确。	C1-1-3-5	结合内控
1-9	根据所附的发货证明、收货证明，确认其发出日期；根据所附的托收回单、送款单等确定其收款依据，判断是否延期办理托收手续、入账时间是否正确，有无存在不及时结转销售的问题。	C1-1-3-6	
1-10	向销售部门了解销售情况和结算形式，调查询问有关业务人员和保管人员，以取得证据。如发现存在问题或疑点，再根据有关凭证进行深入核对，进一步查证，特别要注意检查核算期末前几天的销售情况。		结合内控
1-11	检查仓库实物账，并与货物出运凭证核对，确认货物的出库和出运时间，判断是否存在已销售未入账或滞后入账的情况。	C1-1-3-7、C1-1-3-8	结合内控
1-12	对长期挂账不做处理的账项进行重点核实，检查是否存在收入记入往来账，不及时确认收入的情况（应付款项账龄分析中体现）。		
1-13	对季末、年末收入发生骤减的企业，采取盘存法核实企业存货进销存的实际情况，结合货币资金增减的时间，并通过审阅合同或协议，按照结算方式查实有无未及时确认收入的问题。		
1-14	取得被查单位有关销售折扣和折让的有关文件资料，查明折扣与折让的具体规定，与实际执行情况核对，择要抽查较大折扣与折让发生额，是否经授权批准，确认其合法性、真实性。	C1-1-3-5	
2	(1) 核查销货退回冲减销售收入时，有无合法凭证，在购货方尚未付款并未做账务处理的情况下，全部退货的，增值税专用发票各联次是否全部收回作废；已付款或购货方已做账务处理的情况下，是否取得了购买方税务机关出具的《开具红字增值税专用发票通知单》。(2) 结合"生产成本"和"库存商品"科目，核实退回的货物是否冲减了本期的销售成本并办理了入库手续。如果纳税人无合法依据冲减主营业务收入，且无货物退货入库记录的，就可能存在虚构销货退回的业务。(3) 检查资金流，核实货物流和资金流是否一致和同步，在财务上是否构成完整的核算过程，如果不存在，则可能存在虚构和销货退回的业务。	C1-1-3-6	

	程　序　描　述	附表索引	备注
3	(1) 审核销售收入日报表和"主营业务收入"明细账以及销售收入原始凭据和货物出（入）库单，核实实际销售收入；(2) 对于将费用凭证和销货记账原始凭证混在一起记账的，应对上述原始凭据进行仔细审核，核实是否存在坐支销货款的问题；(3) 对有委托代销业务的，应审核代销合同、代销清单，查阅销售价格是否异常，核实是否存在坐支代理销售款的问题。	C1-1-3-1	
4-1	(1) 采用比较分析法，将纳税人的货物（应税劳务）销售价格、销售毛利率与本企业和其他同业企业的同期销售价格、销售毛利率进行对比，核实销售价格和销售利润率是否明显偏低；(2) 采用询问、调查等方法，了解纳税人经营战略、发展规划和销售政策，了解与价格明显偏低的销售对象是否存在关联关系，审核纳税人货物销售价格偏低的理由是否正当，如无正当理由，应予以补缴税款。		
4-2	统计本期新增的销售额大的客户，关注其是否与被查单位存在关联方关系。获取产品价格目录，抽查售价是否符合价格政策，并注意销售给关联方或关系密切的重要客户的产品价格是否合理，有无低价或高价结算，转移收入的现象。	C1-1-3-4	
5-1	(1) 审核工商登记资料，对企业有关人员进行询问，掌握其实际经营范围；(2) 对难以判断属性和用途的货物，应查阅有关书籍、咨询权威机构、观察企业生产过程，对"原材料""生产成本"账户进行检查，必要时请有关部门进行技术鉴定，到购货方进行调查，了解货物的生产工艺及使用的原材料，掌握货物的属性和用途，判断其适用税率；(3) 审核"主营业务收入"明细账和"应缴增值税"明细账以及有关凭证，核实是否将应适用高税率的货物适用了低税率。		
5-2	(1) 采用比较分析法，计算不同税率货物的销售额占总销售额的比例，并与上期或以往年度的比例对比。如果低税率货物的销售收入比例明显上升，高税率货物的销售比例明显下降，应分析不同税率货物的销售价格和销售数量是否发生变化，如果变化不大，则该纳税人可能存在高税率货物按低税率申报纳税的问题；(2) 采用实地观察法，调查了解实际生产经营货物的具体品种、货物的性能、用途、配料、工艺流程等，结合税收政策的相关规定，审查其申报的税率是否正确；(3) 检查不同税率的货物或应税劳务的财务核算情况，重点检查存货核算的凭证资料、原始附件，审核是否将高税率的货物并入低税率的货物中核算；(4) 检查"主营业务收入""其他业务收入"明细账设置情况，核实是否按规定分别核算和准确核算不同税率的货物或应税劳务的销售额；(5) 对照审核"主营业务收入""其他业务收入""应缴税费"明细账和纳税申报表，核实是否按规定计提、申报不同税率的货物或应税劳务的销项税额。		结合评估

续表

	程　序　描　述	附表索引	备注
6	（1）核查收入类明细账和原始凭据，核实有无某种货物销售价格明显低于正常时期的销售价格，若有异常且无正当理由的，是否采取以旧换新方式，按实际收取的款项计算销售额造成的；（2）结合"销售费用""主营业务成本"等账户，核实有无还本支出核算；是否存在还本支出冲减销售收入的问题。		
7	（1）通过纳税人提供的劳务经济合同，核实劳务的内容、形式、时间、金额，结合"主营业务收入""其他业务收入""预收账款"等账户贷方发生额，与企业所得税纳税申报表进行核对，核实是否存在合同中约定的各明细账项目未确认收入的情况；（2）结合"工程施工""劳务成本"等账户，通过劳务收入与劳务成本配比性的检查，对长期挂往来科目预收性质的劳务收入逐项核实，并通过审阅劳务合同或协议，按照结算方式审查劳务收入，是否存在应确认未确认的劳务收入；（3）持续时间超过12个月的，重点审查纳税年度结束时当期劳务收入总额、完工进度，运用测量的已完成工作量，确定已经提供的劳务占应提供劳务总量的比例，已经发生的成本占估计总成本的比例等，确认计入劳务收入金额的准确性。	C1-1-3-9	
…			

检　查　结　论		检查说明
评估测试风险点是否涉及本科目：是（　）　否（　）；若是，是否进行检查：是（　）　否（　）		
本表列示基本风险点是否全部进行了检查：是（　）　否（　）		
除以上风险点外，是否检查出其他风险点：是（　）　否（　）		

检查人员签字：　　　　　　　　　　　　　　　　　日期：　　年　　月　　日

应缴税费——应缴增值税（消费税）

被查单位：　　　　　　编制人：　　　　　日期：　　　　　索引号：C7-1
检查期间：　　　　　　复核人：　　　　　日期：　　　　　页　次：

	基本风险点描述与确认		
	基本风险点描述	是否适用被查单位	
		适用	不适用
1	购进固定资产和工程物资（除中部、东北试点地区和2009年1月1日后购入外）等抵扣进项税额购进环节是否存在以下问题：（1）购进固定资产和工程物资（除中部、东北试点地区和2009年1月1日后购入外）抵扣进项税额；（2）扩大农产品收购凭证的使用范围，将其他费用计入买价，多抵扣进项税额；（3）错用扣税率，低税高扣；（4）采购途中的非合理损耗未按规定转出进项税额（2009年1月1日后按新条例执行）。		

基本风险点描述		是否适用被查单位	
		适用	不适用
2	存货方面是否存在如下问题（2009 年 1 月 1 日后按新条例执行）： （1）发生退货或取得折让未按规定做进项税额转出，多抵扣税额；（2）用于非应税项目、非正常损失的货物未按规定做进项税额转出，多抵扣税额；（3）用于免税项目的进项税额未按规定转出，多抵扣税额；（4）以存挤销，将由于管理不善等原因造成的材料短缺挤入正常发出数，少缴增值税；（5）盘亏材料未按规定的程序和方法及时处理账务，造成相应的进项税额未转出，或盘亏相抵后做进项税额转出，少缴增值税。		
3	运输费用方面是否存在以下问题： （1）扩大计税抵扣基数、错用扣税率。 （2）非应税项目的运费支出计算进项税额抵扣：①是否有购进固定资产（除中部、东北试点地区以外）、销售免税货物等所发生的运费及采用邮寄方式购买和销售货物支付的邮寄费和其他杂费等，计算进项税额抵扣；②有无应由在建工程（另有规定者除外）等非生产项目负担的运费。		
4	增值税专用发票是否存在以下问题： （1）未按规定填开增值税专用发票；（2）接受虚开的增值税专用发票。		
5	海关完税凭证的核查（是否取得虚假的海关完税凭证抵扣税款）。		
6	运输发票的核查（是否取得虚假的运输发票抵扣税款）。		
7	农产品收购发票的核查。		
8	废旧物资销售发票和收购发票是否符合规定。		
9	其他方面（是否存在以下涉税问题）： （1）将应税项目的销售收入记入减免税项目；（2）将减免税项目的进项税额记入应税项目；（3）减免税项目领用应税项目材料，进项税额未转入减免税项目（重点核查是否存在减免税项目领用应税项目材料，进项税额未转入减免税项目中；应税项目、免税项目在生产成本中的物耗成本分配标准（比如产量、单位生产工人工资等）是否合理，分配比例是否正确；在结转物耗成本时，进项税额是否同比例结转）；（4）将征税期间的销售收入记入免税期间；（5）将免税期间的进项税记入征税期间；（6）残疾人资料不真实或不符合规定，获得增值税即征即退税收优惠；（7）产品生产工艺（流程）、配方比例和产品用途等不真实或不符合规定，获得增值税免征、减征、先征后退和即征即退的税收优惠。		
…			

基本风险点检查参考程序			
	程 序 描 述	附表索引	备注
1	（1）查核发票开具的内容判断是否属库存商品核算的范围，有无将固定资产作为原材料入账；（2）实地查看有无新增固定资产，与"固定资产"账户借方发生额进行核对，是否存在新增固定资产化整为零，作为备品条件购进和入账，有无将在改建、扩建过程中耗用的生产性货物未做进项税额转出；（3）审核购入免税农产品的买价是否真实，有无将一些进货费用，如收购人员的差旅费、奖金、雇用人员的手续费以及运杂费等采购费用计入买价计算进项税额进行扣税；（4）结合"原材料""库存商品"及其对应账户的账务处理，查看原始凭证所列示的内容，结合产地和其他企业购进价格，核实买价是否正确，有无擅自扩大收购凭证的使用范围或错用扣除税率的问题；（5）结合"待处理财产损溢"账户，核查材料采购过程中发生短缺与毁损时，是否按规定处理。		
2	结合"原材料""周转材料""库存商品"等会计账户，看其贷方的对应账户是否是生产成本、制造费用和销售费用，核查"材料分配单""领料单"，查看去向，审查有无非应税项目领料直接进入成本、费用的情况；有无用于集体福利、非正常损失或个人消费未按规定转出进项税额等。		
3	核查发生的大额运费，要调取销售合同以及销售价格、货款结算等方面资料进行核对，并询问销售、仓库管理等人员，确定真实的销售过程和结算情况，是否存在舍近求远、加大运输费用等问题。结合其他运输企业的运费、装卸费收取情况，审查运费、装卸费支出的原始凭证和运费、装卸费支出的价格确定方式，结合重要性进行协查，核实是否利用虚假业务增加费用。		
4-1	虚开增值税专用发票的检查应从"票流""货流""资金流"三方面着手：（1）核实货物购销的真实性；审查纳税人经营项目、经营方式、生产经营规模、生产能力、盈利能力、货物流向等，分析是否存在虚开增值税专用发票的嫌疑；检查有关原始凭证，如购销合同、材料入库单、验收单、成品出库单、提货单、托运单等，核对企业的资金流向和票据流向。重点调取仓库保管员留存的发货联，看提货人与所开发票的受票人是否一致。（2）调查资金流向的真实性；掌握企业银行账号和涉案人员人法定代表人、厂长、出纳、主要业务人员和其他相关人员的个人银行存款账号或卡号，通过银行协查核实资金的实际流向情况。如果资金回流到受票企业，则该企业可能存在虚开发票的问题。（3）协查发票开具的真实性。		

	程 序 描 述	附表索引	备注
4-2	（1）确认受票企业与销货方是否有真实交易，购进的货物与取得的增值税专用发票上的内容是否一致。主要核查企业的购货合同、货物运输凭据、货物验收单和入库单以及领用（发出）记录，审核其与销货方是否有真实货物交易，以及其实际采购货物与增值税专用发票注明的销售方名称、货物数量、金额及税额等全部内容是否相符。（2）结合"应付账款"账户，一是检查开票单位与收款单位是否一致；二是要检查其发生额是否与其经营规模或销售情况相匹配；三是要结合销售开票情况，核实有无大宗货物来自非产地的情况。		
5-1	（1）审查代码。审查海关完税凭证上代码是否按照进口关区、填制日期、缴税情况等规律填开。 （2）审查印章。审查海关完税凭证上的海关印章有无使用防伪印油、有无荧光反射。 （3）审查货物名称、数量及单位。结合《海关商品名称单位码表》，审查海关完税凭证上注明的货物名称是否符合标准名称、"数量"是否为阿拉伯数字标准表述、"单位"是否为标准国际计量单位、不同产品使用的计量单位是否基本与进口货物报关单上的书写形式一致。		
5-2	审查进口业务是否真实：一是审核进口货物合同，包括合同真实性的审查和合同所包含的货物真实性的审查。二是审核纳税人提供的代理进口人的税务登记。伪造海关完税凭证案件，多为代理进口，且代理人均为外省纳税人的居多。三是审查代理进口协议、合同及报关单。四是审查货款的支付情况。如资金是否付往代理人的账户，是否通过银行付款来判断其业务的真实性。		
6	（1）审查发票开票单位是否合法、内容填写是否规范。（2）查实运输发票是否由地税局认可的纳税人开具或地税局代开，填开的项目是否齐全，运费和其他杂费有无分别注明。（3）审查购销合同、存货科目等和原始货运单据。核实有关的购销业务与原始货运单据上注明的发货人、收货人、起运地、到达地、运输方式、货物名称、货物数量等项目是否一致。（4）运费价格是否合理。		
7	（1）审查开具收购发票的货物：是否将收购的非初级农产品和其他不允许开具收购发票抵扣税款的货物开具收购发票抵扣了进项税额，是否超范围开具。（2）审查收购发票的开具对象：是否存在假借农业生产者的名义，将向非农业生产者收购初级农产品。核查的主要内容是：农产品的产地与收购地是否相符；有无不如实填开出售人姓名、住址或身份证号码；有无利用农业生产者的个人身份证多次填开收购发票；有无借用他人身份证或编造虚假身份证虚开收购凭证的现象。必要时，对有重点嫌疑的农产品收入业务，到出售人所在地进行调查，以确定收购业务是否真实。		

续表

	程 序 描 述	附表索引	备注
8	主要审查适用扣除率是否正确,有无低税高扣。废旧物资销售发票检查方法与前述农产品销售普通发票的检查相似,可参照其具体的检查方法。		
9	参照上述程序。		
...			

检 查 结 论	检查说明
评估测试风险点是否涉及本科目:是 ( )　否 ( );若是,是否进行检查:是 ( )　否 ( )	
本表列示基本风险点是否全部进行了检查:是 ( )　否 ( )	
除以上风险点外,是否检查出其他风险点:是 ( )　否 ( )	

检查人员签字:　　　　　　　　　　　　　　　　日期:　年　月　日

纳税遵从评价

被查单位:　　　　　　编制人:　　　　　日期:　　　　　索引号:D
检查期间:　　　　　　复核人:　　　　　日期:　　　　　页　次:

根据××国税局的工作安排,我局审计型检查组依法于××年××月××日至××年××月××日对你单位××年××月××日至××年××月××日国税机关管辖的税种申报缴纳情况实施了审计型检查。按照审计型检查工作要求,对你单位纳税遵从情况评价如下:

总 体 评 价		
类型	标　　准	结果
自律遵从	内部控制高效合理,财务核算水平高、自我约束强,能够自觉依法履行纳税义务,未发现较大涉税问题。	
他律遵从	内部控制较好,能够自觉缴纳应缴税款,但财务人员对税法理解存在偏差、税收筹划不当等客观原因导致税收流失,且流失率未超过10%。	
指导遵从	管理层在内控设计方面存在着重大缺陷等客观原因导致税收流失,且流失率未超过10%。	
强制遵从	治理层(或管理层)主观故意(隐匿收入、虚列成本,骗取税收优惠等)导致重大税收流失,或税收流失率达10%以上。	

具 体 评 价		
序号	类别	描　　述
1	风险事项	
	相关法规	
	完善建议	

续表

序号	类别	描　　述
2	风险事项	
	相关法规	
	完善建议	
3	风险事项	
	相关法规	
	完善建议	
…	风险事项	
	相关法规	
	完善建议	
领导审批意见 　　　　年　月　日		税务机关（盖章） 　　　　年　月　日

检查人员签字：　　　　　　　　　　　　　　　日期：

二、稽查工作底稿的要素

通常，稽查工作底稿包括下列全部或部分要素。
（1）稽查工作底稿的标题；
（2）稽查过程记录；
（3）稽查结论；
（4）稽查标识及其说明；
（5）索引号及编号；
（6）编制者姓名及编制日期；
（7）复核者姓名及复核日期；
（8）其他应说明事项。

【本章小结】

本章介绍了税务稽查工作底稿的定义、作用，并举例说明了税务稽查工作底稿的样式。学习本章时，要明确稽查工作底稿的作用，对稽查工作底稿的样式有感性认识。

【关键术语】

稽查工作底稿　底稿格式

【思考题】

1. 稽查工作底稿有什么作用?
2. 稽查工作底稿有哪些样式? 请举例说明。

第六章　销售与收款循环稽查

税务稽查一般按税种进行稽查，但为了便于了解企业的业务循环对各税种的影响，企业的各种内部控制对各税种的影响，以及企业的交易事项、账户余额、列报对各税种的影响。我们需要从企业的产、供、销、筹（投）资等业务循环中入手，理解这些活动和会计记录对企业的流转税和所得税的影响。

业务循环法是 20 世纪 70 年代提出和运用的了解和评价企业内部控制的一种方法。所谓业务循环法也称切块审计法，它是指将密切相关的交易种类或账户余额划为同一块，作为一个业务循环来组织安排审计工作的方法。一般而言，在会计报表审计中是将所有交易和账户余额划分为几个业务循环。在实务中，不同类型的企业，其业务循环的划分应有所不同。下面以制造业企业为例，介绍业务循环及其分类。

通常，制造业企业业务的内部控制，可以通过下列四个业务循环的划分后再进行研究和评价。①销售与收款循环。本循环包括向客户收受订购单，核准购货方的信用，装运商品，开具销货发票，记录收益和应收账款，记录现金收入等事项。本循环与增值税的销项税额、企业所得税的收入类项目均有关。②采购与付款循环。本循环包括购买存货、其他资产或劳务，发出订购单，检查所收货物和开具验收报告，记录应付销货方债务，核准付款，支付款项和记录现金支出等程序。本循环与增值税的进项税额、企业所得税的成本（费用、损失、税金等）项目均有关。③生产与存货循环。本循环包括领取各种原材料及其他物料用品，交付生产，分摊费用，计算生产成本，核算销售成本等程序；还包括雇佣、辞退职工，制定最低工资标准，核计实际工时，计算应付工薪，计算个人所得税和其他代扣款项，记录工薪卡，发放工资等的程序。本循环与企业所得税的成本（费用、损失、税金等）项目有关。④筹资与投资循环。本循环包括授权、核准、执行和记录有关银行贷款、融资租赁、应付公司债和股本、短期投资与长期投资等业务事项。本循环与企业所得税的收入项、支出项均有关。

应该指出的是，如何划分业务循环，应视企业的业务性质和规模而定。例如，对于银行来说，没有生产循环，但有贷放款循环和活期存款循环。但不论如何划分业务循环，税务稽查人员要在检查中将主要精力集中在那些影响会计报表或纳税申报表反映的内部控制程序上。

第一节　销售与收款循环的特性

根据会计报表项目与业务循环的相关程度，销售与收款循环涉及的资产负债表项目主要包括应收票据、应收账款、长期应收款、预收账款、应交税费；所涉及的利润表项目主要包括营业收入、营业税金及附加、销售费用等。而销售与收款循环对增值税的销项税额、企业所得税的收入类项目均有影响。

销售与收款循环的特性主要包括两部分的内容：一是销售与收款循环所涉及的主要凭证和会计记录；二是销售与收款循环中的主要业务活动。

一、主要凭证和会计记录

在内部控制制度比较健全的企业，处理销售与收款业务通常需要使用很多凭证和会计记录。典型的销售与收款循环所涉及的主要凭证和会计记录有以下几种。

（一）客户订购单

客户订购单即客户提出的书面购货要求。企业可以通过销售人员或其他途径，如采用电话、信函和向现有的及潜在的客户发送订购单等方式接受订货，取得客户订购单。

（二）销售单

销售单是列示客户所订商品的名称、规格、数量以及其他与客户订购单有关资料的表格，作为销售方内部处理客户订购单的依据。

（三）发运凭证

发运凭证是在发运货物时编制的，用以反映发出商品的规格、数量和其他有关内容的凭据。发运凭证的其中一联寄送给客户，其余联（一联或数联）由企业保留。这种凭证可作为向客户开票收款的依据。

（四）销售发票

销售发票是一种用来表明已销售商品的规格、数量、销售金额、运费和保险费的价格、开票日期、付款条件等内容的凭证。销售发票的其中一联寄送给客户，其余联由企业保留。销售发票也是在会计账簿中登记销售交易的基本凭证。

（五）商品价目表

商品价目表是列示已经授权批准的、可供销售的各种商品的价格清单。它是用来证明商品价格的证据。

（六）贷项通知单

贷项通知单是一种用来表示由于销售退回或经批准的折让而引起的应收销售款减少的凭证。这种凭证的格式通常与销售发票的格式相同，只不过它不是用来说明应收账款的增加，而是用来说明应收账款的减少。它跟增值税的红字专用发票有关系。

（七）应收账款账龄分析表

通常，应收账款账龄分析表按月编制，反映月末应收账款总额的账龄区间，并详细反映每个客户月末应收账款金额和账龄。它也是常见的计提应收账款坏账准备的重要依据之一。

（八）应收账款明细账

应收账款明细账是用来记录每个客户各项赊销、还款、销售退回及折让交易的明细账。

（九）主营业务收入明细账

主营业务收入明细账是一种用来记录销售交易的明细账。它通常记录和反映不同类别的销售总额。

（十）折扣与折让明细账

折扣与折让明细账是一种用来核算企业销售商品时，按销售合同规定为了及早收回货款而给予客户的销售折扣和由于商品品种、质量等而给予客户的销售折让情况的明细账。当然，企业也可以不设置折扣与折让明细账，而将该类业务记录于主营业务收入明细账。

注意：（1）税法只承认折扣销售，并且强调在同一张专用发票上反映出来。否则不承认。

（2）税法不承认销售折扣，即销售折扣不得从销售额中减除。

（3）税法承认销售折让，可能通过红字专用发票进行处理。

（十一）汇款通知书

汇款通知书是一种与销售发票一起寄给客户，由客户在付款时再寄回销售单位的凭证。这种凭证注明客户的姓名、销售发票号码、销售单位开户银行账号以及金额等内容。

（十二）现金日记账和银行存款日记账

现金日记账和银行存款日记账是由出纳人员用来记录应收账款的收回或现销收入以及其他各种现金、银行存款收入和支出的日记账。

银行存款日记账的格式与现金日记账的格式相同。

（十三）坏账审批表

坏账审批表是一种用来批准将某些应收款项注销为坏账的，仅在企业内部使用的凭证。

（十四）客户对账单

客户对账单是一种定期寄送给客户的用于购销双方定期核对账目的凭证。客户月末对账单上应注明应收账款的月初余额、本月各项销售交易的金额、本月已收到的货款、各贷项通知单的数额以及月末余额等内容。

（十五）转账凭证

转账凭证是指记录转账业务的记账凭证，它是根据有关转账业务（不涉及现金、银行存款收付的各项业务）的原始凭证编制的。

（十六）现金和银行凭证

现金和银行凭证是指用来记录现金和银行存款收入业务的记账凭证。

二、销售与收款循环中的主要业务活动

了解企业在销售与收款循环中的典型活动，对了解该业务循环的稽查非常必要。这里我们简单地介绍一下销售与收款循环中的主要业务活动。

（一）接受客户订购单

客户提出订货要求是整个销售与收款循环的起点。从法律上讲，这是购买某种货物的一项申请。

客户的订单只有在符合管理当局的授权标准时，才能被接受。管理当局一般都列出了已批准销售的客户名单。销售单管理部门在决定是否同意接受某客户的订单时，应追查该客户是否被列入这张经批准销售的客户名单。如果该客户未被列入客户名单，则通常需要由销售单管理部门的主管来决定批准销售与否。

很多企业在批准了客户订单之后，下一步就应编制一式多联的销售单。销售单是证明管理当局有关销售交易的"发生"认定的凭证之一，也是此笔销售的交易轨迹的起点。

（二）批准赊销信用

对于赊销业务，赊销批准是由信用管理部门根据管理当局的赊销政策，以及对每个客户的已授权的信用额度来进行的。信用管理部门的职员在收到销售单管理部门的销售单后，即将销售单与该客户已被授权的赊销信用额度至今尚欠的赊款余额加以比较。执行人工赊销信用检查时，还应合理划分工作职责，以切实避免销售人员为扩大销售而使企业承受不适当的信用风险。

企业应对每个新客户进行信用调查，包括获取信用评审机构对客户信用等级的评定报告。无论批准赊销与否，都要求被授权的信用管理部门人员在销售单上签署意见，然后再将已签署意见的销售单送回销售单管理部门。

设计信用批准控制的目的是降低坏账风险，因此，这些控制与应收账款净额的"计价和分摊"认定有关。

（三）按销售单供货

企业管理当局通常要求商品仓库只有在收到经过批准的销售单时才能供货。设立这项控制程序的目的是防止仓库在未经授权的情况下擅自发货。因此，已批准销售单的其中一

联通常应送达仓库，作为仓库按销售单供货和发货给装运部门的授权依据。

（四）按销售单装运货物

将按经批准的销售单供货与按销售单装运货物职责相分离，有助于避免装运职员在未经授权的情况下装运产品。此外，装运部门职员在装运之前，还必须进行独立验证，以确定从仓库提取的商品都附有经批准的销售单，并且，所提取商品的内容与销售单一致。

装运凭证是指一式多联的、连续编号的提货单，可由电脑或人工编制。按序归档的装运凭证通常由装运部门保管。装运凭证提供了商品确实已装运的证据，因此，它是证实销售交易"存在或发生"认定的另一种形式的凭据。而定期检查以确定在编制的每张装运凭证后均已附有相应的销售发票，则有助于保证销售交易"完整性"认定的正确性。

（五）向客户开具发票

开具发票是指开具并向客户寄送事先连续编号的销售发票。与这项功能所针对的主要问题如下：（1）是否对所有装运的货物都开具了发票（"完整性"）；（2）是否只对实际装运的货物开具发票，有无重复开具发票或虚开发票（"发生"）；（3）是否按已授权批准的商品价目表所列价格计价开具发票（"准确性"）。

为了降低开具发票过程中出现遗漏、重复、错误计价或其他差错的风险，应设立以下控制程序：

（1）负责开具发票的员工在开具每张发票之前，检查是否存在装运凭证和相应的经批准的销售单；

（2）依据已授权批准的商品价目表编制销售发票；

（3）独立检查销售发票计价和计算的正确性；

（4）将装运凭证上的商品总数与相对应的销售发票上的商品总数进行比较。

上述的控制程序有助于确保用于记录销售交易的销售发票的正确性。因此，这些控制与销售交易的"发生""完整性"以及"准确性"认定有关。销售发票副联通常由开具账单部门保管。

信息系统也可以协助实现上述内部控制，在单证核对一致的情况下生成连续编号的销售发票，并对例外事项进行汇总，以供企业相关人员进行进一步的处理。

（六）记录销售

在手工会计系统中，记录销售的过程包括区分赊销、现销，按销售发票编制转账记账凭证或现金、银行存款收款凭证，再据以登记销售明细账和应收账款明细账或现金、银行存款日记账。

记录销售的控制程序包括以下内容：

（1）只依据附有有效装运凭证和销售单的销售发票记录销售。这些装运凭证和销售单应能证明销售交易的发生及其发生的日期。

（2）控制所有事先连续编号的销售发票。

（3）独立检查已处理销售发票上的销售金额同会计记录金额的一致性。

（4）记录销售的职责与前面说明的处理销售交易的其他功能相分离。

（5）对记录过程中所涉及的有关记录的接触予以限制，以减少未经授权批准的记录的发生。

（6）定期独立检查应收账款的明细账与总账的一致性。

（7）定期向客户寄送对账单，并要求客户将任何例外情况直接向指定的未涉及执行或记录销售交易循环的会计主管报告。

（七）办理和记录现金、银行存款收入

这项功能涉及的是有关货款收回，现金、银行存款的记录以及应收账款减少的活动。在办理和记录现金、银行存款收入时，最关心的是货币资金失窃的可能性。货币资金失窃可能发生在货币资金收入登记入账之前或入账之后。处理货币资金收入时最重要的是保证全部货币资金都必须如数、及时地记入现金、银行存款日记账或应收账款明细账，并如数、及时地将现金存入银行。在这方面，汇款通知单起着重要的作用。

（八）办理和记录销售退回、销售折扣与折让

客户如果对商品不满意，销售企业一般都会同意接受退货，或给予一定的销售折让；客户如果提前支付货款，销售企业则可能会给予一定的销售折扣。发生此类事项时，必须经授权批准，并应确保与办理此事有关的部门和职员各司其职，分别控制物流和会计处理。在这方面，严格使用贷项通知单无疑会起到关键的作用。

（九）提取坏账准备

坏账准备提取的数额必须能够抵补企业以后无法收回的本期销售款。

（十）注销坏账

不管赊销部门的工作如何主动，客户由于宣告破产、死亡等而不支付货款的事仍时有发生。销售企业若认为某项货款再也无法收回，就必须注销这笔货款。对这些坏账，正确的处理方法应该是获取货款无法收回的确凿证据，经适当审批后及时做会计调整。

第二节　控制测试和交易的实质性程序

一、概述

在展开本节内容的讨论之前，我们先给出了"销售交易的控制目标、内部控制和测试一览表"，如表6-1所示。

表 6-1   **销售交易的控制目标、内部控制和测试一览表**

内部控制目标	关键内部控制	常用的内部控制测试	常用的交易实质性程序
所有销售交易均已登记入账（完整性）	发运凭证（或提货单）均经事先编号并已经登记入账；销售发票均经事先编号，并已登记入账	检查发运凭证连续编号的完整性；检查销售发票连续编号的完整性	将发运凭证与相关的销售发票和主营业务收入明细账及应收账款明细账中的分录进行核对
销售交易的分类恰当（分类）	采用适当的会计科目表；内部复核和核查	检查会计科目表是否适当；检查有关凭证上内部复核和查核的标记	检查证明销售交易分类正确的原始证据
销售交易的记录及时（截止）	采用尽量能在销售发生时开具收款账单和登记入账的控制方法；内部核查	检查尚未开具收款账单的发货和尚未登记入账的销售交易；检查有关凭证上内部核查标记	将销售交易登记入账的日期与发运凭证的日期比较核对
销售交易已经正确地记入明细账，并经正确汇总（准确性、计价和分摊）	每期定期给客户寄送对账单；由独立人员对应收账款明细账作内部核查；将应收账款明细账余额合计数与其总账余额进行比较	观察对账单是否已经寄出；检查内部核查标记；检查将应收账款明细账余额合计数与其总账余额进行比较的标记	将主营业务收入明细账加总，追查其至总账的过账

    表 6-1 分四栏，将与销售交易有关的内部控制目标、关键内部控制以及稽查人员常用的相应的控制测试和交易实质性程序分类列示。下面介绍各栏目的内容及各栏目之间的关系。

    第一栏 "内部控制目标"，列示了企业建立销售交易内部控制的目标，也就是稽查人员实施相应内部控制测试和交易实质性测试所要达到的稽查目标。各种业务的基本目标是相同的，但其具体目标则有所不同；另外，某些控制固然可以实现几个目标，但分别考虑每一个目标，更有助于增加对销售与收款循环稽查全过程的了解。

    第二栏 "关键内部控制"，列示了与上述各项内部控制目标相对应的一项或数项主要的内部控制。设计销售交易内部控制，无论其他目标的控制如何有效，只要为实现某一项目标所必需的控制不健全，则与该目标有关的错误出现的可能性就随之增大，并且很可能影响企业整个内部控制的有效性。

    第三栏 "常用的内部控制测试"，列示了稽查人员针对上述关键内部控制所实施的测试程序。控制测试与内部控制之间有直接联系，稽查人员对每项关键控制至少要执行一项控制测试以核实其效果，因为控制测试如果不用来测试某一具体的内部控制就毫无意义。通常，根据内部控制的性质确定控制测试的性质大多比较容易。例如，内部控制如果是批准赊销后在客户订购单上签字，则控制测试就是检查客户订购单上有无恰当的签字。

    第四栏 "常用的交易实质性程序"，列示了稽查人员常用的交易实质性测试程序。实质性程序与第一栏所列的控制目标有着直接的联系，它是证明第一栏中具体稽查目标的证据，其目的在于确定交易业务中与该控制目标有关的金额是否有错误。实质性程序虽然与关键控制及控制测试没有必然的关系，但实施实质性程序的性质、时间和范围，在一定程度上取决于关键控制是否存在和控制测试的结果。在确定交易实质性程序时，有些程序不管环境如何，是每一项稽查所共同采用的，而有些则应视内部控制的健全程度和控制测试的结果而定。当然，稽查重要性、以前期间的稽查结果等因素，对实质性程序的确定也有影响。

表 6-1 列示的方法，其目的在于帮助稽查人员根据具体情况设计能够实现稽查目标的稽查方案。但它既未包含销售交易所有的内部控制、控制测试和实质性程序，也并不意味着稽查实务中必须按此顺序与方法一成不变。一方面，被稽查单位所处行业不同、规模不一、内部控制制度的健全程度和执行结果不同，以前期间接受稽查的情况也各不相同；另一方面，受稽查时间、稽查费用的限制，稽查人员除了确保稽查质量、稽查效果外，还必须提高稽查效率，尽可能地消除重复的测试程序，保证检查某一凭证时能够一次完成对该凭证的全部稽查测试程序，并按最有效的顺序实施稽查测试。因此，在稽查实务工作中，稽查人员应根据表 6-1 所列示的内容，从实际出发，将其转换为更实用、高效的稽查计划。也正是由于被稽查单位的上述特性，决定了下面将要讨论的销售交易的控制测试和交易的实质性程序都只是定性而非定量的，在具体稽查时，稽查人员应当结合被稽查单位情况，运用职业判断和稽查抽样技术来合理确定稽查测试的样本量。

二、销售交易的内部控制和控制测试

稽查人员通常利用在了解被稽查单位控制中所获取的资料来评价内部控制风险。下面结合表 6-1 讨论一下销售交易有关的关键内部控制和相应的控制测试。

（一）适当的职责分离

适当的职责分离有助于防止各种有意的或无意的错误。例如，主营业务收入账如果是由记录应收账款之外的职员独立登记，并由另一位不负责账簿记录的职员定期调节总账和明细账，就构成了一项自动交互牵制；规定负责主营业务收入和应收账款记账的职员不得经手货币资金，也是防止舞弊的一项重要控制。另外，销售人员通常有一种乐观地对待销售数量的自然倾向，而不问它是否将以巨额坏账损失为代价，赊销的审批在一定程度上可以抑制这种倾向。因此，赊销批准职能与销售职能的分离，也是一种理想的控制。

财政部于 2002 年 12 月 23 日发布的《内部会计控制规范——销售与收款（试行）》中规定，单位应当将办理销售、发货、收款三项业务的部门（或岗位）分别设立；单位在销售合同订立前，应当指定专门人员就销售价格、信用政策、发货及收款方式等具体事项与客户进行谈判。谈判人员至少应有两人以上，并与订立合同的人员相分离；编制销售发票通知单的人员与开具销售发票的人员应相互分离；销售人员应当避免接触销售现款；单位应收票据的取得和贴现必须经由保管票据以外的主管人员的书面批准。这些都是对单位提出的、有关销售与收款业务相关职责适当分离的基本要求，以确保办理销售与收款业务的不相容岗位相互分离、制约和监督。

稽查人员通常通过观察有关人员的活动以及与这些人员进行讨论，来实施职责分离的控制测试。

（二）正确的授权审批

对于授权审批问题，稽查人员应当关注以下关键点上的审批程序：其一，在销售发生之前，赊销已经正确审批；其二，非经正当审批，不得发出货物；其三，销售价格、销售条件、运费、折扣等必须经过审批；其四，审批人应当根据销售与收款授权批准制度的规定，在授权范围内进行审批，不得超越审批权限。对于超过单位既定销售政策和信用政策规定范围的特殊销售交易，单位应当进行集体决策。前两项控制的目的在于防止企业财产因向虚构的或者无力支付货款的客户发货而蒙受损失；价格审批控制的目的在于保证销售交易按照企业定价政策规定的价格开票收款；对授权审批范围设定权限的目的则在于防止因审批人决策失误而造成严重损失。

通过检查凭证在上述四个关键点上是否经过审批，可以很容易地测试出授权审批方面的内部控制的效果。

（三）充分的凭证和记录

每个企业交易的产生、处理和记录等制度都有其特点，因此，也许很难评价其各项控制是否足以发挥最大的作用。然而，只有具备充分的记录手续，才有可能实现其他各项控制目标。例如，有的企业在收到客户订购单后，就立即编制一份预先编号的一式多联的销售单，分别用于批准赊销、审批发货、记录发货数量以及向客户开具账单等。在这种制度下，只要定期清点销售发票，漏开账单的情形几乎就不太会发生。相反的情况是，有的企业只在发货以后才开具账单，如果没有其他控制措施，这种制度下漏开账单的情况就很可能会发生。

（四）凭证的预先编号

对凭证预先进行编号，旨在防止销售以后忘记向客户开具账单或登记入账，也可防止重复开具账单或重复记账。当然，如果对凭证的编号不做清点，预先编号就会失去其控制意义。由收款员对每笔销售开具账单后，将发运凭证按顺序归档，而由另一位职员定期检查全部凭证的编号，并调查凭证缺号的原因，就是实施这项控制的一种方法。

对这种控制常用的一种控制测试程序是清点各种凭证。比如从主营业务收入明细账中选出销售发票的存根，看其编号是否连续，有无不正常的缺号发票和重号发票。这种测试程序可同时提供有关真实性和完整性目标的证据。

（五）按月寄出对账单

由不负责现金出纳和销售及应收账款记账的人员按月向客户寄发对账单，能促使客户在发现应付账款余额不正确后及时做出说明，因而这是一项有用的控制。为了使这项控制更加有效，最好将账户余额中出现的所有核对不符的账项，指定一位不掌管货币资金、也不记载主营业务收入和应收账款账目的主管人员处理。

稽查人员观察指定人员寄送对账单和检查客户复函档案，对于测试被稽查单位是否按月向客户寄出对账单，是十分有效的控制测试。

（六）内部核查程序

由内部稽查人员或其他独立人员核查销售交易的处理和记录，是实现内部控制目标不可缺少的一项控制措施。稽查人员可以采用检查内部稽查人员的报告，或其他独立人员在他们核查的凭证上的签字等方法实施控制测试，内部核查程度如表6-2所示。

表6-2　　　　　　　　　　　　　　内部核查程序

内部控制目标	内部核查程序举例
登记入账的销售交易是真实的	检查销售发票的连续性并检查所附的佐证凭证
销售交易均经过适当审批	了解客户的信用情况，确定是否符合企业的赊销政策
所有销售交易均已登记入账	检查发运凭证的连续性，并将其与主营业务收入明细账核对
登记入账的销售交易均经过正确计价	将销售发票上的数量与发运凭证上的记录进行比较核对
登记入账的销售交易的分类恰当	将登记入账的销售交易的原始凭证与会计科目表比较核对
销售交易的记录及时	检查开票员所保管的未开票发运凭证，确定是否包括所有应开票的发运凭证在内
销售交易已经正确地记入明细账并正确地汇总	从发运凭证追查至主营业务收入明细账和总账

财政部发布的《内部会计控制规范——销售与收款（试行）》中，不仅明确了单位应当建立对销售与收款内部控制的监督检查制度，单位监督检查机构或人员应通过实施控制测试和实质性程序检查销售与收款业务内部控制制度是否健全，各项规定是否得到有效执行，而且明确了销售与收款业务内部控制监督检查的主要内容，具体如下：

（1）销售与收款业务相关岗位及人员的设置情况。重点检查是否存在销售与收款业务不相容职务混岗的现象。

（2）销售与收款业务授权批准制度的执行情况。重点检查授权批准手续是否健全，是否存在越权审批行为。

（3）销售的管理情况。重点检查信用政策、销售政策的执行是否符合规定。

（4）收款的管理情况。重点检查单位销售收入是否及时入账，应收账款的催收是否有效，坏账核销和应收票据的管理是否符合规定。

（5）销售退回的管理情况。重点检查销售退回手续是否齐全，退回货物是否及时入库。

在确定了被稽查单位的内部控制中可能存在的薄弱环节，并且对其控制风险做出评价后，稽查人员应当判断继续实施控制测试的成本是否会低于因此而减少对交易、账户余额的实质性程序所需的成本。如果被稽查单位的相关内部控制不存在，或者被稽查单位的相关内部控制未得到有效执行，则稽查人员不应再继续实施控制测试，而应直接实施实质性程序。

这说明，作为进一步稽查程序的类型之一，控制测试并非在任何情况下都需要实施。但当存在下列情形之一时，稽查人员应当实施控制测试：（1）在评估认定层次有重大错报风险时，预期控制的运行是有效的；（2）仅实施实质性程序不足以提供认定层次充分、适当的稽查证据。

三、针对销售交易的实质性程序

我们按照表 6-2 中所列的顺序详细介绍常用的交易实质性程序，这些实质性程序在稽查中常常被疏忽，而事实上它们恰恰需要稽查人员给予重视并根据它们做出稽查决策。

（一）已发生的销售交易均已登记入账

销售交易的税务稽查一般偏重于检查低估收入的问题，因此，需对完整性目标进行交易实质性测试。

从发货部门的档案中选取部分发运凭证，并追查至有关的销售发票副本和主营业务收入明细账，是测试未开票的发货的一种有效程序。为使这一程序成为一项有意义的测试，稽查人员必须能够确信全部发运凭证均已归档，这一点可以通过检查凭证的编号顺序来查明。

测试完整性目标时，起点是发运凭证，即从发运凭证中选取样本，追查至销售发票存根和主营业务收入明细账，以测试是否存在遗漏事项。

在测试其他目标时，方向一般无关紧要。例如，测试交易业务计价的准确性时，可以由销售发票追查发运凭证，也可以反向追查。

（二）登记入账的销售交易均经正确计价

销售交易计价的准确性包括按订货数量发货，按发货数量准确地开具账单以及将账单上的数额准确地记入会计账簿。每次稽查中一般都要对这三个方面做实质性测试，以确保其准确无误。

典型的实质性测试包括复算会计记录中的数据。通常的做法是，以主营业务收入明细账中的会计分录为起点，将所选择的交易业务的合计数与应收账款明细账和销售发票存根进行比较核对。销售发票存根上所列的单价，通常还要与经过批准的商品价目表进行比较核对，其金额小计和合计数也要进行复算。发票中列出的商品的规格、数量和客户代号等，则应与发运凭证进行比较核对。另外，往往还要审核客户订购单和销售单中的同类数据。

将计价准确性目标中的控制测试和实质性测试作一下比较，便可作为例证来说明有效的内部控制如何节约了稽查时间。很明显，计价目标的控制测试几乎不花时间，因为只需审核一下签字或者其他内部核查的证据即可。内部控制如果有效，实质性测试的样本量便可以减少，稽查成本也因控制测试的成本较低而将大为降低。

（三）登记入账的销售交易分类恰当

如果将销售分为现销和赊销两种，应注意不要在现销时借记应收账款，也不要在收回应收账款时贷记主营业务收入，同样不要将营业资产的销售（例如固定资产销售）混作正常销售。对那些采用不止一种销售分类的企业，例如需要编制分部报表的企业来说，正确的分类是极为重要的。

销售分类恰当的测试一般可与计价测试一并进行。稽查人员可以通过审核原始凭证确定具体交易业务的类别是否恰当，并以此与账簿的实际记录做比较。

（四）销售交易的记录及时

发货后应尽快开具账单并登记入账，以防止无意漏记销售交易，确保它们记入正确的会计期间。在执行计价实质性测试程序的同时，一般要将所选取的提货单或其他发运凭证的日期与相应的销售发票存根、主营业务收入明细账和应收账款明细账上的日期做比较。如有重大差异，就可能存在销售截止期限上的错误。

（五）销售交易已正确地记入明细账并正确地汇总

应收账款明细账的记录若不正确，将影响被稽查单位收回应收账款的能力，因此，将全部赊销业务正确地记入应收账款明细账极为重要。同理，为保证会计报表准确，主营业务收入明细账必须正确地加总并过上总账。在多数稽查中，通常都要加总主营业务收入明细账数，并将加总数和一些具体内容分别追查至主营业务收入总账和应收账款明细账或现金、银行存款日记账，以检查在销售过程中是否存在有意或无意的错报问题。不过这一测试的样本量受内部控制的影响。从主营业务收入明细账追查至应收账款明细账，一般与为实现其他稽查目标所做的测试一并进行；而将主营业务收入明细账加总，并追查、核对加总数至其总账，则应作为单独的一项测试程序来执行。

第三节　营业收入稽查

一、营业收入的稽查目标

营业收入项目核算企业在销售商品、提供劳务等主营业务活动中所产生的收入，以及企业确认的除主营业务活动以外的其他经营活动实现的收入，包括出租固定资产、出租无形资产、出租包装物和商品、销售材料、用材料进行非货币性交换（非货币性资产交换具有商业实质且公允价值能够可靠计量）或债务重组等实现的收入。其稽查目标一般包括：确定营业收入记录是否完整；确定与营业收入有关的金额及其他数据是否已恰当记录，包括对销售退回、销售折扣与折让的处理是否恰当；确定营业收入是否已记录于正确的会计期间；确定营业收入的内容是否正确；确定营业收入的披露是否恰当。

二、营业收入的实质性程序

（一）主营业务收入的实质性程序

主营业务收入的实质性程序一般包括以下内容。

（1）取得或编制主营业务收入明细表，复核加计正确，并与总账数和明细账合计数核对相符；同时，结合其他业务收入科目数额，与报表数核对相符。

（2）查明主营业务收入的确认原则、方法，注意是否符合企业会计准则和会计制度规定的收入实现条件，前后期是否一致。特别关注周期性、偶然性的收入是否符合既定的收入确认原则和方法。按照《企业会计准则第14号——收入》的要求，企业商品销售收入，应在下列条件均能满足时予以确认：①企业已将商品所有权上的主要风险和报酬转移给购货方；②企业既没有保留通常与所有权相联系的继续管理权，也没有对已售出的商品实施有效控制；③收入的金额能够可靠地计量；④相关的经济利益很可能流入企业；⑤相关的已发生或将发生的成本能够可靠地计量。因此，对主营业务收入的实质性程序，主要应测试企业是否依据上述五个条件确认产品销售收入。具体来说，有如下几点。

①采用交款提货销售方式，应于货款已收到或取得收取货款的权利，同时已将发票账单和提货单交给购货单位时确认收入的实现。对此，稽查人员应着重检查被稽查单位是否收到货款或取得收取货款的权利，发票账单和提货单是否已交付购货单位。应注意有无扣压结算凭证，将当期收入转入下期入账，或者虚记收入、开假发票、虚列购货单位，将当期未实现的收入虚转为收入记账，在下期予以冲销的现象。

②采用预收账款销售方式，应于商品已发出时，确认收入的实现。对此，稽查人员应着重检查被稽查单位是否收到了货款，商品是否已经发出。应注意是否存在对已收货款并已将商品发出的交易不入账、转为下期收入，或开具虚假出库凭证、虚增收入等现象。

③采用托收承付结算方式，应于商品已发出，劳务已经提供，并已将发票账单提交银行、办妥收款手续时确认收入的实现。对此，稽查人员应着重检查被稽查单位是否发货，托收手续是否办妥，货物发运凭证是否真实，托收承付结算回单是否正确。

④委托其他单位代销商品的，如果代销单位采用视同买断方式，应于代销商品已经销售并收到代销单位代销清单时，按企业与代销单位确定的协议价确认收入的实现。对此，应注意查明有无商品未销售、编制虚假代销清单、虚增本期收入的现象；如果代销单位采用收取手续费方式，应在代销单位将商品销售、企业已收到代销单位代销清单时确认收入的实现。

⑤销售合同或协议明确销售价款的收取采用递延方式，实质上具有融资性质的，应当按照应收的合同或协议价款的公允价值确定销售商品收入金额。应收的合同或协议价款与其公允价值之间的差额，应当在合同或协议期间内采用实际利率法进行摊销，计入当期损益。

⑥长期工程合同收入，如果合同的结果能够可靠估计，应当根据完工百分比法确认合同收入。稽查人员应重点检查收入的计算、确认方法是否合乎规定，并核对应计收入与实际收入是否一致，注意查明有无随意确认收入、虚增或虚减本期收入的情况。

⑦委托外贸企业代理出口、实行代理制方式的，应在收到外贸企业代办的发运凭证和银行交款凭证时确认收入。对此，稽查人员应重点检查代办发运凭证和银行交款单是否真实，注意有无内外勾结，出具虚假发运凭证或虚假银行交款凭证的情况。

⑧对外转让土地使用权和销售商品房的，通常应在土地使用权和商品房已经移交并将发票结算账单提交对方时确认收入。对此，稽查人员应重点检查已办理的移交手续是否符

合规定要求，发票账单是否已交对方。注意查明被稽查单位有无编造虚假移交手续，采用"分层套写"、开具虚假发票的行为，防止其高价出售、低价入账，从中贪污货款。如果企业事先与买方签订了不可撤销合同，按合同要求开发房地产，则应按建造合同的处理原则处理。

（3）选择运用以下实质性分析程序。

①将本期与上期的主营业务收入进行比较，分析产品销售的结构和价格的变动是否正常，并分析异常变动的原因。

②比较本期各月各种主营业务收入的波动情况，分析其变动趋势是否正常，是否符合被稽查单位季节性、周期性的经营规律，并查明异常现象和重大波动的原因。

③计算本期重要产品的毛利率，分析比较本期与上期同类产品毛利率变化情况，注意收入与成本是否配比，并查清重大波动和异常情况的原因。

④计算对重要客户的销售额及产品毛利率，分析比较本期与上期有无异常变化。

⑤将上述分析结果与同行业企业本期相关资料进行对比分析，检查是否存在异常。

（4）根据增值税发票申报表或普通发票，估算全年收入，与实际入账收入金额核对，并检查是否存在虚开发票或已销售但未开发票的情况。

（5）获取产品价格目录，抽查售价是否符合定价政策，并注意销售给关联方或关系密切的重要客户的产品价格是否合理，有无低价或高价结算以转移收入和利润的现象。

（6）抽取本期一定数量的销售发票，检查开票、记账、发货日期是否相符，品名、数量、单价、金额等是否与发运凭证、销售合同或协议、记账凭证等一致。

（7）抽取本期一定数量的记账凭证，检查入账日期、品名、数量、单价、金额等是否与销售发票、发运凭证、销售合同或协议等一致。

（8）实施销售的截止测试。对主营业务收入实施截止测试，其目的主要在于确定被稽查单位主营业务收入的会计记录归属期是否正确；应记入本期或下期的主营业务收入是否被推延至下期或提前至本期。

我国《企业会计准则——基本准则》规定，企业对于已经发生的交易或者事项，应当及时进行会计确认、计量和报告，不得提前或者延后，并规定收入只有在经济利益很可能流入从而导致企业资产增加或者负债减少且经济利益的流入能够可靠计量时才能予以确认。据此，稽查人员在稽查中应该注意把握三个与主营业务收入确认有着密切关系的日期：一是发票开具日期或者收款日期；二是记账日期；三是发货日期（服务业则是提供劳务的日期）。这里的发票开具日期是指开具增值税专用发票或普通发票的日期；记账日期是指被稽查单位确认主营业务收入实现并将该笔经济业务记入主营业务收入账户的日期；发货日期是指仓库开具出库单并发出库存商品的日期。检查三者是否归属于同一适当会计期间是主营业务收入截止测试的关键所在。

围绕上述三个重要日期，有以下三种稽查方法。

一是以账簿记录为起点。从资产负债表日前后若干天的账簿记录查至记账凭证，检查发票存根与发运凭证，目的是证实已入账收入是否在同一期间已开具发票并发货，有无多记收入。这种方法的优点是比较直观，容易追查至相关凭证记录，以确定其是否应在本期确认收入，特别是在连续稽查两个以上会计期间时，检查跨期收入十分便捷，可以提高稽查效率。缺点是缺乏全面性和连贯性，只能查多记，无法查漏记，尤其是当本期漏记收入延至下期，而稽查时被稽查单位尚未及时登账时，不易发现应记入而未记入报告期收入的情况。因此，使用这种方法主要是为了防止多计收入。

二是以销售发票为起点。从资产负债表日前后若干天的发票存根查至发运凭证与账簿记录，确定已开具发票的货物是否已发货并于同一会计期间确认收入。具体做法是抽取若干张在资产负债表日前后开具的销售发票的存根，追查至发运凭证和账簿记录，查明有无漏记收入现象。这种方法也有其优缺点，优点是较全面、连贯，容易发现漏记的收入；缺点是较费时费力，有时难以查找相应的发货及账簿记录，而且不易发现多记的收入。使用该方法时应注意两点：①相应的发运凭证是否齐全，特别应注意有无报告期内已作收入而下期初用红字冲回，并且无发货、收货记录，以此来调节前后期利润的情况；②被稽查单位的发票存根是否已全部提供，有无隐瞒。为此，应查看被稽查单位的发票领购簿，尤其应关注普通发票的领购和使用情况。因此，使用这种方法主要是为了防止少计收入。

三是以发运凭证为起点。从资产负债表日前后若干天的发运凭证查至发票开具情况与账簿记录，确定主营业务收入是否已记入恰当的会计期间。该方法的优缺点与方法二类似，具体操作中还应考虑被稽查单位的会计政策才能做出恰当的处理。因此，使用这种方法主要也是为了防止少计收入。

上述三种稽查方法在实务中均被广泛采用，它们并不是孤立的，稽查人员可以考虑在同一被稽查单位财务报表稽查中并用这三种方法，甚至可以在同一主营业务收入科目稽查中并用。实际上，由于被稽查单位的具体情况各异，管理层意图各不相同，有的为了想办法完成利润目标、承包指标，更多地享受税收等优惠政策，便于筹资等目的，可能会多计收入；有的则为了以丰补歉、留有余地、推迟缴税时间等目的而少计收入。因此，为提高稽查效率，稽查人员应当凭借专业经验和所掌握的信息、资料做出正确判断，选择其中的一种或两种稽查方法实施更有效的收入截止测试。

（9）结合对资产负债表日应收账款的函证程序，检查有无未经客户认可的巨额销售。

（10）检查销售折扣、销售退回与折让业务是否真实，内容是否完整，相关手续是否符合规定，折扣与折让的计算和会计处理是否正确。

企业在销售交易中，往往会由于产品品种不符、质量不符合要求以及结算而发生销售折扣、销售退回与折让。尽管引起销售折扣、退回与折让的原因不尽相同，其表现形式也不尽一致，但都是对收入的抵减，直接影响收入的确认和计量。因此，稽查人员应重视折扣与折让的稽查。

折扣与折让的实质性程序主要包括以下内容。

①获取或编制折扣与折让明细表，复核加计正确，并与明细账合计数核对相符。

②取得被稽查单位有关折扣与折让的具体规定和其他文件资料，并抽查较大的折扣与折让发生额的授权批准情况，与实际执行情况进行核对，检查其是否经授权批准，是否合法、真实。

③检查销售退回的产品是否已验收入库并登记入账，有无形成账外物资情况；销售折让与折扣是否及时足额提交对方，有无虚设中介、转移收入、私设账外"小金库"等情况。

④检查折扣与折让的会计处理是否正确。

（11）检查外币收入折算汇率是否正确。

（12）检查有无特殊的销售行为，如附有销售退回条件的商品销售、委托代销、售后回购、以旧换新、商品需要安装和检验的销售、分期收款销售、出口销售、售后租后等，确定恰当的稽查程序进行审核：

①附有销售退回条件的商品销售，如果对退货部分能做合理估计的，确定其是否按估计不会退货部分确认收入；如果对退货部分不能做合理估计的，确定其是否在退货期满时确认收入。

②售后回购，分析特定销售回购的实质，判断其是属于真正的销售交易，还是属于融资行为。

③以旧换新销售，确定销售的商品是否按照商品销售的方式确认收入，回收的商品是否作为购进商品处理。

④出口销售，确定其是否按离岸价格、到岸价格或成本加运费价格等不同的成交方式，确认收入的时点和金额。

⑤售后租回，若售后租回形成一项融资租赁，检查是否对售价与资产账面价值之间的差额予以递延，并按该项租赁资产的折旧进度进行分摊，作为折旧费用的调整；若售后租回形成一项经营租赁，检查是否也对售价与资产账面价值之间的差额予以递延，并在租赁期内按照与确认租金费用相一致的方法进行分摊，作为租金费用的调整。但对有确凿证据表明售后租回交易是按照公允价值达成的，检查对售价与资产账面价值之间的差额是否已经计入当期损益。

（13）调查集团内部销售的情况，记录其交易价格、数量和金额，并追查在编制合并财务报表时是否已予以抵消。

（14）调查向关联方销售的情况，记录其交易品种、数量、价格、金额以及占主营业务收入总额的比例。

（15）确定主营业务收入的列报是否恰当。

（二）其他业务收入的实质性程序

其他业务收入的实质性程序一般包括以下内容。

（1）获取或编制其他业务收入明细表：

①复核加计正确，并与总账数和明细账合计数核对相符；

②注意其他业务收入是否有相应的成本；

③检查是否存在技术转让等免税收益，如有，应调减应纳税所得额。

（2）计算本期其他业务收入与其他业务成本的比率，并与上期该比率比较，检查是否有重大波动，如有，应查明原因。

（3）检查其他业务收入内容是否真实、合法，收入确认原则及会计处理是否符合规定，择要抽查原始凭证予以核实。

（4）对异常项目，应追查入账依据及有关法律文件是否充分。

（5）抽查资产负债表日前后一定数量的记账凭证，实施截止测试，追踪到发票、收据等，确定入账时间是否正确，对于重大跨期事项做必要的调整建议。

（6）确定其他业务收入的列报是否恰当。

第四节　应收账款和坏账准备稽查

应收账款指企业由于销售商品、提供劳务而形成的债权，即企业销售商品、提供劳务等，应向购货客户或接受劳务的客户收取的款项或代垫的运杂费，是企业在信用活动中所形成的各种债权性资产。

企业的应收账款是在销售交易或提供劳务过程中产生的。企业的销售如果属于赊销，即销售实现时没有立即收取现款，而是获得了要求客户在一定条件下和一定时间内支付货款的权利，就产生了应收账款。因此，应收账款的稽查应结合销售交易来进行。

坏账是指企业无法收回或收回的可能性极小的应收款项（包括应收票据、应收账款、预付款项、其他应收款和长期应收款等）。由于发生坏账而产生的损失称为坏账损失。

企业通常应采用备抵法按期估计坏账损失，形成坏账准备。与直接转销法相比，备抵法将预计不能收回的应收账款作为坏账损失及时计入费用，能够避免企业虚增利润；在财务报表上列示应收账款的净额，有助于财务报表使用者了解企业真实的财务状况；并且，使得应收账款实际占用资金更接近于实际，消除了虚列的应收款项，比较准确地反映了企业的资金周转情况。

在市场经济的社会信用制度尚未完善时期，企业间交易形成款项部分或全部无法收回的情形司空见惯。因此，企业应当定期或者至少每年年度终了，对应收款项进行全面检查，预计各项应收款项可能发生的坏账，对于没有把握能够收回的应收款项，应当计提坏账准备。正因为如此，坏账准备通常是稽查的重点领域，并且，由于坏账准备与应收账款的联系非常紧密，我们把对坏账准备的稽查与对应收账款的稽查合为一节予以阐述。

一、应收账款的稽查目标

应收账款的稽查目标一般包括：确定应收账款是否存在；确定应收账款是否归被稽查单位所有；确定应收账款及其坏账准备的记录是否完整；确定应收账款是否可收回，坏账准备的计提方法和比例是否恰当，计提是否充分；确定应收账款及其坏账准备期末余额是否正确；确定应收账款及其坏账准备的列报是否恰当。

二、应收账款的实质性程序

（一）取得或编制应收账款明细表

（1）复核加计正确，并与总账数和明细账合计数核对相符；结合坏账准备科目与报表数核对相符。应当注意，应收账款报表数反映企业因销售商品、提供劳务等应向购买单位收取的各种款项，减去已计提的相应的坏账准备后的净额。因此，其报表数应同应收账款总账数和明细账数分别减去与应收账款相应的坏账准备总账数和明细账数后的余额核对相符。

（2）检查应收账款账龄分析是否正确。稽查人员可以通过编制或索取应收账款账龄分析表来分析应收账款的账龄，以便于了解应收账款的可收回性。应收账款账龄分析表参考格式如表6-3所示。

表6-3 应收账款账龄分析表

年 月 日　　　　　　　　货币单位：

客户名称	期末余额	账 龄			
		1 年以内	1~2 年	2~3 年	3 年以上
合计					

应收账款的账龄，是指资产负债表中的应收账款从销售实现、产生应收账款之日起，至资产负债表日止所经历的时间。编制应收账款账龄分析表时，可以考虑选择重要的客户及其余额所示，而将不重要的或余额较小的汇总所示。应收账款账龄分析表的合计数减去已计提的相应坏账准备后的净额，应该等于资产负债表中的应收账款项目余额。

（3）检查非记账本位币应收账款的折算汇率及折算是否正确。对于用非记账本位币（通常为外币）结算的应收账款，稽查人员应检查被稽查单位外币应收账款的增减变动是否采用交易发生日的即期汇率将外币金额折算为记账本位币金额，或者采用按照系统合理的方法确定的、与交易发生日即期汇率近似的汇率折算，选择采用汇率的方法前后各期是否一致；期末外币应收账款余额是否采用期末即期汇率折合为记账本位币金额；折算差额的会计处理是否正确。

（4）分析有贷方余额的项目，查明原因，必要时，建议做重分类调整。

（5）结合预收款项等往来项目的明细余额，查明有无同挂的项目或与销售无关的其他款项，如有，应做出记录，必要时提出调整建议。

（二）对应收账款实施实质性分析程序

（1）复核应收账款借方累计发生额与主营业务收入是否配比，如存在不匹配的情况应查明原因。

（2）在明细表上标注重要客户，并编制对重要客户的应收账款增减变动表，与上期比较分析是否发生变动，必要时，收集客户资料分析其变动合理性。

（3）计算应收账款周转率，应收账款周转天数等指标，并与被稽查单位上年指标、同行业同期相关指标对比分析，检查是否存在重大异常。

（三）向债务人函证应收账款

函证是指稽查人员为了获得影响财务报表或相关披露认定的项目的信息，通过直接来自第三方对有关信息和现存状况的声明，获取和评价稽查证据的过程。函证应收账款的目的在于证实应收账款账户余额的真实性、正确性，防止或发现被稽查单位及其有关人员在销售交易中发生的错误或舞弊行为。通过函证应收账款，可以比较有效地证明被询证者（债务人）的存在和被稽查单位记录的可靠性。

　　稽查人员应当考虑被稽查单位的经营环境、内部控制的有效性、应收账款账户的性质、被询证者处理询证函的习惯做法及回函的可能性等，以确定应收账款函证的范围、对象、方式和时间。

【本章小结】

　　本章介绍销售与收款循环及其稽查实务。首先应了解该循环所涉及的证据、业务活动及其内部控制，然后应了解针对涉税项目的相关认定所应采取的常用内部控制测试和常用的交易实质性程序，尤其要掌握营业收入稽查的常见实质性程序。通过本章学习，附带了解应收账款、坏账准备的稽查，为企业所得税某些项目的稽查打下基础。

【关键术语】

　　销售业务循环　常见内控　常见交易实质性程序

【思考题】

　　1. 企业在销售业务循环的诸内部控制目标（"存在"或"发生""完整性""计价和分摊""分类""截止"等）中，针对税收分别会具有哪种倾向？

　　2. 针对企业在销售业务中的倾向性，税务稽查应采取哪些应对措施？

第七章　采购与付款循环稽查

第一节　采购与付款循环的特性

考虑会计报表项目与业务循环的相关程度，采购与付款循环所涉及的会计报表主要是资产负债表项目，按其在会计报表中的列示顺序通常应为预付账款、固定资产、在建工程、工程物资、固定资产清理、无形资产、开发支出、商誉、长期待摊费用、应付票据、应付账款和长期应付款等；所涉及的利润表项目通常为管理费用。该循环与增值税的进项税额有关①，与企业所得税有关。

采购与付款循环的特性主要包括两个部分的内容：一是采购与付款循环所涉及的主要凭证和会计分录；二是采购与付款循环中的主要业务活动。

一、主要凭证与会计记录

采购与付款业务通常要经过请购——订货——验收——付款这样的程序，同销售与收款业务一样，在内部控制比较健全的企业，处理采购与付款业务通常也需要使用很多凭证和会计记录。典型的采购与付款循环所涉及的主要凭证和会计记录有以下几种。

（1）采购计划。

企业以销售和生产计划为基础，考虑供需关系及市场计划变化等因素，制订采购计划，并经适当的管理层审批后执行。

（2）供应商清单。

企业通过文件审核及实地考察等方式对合作的供应商进行认证，将通过认证的供应商信息进行手工或系统维护，并及时更新。

（3）请购单。

请购单是由商品制造、资产使用等部门的有关人员填写，送交采购部门，申请购买商品、劳务或其他资产的书面凭证。

（4）订购单。

订购单是由采购部门填写，向另一企业购买订购单上所指定商品、劳务或其他资产的书面凭证。

（5）验收单。

---

① 这里暗含着针对增值税一般纳税人，而非小规模纳税人。

验收单是收到商品、资产时所编制的凭证，列示从供应商处收到的商品、资产的种类和数量等内容。

（6）卖方发票。

卖方发票是供应商开具的，交给买方以载明发运的货物或提供的劳务、应付款金额和付款条件等事项的凭证。

（7）付款凭单。

付款凭单是采购方企业的应付凭单部门编制的，载明已收到商品、资产或接受劳务的厂商、应付款金额和付款日期的凭证。付款凭单是企业内部记录和支付负债的授权证明文件。

（8）转账凭证。

转账凭证是指记录转账业务的记账凭证，它是根据有关转账业务（不涉及现金、银行存款收付的各项业务）的原始凭证编制的。

（9）付款凭证。

付款凭证包括现金付款凭证和银行存款付款凭证，是指用来记录现金和银行存款支出业务的记账凭证。

（10）应付账款明细账。

（11）现金日记账和银行存款日记账。

银行存款日记账的格式与现金日记账的格式相同。

（12）供应商对账单。

实务中，对采购及应付账款的定期对账通常由供应商发起。供应商对账单是由供应商编制的，用于核对与采购企业往来款项的凭据，通常标明期初余额、本期购买、本期支付给供应商的款项和期末余额等信息。供应商对账单是供应商对有关业务的陈述，如果不考虑买卖双方在收发货物上可能存在的时间差等因素，其期末余额通常应与采购方相应的应付账款期末余额一致。

二、涉及的主要业务活动

在一个企业，如可能的话，应将各项职能活动指派给不同的部门或职员来完成。这样，每个部门或职员都可以独立检查一遍其他部门和职员工作的正确性。下面以采购商品为例，分别阐述采购与付款循环中的主要经济活动及其适当的控制程序和相关的认定。

（一）制订采购计划

基于企业的生产经营计划，生产、仓库等部门定期编制采购计划，给部门负责人等适当的管理人员审批后提交采购部门，具体安排商品及服务采购。

（二）供应商认证及信息维护

企业通常对于合作的供应商事先进行资质等审核，将通过审核的供应商信息录入系统，形成完整的供应商清单，并及时对其信息进行更新。采购部门只能向通过审核的供应商进行采购。

（三）请购商品和劳务

生产部门根据采购计划，对需要购买的已列入存货清单的项目填写请购单，其他部门也可以对所需要购买的未列入存货的项目编制请购单。大多数企业对正常经营所需的物资的购买均做一般授权，比如，生产部门在现有库存达到再订购点时就可直接提出采购申请，其他部门也可为正常的维修工作和类似工作直接申请采购有关物品。请购单可手工或由计算机编制。由于企业内不少部门都可以填写请购单，可以分部门设置请购单的连续编号，每张请购单必须经过对这类支出负预算责任的主管人员签字批准。

请购单是证明有关采购交易"发生"认定的凭据之一，也是采购交易轨迹的起点。

（四）编制订购单

采购部门在收到请购单后，只能对经过批准的请购单发出订购单。对每张订购单，采购部门应确定最佳的供应来源。对一些大额、重要的采购项目，应采取竞价方式来确定供应商，以保证供货的质量、及时性和价格的低廉。

订购单应正确填写所需要的商品品名、数量、价格、厂商名称和地址等，预先予以编号并经过被授权的采购人员签名。其正联送交供应商，副联则送交企业内部的验收部门、应付凭单部门和编制请购单的部门。随后，应独立检查订购单的处理，以确定是否确实收到商品并正确入账。这项检查与采购交易的"完整性"认定有关。

（五）验收商品

有效的订购单代表企业已授权验收部门接受供应商发运来的商品。验收部门首先应比较所收商品与订购单上的要求是否相符，如商品的品名、说明、数量、到货时间等，然后再盘点商品并检查商品有无损坏。

验收后，验收部门应对已收货的每张订购单编制一式多联、预先编号的验收单，作为验收和检验商品的依据。验收人员将商品送交仓库或其他请购部门时，应取得经过签字的收据，或要求其在验收单的副联上签收，以确定他们对所采购的资产应负的保管责任。验收人员还应将其中的一联验收单送交应付凭单部门。

验收单是支持资产或费用以及与采购有关的负债的"存在或发生"认定的重要凭证。定期独立检查验收单的顺序以确定每笔采购交易都已编制凭单，则与采购交易的"完整性"认定有关。

（六）储存已验收的商品存货

将已验收商品的保管与采购的其他职责相分离，可减少未经授权的采购和盗用商品的风险。存放商品的仓储区应相对独立，限制无关人员接近。这些控制与商品的"存在"认定有关。

（七）编制付款凭单

记录采购交易之前，应付凭单部门应编制付款凭单。这项功能的控制包括以下内容。

（1）确定供应商发票的内容与相关的验收单、订购单的一致性。

（2）确定供应商发票计算的正确性。

（3）编制有预先编号的付款凭单，并附上支持性凭证（如订购单、验收单和供应商发票等）。这些支持性凭证的种类，因交易对象的不同而不同。

（4）独立检查付款凭单计算的正确性。

（5）在付款凭单上填入应借记的资产或费用账户名称。

（6）由被授权人员在凭单上签字，以示批准照此凭单要求付款。所有未付凭单的副联应保存在未付凭单档案中，以待日后付款。经适当批准和有预先编号的凭单为记录采购交易提供了依据，因此，这些控制与"存在""发生""完整性""权利和义务"和"计价和分摊"等认定有关。

（八）确认与记录负债

正确地确认已验收货物和已接受的劳务的债务要求准确、迅速地记录负债。该记录对企业会计报表反映和企业实际现金支出有重大影响。因此，必须特别注意，按正确的数额记载企业确实发生了的采购和接受劳务事项。

应付账款部门一般有责任核查购置的财产，并在应付凭单登记簿或应付账款明细账中加以记录。在收到供应商发票时，应付账款部门应将发票上所记载的品名、规格、价格、数量、条件及运费与订货单上的有关资料核对，如有可能，还应与验收单上的资料进行比较。

应付账款部门的一项重要控制是要求记录现金支出的人员不得经手现金、有价证券和其他资产。恰当的凭证、记录与恰当的记账手续，对业绩的独立考核和应付账款职能而言是必不可少的控制手段。

在手工系统下，应将已批准的未付款凭单送达会计部门，据以编制有关记账凭证和登记有关账簿。会计主管应监督为采购交易而编制的记账凭证中账户分类的适当性；通过定期核对编制记账凭证的日期与凭单副联的日期，以监督入账的及时性。而独立检查会计人员则应核对所记录的凭单总数与应付凭单部门送来的每日凭单汇总表是否一致，并定期独立检查应付账款总账余额与应付凭单部门未付款凭单档案中的总金额是否一致。

（九）办理付款

通常是由应付凭单部门负责确定未付凭单在到期日付款。企业有多种款项结算方式，以支票结算方式为例，编制和签署支票的有关控制包括以下内容。

（1）独立检查已签发支票的总额与所处理的那批付款凭单的总额的一致性；

（2）应由被授权的财务部门的人员负责签署支票；

（3）被授权签署支票的人员应确定每张支票都附有一张已经适当批准的未付款凭单，还应确定支票受款人姓名和金额与凭单内容的一致性；

（4）支票一经签署就应在其凭单和支持性凭证上用加盖印戳或打洞等方式将其注销，以免重复付款；

（5）支票签署人不应签发无记名甚至空白的支票；

（6）支票应预先连续编号，保证支出支票存根的完整性和作废支票处理的恰当性；

（7）应确保只有被授权的人员才能接近未经使用的空白支票。

（十）记录现金、银行存款支出

仍以支票结算方式为例，在手工系统下，会计部门应根据已签发的支票编制付款记账凭证，并据以登记银行存款日记账及其他相关账簿。记录现金、银行存款支出的有关控制包括以下内容：

（1）会计主管应独立检查记入银行存款日记账和应付账款明细账的金额的一致性，以及与支票汇总金额的一致性；

（2）通过定期比较银行存款日记账记录的日期与支票副本的日期，独立检查入账的及时性；

（3）独立编制银行余额调节表。

第二节　控制测试和交易的实质性程序

一、概述

采购交易的控制目标、内部控制和测试一览表如表7-1所示。

表7-1　　　　　　采购交易的控制目标、内部控制和测试一览表

内部控制目标	关键内部控制	常用的内部控制测试	常用的交易实质性程序
所记录的采购都已收到物品或已接受劳务，并符合采购方的最大利益（存在）	请购单、订货单、验收单和卖方发票一应俱全，并附在付款凭单后；采购按正确的级别批准；注销凭证以防止重复使用；对卖方发票、验收单、订货单和请购单作内部核查	查验付款凭单后是否附有单据；检查核准采购标记；检查注销凭证的标记；检查内部核查的标记	复核采购明细账、总账及应付账款明细账，注意是否有大额或不正常的金额；检查卖方发票、验收单、订货单和请购单的合理性和真实性；追查存货的采购至存货永续盘存记录；检查取得的固定资产
所记录的采购交易计价正确（准确性、计价和分摊）	计算和金额的内部核查；采购价格和折扣的批准	检查内部核查的标记；审核批准采购价格和折扣的标记	将采购明细账中记录的业务同卖方发票、验收单和其他证明文件比较；复算包括折扣和运费在内的卖方发票缮写（抄写）的准确性
采购交易的分类正确（分类）	采用适当的会计科目表；分类的内部核查	检查工作手册和会计科目表；检查有关凭证上内部核查的标记	参照卖方发票，比较会计科目表上的分类

续表

内部控制目标	关键内部控制	常用的内部控制测试	常用的交易实质性程序
采购交易按正确的日期记录（截止）	要求已收到商品或接受劳务就记录采购交易；内部核查	检查工作手册并观察有无未记录的卖方发票存在；检查内部核查的标记	将验收单和卖方发票上的日期与采购明细账上的日期进行比较
采购交易被正确记入应付账款和存货等明细账中，并被正确汇总（准确性、计价和分摊）	应付账款明细账内容的内部核查	检查内部核查的标记	通过加计采购明细账，追查过入采购总账和应付账款、存货明细账的数额是否正确，用以测试过账和汇总的正确性

第一栏"内部控制目标"，列示了企业建立采购交易内部控制的目标，也就是稽查人员实施相应内部控制测试和交易实质性程序所要达到的稽查目标。

第二栏"关键内部控制"，列示了与上述各项内部控制目标相对应的一项或数项主要的内部控制。所设计的采购交易内部控制，应能达到相应的控制目标。

第三栏"常用的内部控制测试"，列示了稽查人员针对上述关键内部控制所实施的测试程序。控制测试与内部控制之间有直接联系，对每项关键控制稽查人员至少要执行一项控制测试以核实其效果。

第四栏"常用的交易实质性程序"，列示了稽查人员常用的交易实质性程序。交易实质性程序与第一栏所列的控制目标有直接关系，是证明第一栏中具体稽查目标的证据，目的在于确定交易中与该控制目标有关的金额是否有错误。交易实质性程序虽然与关键的控制及控制测试没有直接的关系，但交易实质性程序实施的范围，在一定程度上取决于关键控制是否存在和控制测试的结果。

同样必须强调的是，表 7-1 所列示的方法，其目的只在于为稽查人员根据具体稽查情况和稽查条件设计能够实现稽查目标的稽查方案提供参考，在稽查实务工作中，稽查人员应根据表 7-1 所列示内容的精神实质，充分考虑被稽查单位的具体情况和稽查质量、稽查成本效益原则，将其转换为更实用、高效的稽查方案。

也正是由于被稽查单位的复杂多样，本节有关采购交易的控制测试和交易的实质性程序等内容，都只是从定性而非定量的角度进行阐述。在具体稽查时，稽查人员应当结合被稽查单位情况，运用职业判断和稽查抽样技术来合理确定稽查测试的样本量。

二、采购交易的内部控制、控制测试和交易的实质性程序

我们以每项内部控制为单位，比较详细地讨论了销售交易相关的内部控制和控制测试。鉴于采购交易与销售交易无论在控制目标、关键内部控制方面还是在控制测试与交易实质性程序方面，就原理而言大同小异，并且上面的表格也容易理解，因此，以下仅就采购交易在上述方面的特殊处予以说明。

（一）所记录的采购都确已收到商品或接受劳务——"存在或发生"

如果稽查人员对被稽查单位在这个目标上的控制的恰当性感到满意，为查找不正确的、不真实存在的交易而执行的测试程序就可大为减少。恰当的控制可以防止那些主要使企业管理层和职员们而非企业本身受益的交易，作为企业的营业支出或资产记入账中。在有些情况下，不正确的交易是显而易见的。例如，职员未经批准就购置个人用品，或通过在付款凭单登记簿上虚记一笔采购而侵吞公款。但在另外一些情况下，交易的正确与否却很难评判，如支付企业管理人员在俱乐部的个人会费、支付管理人员及其家属的度假费用等。如果发觉企业对这些不正当的、站不住脚的交易的控制不充分，稽查人员在稽查中就需要对与这些交易有关的单据进行广泛的检查。

（二）所记录的采购交易估价正确——"计价"

许多资产、负债和费用项目的计价有赖于交易在采购明细账上的正确记录，因此，这些报表项目实质性程序的范围，在很大程度上就取决于稽查人员对被稽查单位采购交易内部控制执行效果的评价。如果稽查人员认为其采购交易内部控制执行良好，则稽查人员对这些报表项目的计价准确性所执行的实质性程序数量，显然要比采购交易内部控制不健全或形同虚设的企业要少得多。

当被稽查单位对存货采用永续盘存制核算时，如果稽查人员确信其永续盘存记录是准确、及时的，存货项目的实质性程序就可予以简化。被稽查单位对永续盘存手续中的购入环节的内部控制，一般应作为稽查中对购入业务进行控制测试的对象之一，在稽查中起着关键作用。如果这些控制能有效地运行，并且永续盘存记录中又能反映存货的数量和单位成本，则还可以因此减少存货监盘和存货单位成本测试的工作量。

第三节　应付账款稽查

应付账款是企业在正常经营过程中，因购买材料、商品和接受劳务供应等经营活动而应付给供应单位的款项。可见，应付账款是随着企业赊购交易的发生而发生的，稽查人员应结合赊购交易进行应付账款的稽查。

一、应付账款的稽查目标

应付账款的稽查目标一般包括：确定期末应付账款是否存在；确定期末应付账款是否为被稽查单位应履行的偿还义务；确定应付账款的发生及偿还记录是否完整；确定应付账款期末余额是否正确；确定应付账款的披露是否恰当。

二、应付账款的实质性程序

（1）获取或编制应付账款明细表，复核加计正确，并与报表数、总账数和明细账合计数核对相符。

（2）根据被稽查单位实际情况，选择以下方法对应付账款执行实质性分析程序：

①将期末应付账款余额与期初余额进行比较，分析波动原因。

②分析长期挂账的应付账款，要求被稽查单位做出解释，判断被稽查单位是否缺乏偿债能力或利用应付账款隐瞒利润；并注意其是否可能无须支付，对确实无须支付的应付款的会计处理是否正确，依据是否充分。

③计算应付账款与存货的比率，应付账款与流动负债的比率，并与以前年度相关比率对比分析，评价应付账款整体的合理性。

④分析存货和营业成本等项目的增减变动，判断应付账款增减变动的合理性。

（3）检查应付账款是否存在借方余额，如有，应查明原因，必要时建议做重分类调整。

（4）函证应付账款。一般情况下，并不是一定要函证应付账款，这是因为函证不能保证查出未记录的应付账款，况且稽查人员能够取得采购发票等外部凭证来证实应付账款的余额。但如果控制风险较高，某应付账款明细账户金额较大或被稽查单位处于财务困难阶段，则应进行应付账款的函证。

进行函证时，稽查人员应选择较大金额的债权人，以及那些在资产负债表日金额不大、甚至为零，但为企业重要的供货人，作为函证对象。函证最好采用积极函证方式，并具体说明应付金额。同应付账款的函证一样，稽查人员必须对函证的过程进行控制，要求债权人直接回函，并根据回函情况编制与分析函证结果汇总表，对未回函的，应考虑是否再次函证。

如果存在未回函的重大项目，稽查人员应采用替代稽查程序。比如，可以检查决算日后应付账款明细账及库存现金和银行存款日记账，核实其是否已支付，同时检查该笔债务的相关凭证资料，核实交易事项的真实性。

（5）检查是否存在未入账的应付账款。为了防止企业低估负债，稽查人员应检查被稽查单位有无故意漏记应付账款行为。

例如，结合存货监盘，检查被稽查单位在资产负债表日是否存在有材料入库凭证但未收到采购发票的经济业务；检查资产负债表日后收到的采购发票，关注采购发票的日期，确认其入账时间是否正确；检查资产负债表日后应付账款明细账贷方发生额的相应凭证、确认其入账时间是否正确；检查资产负债表日后若干天的付款事项，询问被稽查单位内部或外部的知情人员，确定有无未及时入账的应付账款，检查相关记录或文件。检查时，稽查人员还可以通过询问被稽查单位的会计和采购人员，查阅资本预算、工作通知单和基建合同等来进行。

如果稽查人员通过这些发现某些未入账的应付账款，应将有关情况详细记入稽查工作底稿，然后根据其重要性确定是否需建议被稽查单位进行相应的调整。

（6）检查带有现金折扣的应付账款是否按发票上记载的全部应付金额入账，在实际获得现金折扣时再冲减财务费用。

（7）被稽查单位与债权人进行债务重组的，检查不同债务重组方式下的会计处理是否正确。

（8）结合其他应付款、预付款项等项目的稽查，检查有无同时挂账的项目，或有无属于其他应付款的款项，如有，应做出记录，必要时，建议被稽查单位做重分类调整或会计误差调整。

（9）以非记账本位币结算的应付账款，检查其采用的折算汇率及折算是否正确。

（10）标明应付关联方（包括持有 5% 以上（含 5%）表决权股份的股东）的款项，执行关联方及其交易稽查程序，并注明合并报表时应予抵销的金额。

（11）确定应付账款的披露是否恰当。一般来说，"应付账款"项目应根据"应付账款"和"预付账款"科目所属明细科目的期末贷方余额的合计数填列。

如果被稽查单位为上市公司，则通常在其财务报表附注中应说明有无欠持有 5% 以上（含 5%）表决权股份的股东单位账款；说明账龄超过 3 年的大额应付账款未偿还的原因，并在期后事项中反映资产负债表日后是否偿还。

第四节　折旧/摊销、人工费用以外的一般费用的稽查

折旧/摊销和人工费用一般包括在固定资产循环和人力资源和工薪酬循环中，此处提及的是除这些以外的一般费用。

一、一般费用的稽查目标

一般费用的稽查目标包括：确定利润表中记录的一般费用是否确认发生（发生认定）；确定一般费用是否以恰当的金额包括在财务报表中（准确性认定）；确定费用是否已计入恰当的会计期间（截至认定）。

二、一般费用的实质性程序

（1）获取一般费用明细表，复核其加计数是否正确，并与总账数和明细账合计数核对正确。

（2）实质性分析程序包括以下内容：

①考虑可获取信息的来源、可比性、性质和相关性以及与信息编制相关的控制，评价在对记录的金额或比率做出预期时使用数据的可靠性。

②将费用细化到适当层次，根据关键因素和相互关系（如本期预算、费用类别与销售数量、职工人数的变化之间的关系等）设定预期值，评价预期值是否足够精确以识别重大错误。

③确定以记录金额与预期值之间可接受的、无须做进一步调查的可接受的差异额。

④将已记录金额与期望值进行比较，识别需要进一步调查的差异。

⑤调查的差异应询问管理层，针对管理层的答复获取适当的稽查证据，根据具体情况在必要时实施其他稽查程序。

（3）从资产负债表日后的银行对账单或付款凭证中选取项目进行测试，检查支持性文件（如合同或发票），关注发票日期和支付日期，追踪已选取项目至相关费用明细表，检查费用所计入的会计期间，评价费用是否被记录于正确的会计期间。

（4）对本期发生的费用选取样本，检查其支持性文件，确定原始凭证是否齐全，记账凭证与原始凭证是否相符以及账务处理是否正确。

（5）抽取资产负债表日前后的凭证，实施截止测试，评价费用是否被记于正确的会计期间。

（6）检查一般费用是否已按照企业会计准则及其他相关规定在财务报表中做出恰当的列报和披露。

【本章小结】

本章介绍采购与付款循环及其稽查实务。首先应了解该循环所涉及的证据、业务活动及其内部控制，然后应了解针对涉税项目的相关认定所应采取的常用内部控制测试和常用的交易实质性程序，尤其要掌握材料采购稽查的常见实质性程序。通过本章学习，附带了解除折旧/摊销、人工费用以下的一般费用的稽查，为企业所得税的某些项目稽查打下基础。

【关键术语】

采购业务循环 常用的内部控制测试 常用的交易实质性程序

【思考题】

1. 企业在采购业务循环的各种内部控制目标（"存在"或"发生""完整性""计价和分摊""分类""截止"等）中，针对税收会具有哪种倾向？

2. 针对企业在采购业务中的倾向性，税务稽查应采取哪些应对措施？

第八章 生产与存货循环稽查

生产与存货循环同其他业务循环的联系非常密切,因而十分独特。原材料经过采购与付款循环进入生产与存货循环,生产与存货循环又随销售与收款循环中产成品商品的销售环节而结束。生产与存货循环涉及的内容主要是存货的管理及生产成本的计算等。该循环所涉及的资产负债表项目主要是存货、应付职工薪酬等;所涉及的利润表项目主要是营业成本等项目。其中,存货又涉及材料采购或在途物资、原材料、材料成本差异、库存商品、发出商品、商品进销差价、委托加工物资、委托代销商品、受托代销商品、周转材料、生产成本、制造费用、劳务成本、存货跌价准备、委托代销商品款等项目。该循环对企业的所得税有至关重要的影响。

第一节 生产与存货循环的特性

生产与存货循环的特性主要包括两部分内容:一是该循环涉及的主要凭证和会计记录;二是该循环涉及的主要业务活动。

一、涉及的主要凭证与会计记录

以制造业为例,生产与存货循环由原材料转化为产成品的有关活动组成。该循环包括制造产品品种和数量的生产计划,控制、保持存货水平以及与制造过程有关的交易和事项。该循环交易从领料生产到加工、销售产成品时结束。该循环所涉及的凭证和记录主要包括以下内容。

(一)生产指令

生产指令又称"生产任务通知单",是企业下达制造产品等生产任务的书面文件,用于通知生产车间组织产品制造,供应部门组织材料发放,会计部门组织成本计算。广义的生产指令也包括用于指导产品加工的工艺规程,如机械加工企业的"路线图"等。

(二)领发料凭证

领发料凭证是企业为控制材料发出所采用的各种凭证,如材料发出汇总表、领料单、限额领料单、领料登记簿、退料单等。

（三）产量和工时记录

产量和工时记录是登记工人或生产班组在出勤内完成产品数量、质量和生产这些产品所耗费工时数量的原始记录。产量和工时记录的内容和格式是多种多样的，在不同的生产企业中，甚至在同一企业的不同生产车间中，由于生产类型不同而采用不同格式的产量和工时记录。常见的产量和工时记录主要有工作通知单、工序进程单、工作班产量报告、产量通知单、产量明细表、废品通知单等。

（四）工薪汇总表及人工费用分配表

工薪汇总表是为了反映企业全部工薪的结算情况，并据以进行工薪结算分类核算和汇总整个企业工薪费用而编制的，它是企业进行工薪费用分配的依据。人工费用分配表反映了各生产车间各产品应负担的生产工人工薪及福利费。

（五）材料费用分配表

材料费用分配表是用来汇总反映各生产车间各产品所耗费的材料费用的原始记录。

（六）制造费用分配汇总表

制造费用分配汇总表是用来汇总反映各生产车间各产品所应负担的制造费用的原始记录。

（七）成本计算单

成本计算单是用来归集某一成本计算对象所应承担的生产费用，计算该成本计算对象的总成本和单位成本的记录。

（八）产成品入库单和出库单

产成品入库单是产品生产完成并经检验后从生产部门转入仓库的凭证。产成品出库单是根据经批准的销售单发出产成品的凭证。

（九）存货明细账

存货明细账是用来反映各种存货增减变动情况和期末库存数量及相关成本信息的会计记录。

（十）存货盘点指令、盘点表及盘点标签

一般制造型企业通常会定期对存货实物进行盘点，将实物盘点数量与账面数量进行核对。对差异进行分析调查，必要时做账务调整，以确保账实相符。在实施存货盘点之前，管理人员通常编制存货盘点指令，对存货盘点的时间、人员、流程及后续处理等方面做出安排。在盘点过程中，通常会使用盘点表记录盘点结果，使用盘点标签对已盘点存货及数量做出标识。

（十一）存货货龄分析表

很多制造型企业通过编制存货货龄分析表，识别流动较慢或滞销的存货，并根据市场情况和经营预测，确定是否需要计提存货跌价准备。这对于管理具有保质期的存货（如食物、药品、化妆品等）尤其重要。

二、涉及的主要业务活动

同样以制造业为例，生产与存货循环所涉及的主要业务活动包括：计划和安排生产、发出原材料、生产产品、核算生产成本、核算在产品、储存产成品、发出产成品等。上述业务活动通常涉及以下部门：生产计划部门、仓库、生产部门、人事部门、销售部门、会计部门等。

（一）计划和安排生产

生产计划部门的职责是根据顾客订单或者对销售预测和存货需求的分析来决定生产授权。如决定授权生产，即签发预先编号的生产通知单。该部门通常应将发出的所有生产通知单编号并加以记录控制。此外，还需要编制一份材料需求报告，列示所需要的材料和零件及其库存。

（二）发出原材料

仓库部门的责任是根据从生产部门收到的领料单发出原材料。领料单上必须列示所需的材料数量和种类，以及领料部门的名称。领料单可以一料一单，也可以一单多料，通常需一式三联。仓库发料后，以其中一联连同材料交还领料部门，其余两联经仓库登记材料明细账后，送会计部门进行材料收发核算和成本核算。

（三）生产产品

生产部门在收到生产通知单及领取原材料后，便将生产任务分解到每一个生产工人，并将所领取的原材料交给生产工人，据以执行生产任务。生产工人在完成生产任务后，将完成的产品交生产部门查点，然后转交检验员验收并办理入库手续；或是将所完成的产品移交下一个部门，以进一步加工。

（四）核算产品成本

为了正确地核算产品成本，对在产品进行有效控制，必须建立健全成本会计制度，将生产控制和成本核算有机结合在一起。一方面，生产过程中的各种记录、生产通知单、领料单、计工单、入库单等文件资料都要汇集到会计部门，由会计部门对其进行检查和核对，了解和控制生产过程中存货的实物流转。另一方面，会计部门要设置相应的会计账户，会同有关部门对生产过程中的成本进行核算和控制。成本会计制度可以非常简单，只是在期末记录存货余额；也可以是完善的标准成本制度，它持续地记录所有材料处理、在产品和产成品，并产生对成本差异的分析报告。完善的成本会计制度应该提供原材料转为在产品，在产品转为产成品，以及按成本中心、分批生产任务通知单或生产周期所消耗的材料、人工和间接费用的分配与归集的详细资料。

（五）产成品入库及储存

产成品入库，需由仓库部门先行点验和检查，然后签收。签收后，将实际入库数量通知会计部门。据此，仓库部门确立了本身应承担的责任，并对验收部门的工作进行验证。除此之外，仓库部门还应根据产成品的品质特征分类存放，并填制标签。

（六）发出产成品

产成品的发出需由独立的发运部门进行。装运产成品时必须持有经有关部门核准的发运通知单，并据此编制出库单。出库单至少一式四联：一联交仓库部门；一联发运部门留存；一联送交顾客；一联作为给顾客开发票的依据。

（七）存货盘点

管理人员编制盘点指令，安排适当人员对存货实物（包括原材料、在产品和产成品等所有存货类型）进行定期盘点，将盘点结果与存货账面数量进行核对，调查差异并进行适当调整。

（八）计提存货跌价准备

财务部门根据存货货龄的分析表信息及相关部门提供的有关存货状况的信息，结合存货盘点过程中对存货状况的检查结果，对出现损毁、滞销、跌价等降低存货价值的情况进行分析计算，计提存货跌价准备。

第二节　控制测试和交易的实质性程序

一、概述

总体上看，生产与存货循环的内部控制包括存货的内部控制、成本会计制度及工薪的内部控制三项内容。有关存货的内部控制及其测试在采购与付款循环稽查中已经阐述，本章主要介绍成本会计制度、工薪内部控制及其测试。

表 8-1 列示的是成本会计制度的内部控制目标、关键内部控制程序、常用的控制测试程序及常用的交易实质性程序。

表 8-1 成本会计制度的控制目标、内部控制和测试一览表

内部控制目标	关键内部控制程序	常用的内部控制测试程序	常用的交易实质性程序
记录的成本为实际发生的而非虚构的（发生）	成本的核算是以经过审核的生产通知单、领发料凭证、产量和工时记录、人工费用分配表、材料费用分配表、制造费用分配表为依据的	检查有关成本的记账凭证是否附有生产通知单、领发料凭证、产量和工时记录、人工费用分配表、材料费用分配表、制造费用分配表，该等原始凭证的顺序编号是否完整	对成本进行分析性复核；将成本明细账与生产通知单、领发料凭证、产量和工时记录、人工费用分配表、材料费用分配表、制造费用分配表相核对
成本以正确的金额，在恰当的会计期间及时记录于适当的账户（发生、完整性、准确性、计价和分摊）	采用适当的成本核算方法，并且前后各期一致；采用适当的费用分配方法，并且前后各期一致；采用适当的成本核算流程和账务处理流程；内部核查	选取样本测试各种费用的归集和分配以及成本的计算；测试是否按照规定的成本核算流程和账务处理进行核算和账务处理	对成本进行分析性复核；抽查成本计算单，检查各种费用的归集和分配以及成本的计算是否正确；对重大在产品项目进行计价测试
账面存货与实际存货定期核对相符（存在、完整性、计价和分摊）	定期进行存货盘点	询问和观察存货盘点程序	对存货进行监盘

表 8-2 列示的是工薪内部控制的内部控制目标、关键内部控制程序、常用的内部控制测试程序及常用的交易实质性程序。

表 8-2 工薪内部控制的控制目标、内部控制和测试一览表

内部控制目标	关键内部控制程序	常用的内部控制测试程序	常用的交易实质性程序
记录的工薪为实际发生的而非虚构的（发生）	工时卡经领班核准；用生产记录钟记录工时	检查工时卡的核准说明；检查工时卡；复核人事政策、组织结构图	对本期工薪费用的发生情况进行分析性复核；将有关费用明细账与工薪费用分配表、工薪汇总表、工薪结算表相核对
工薪以正确的金额，在恰当的会计期间及时记录于适当的账户（发生、完整性、准确性、计价和分摊）	采用适当的工薪费用分配方法，并且前后各期一致；采用适当的账务处理流程	选取样本测试工薪费用的归集和分配；测试是否按照规定的账务处理流程进行账务处理	对本期工薪费用进行分析性复核；检查工薪的计提是否正确，分配方法是否与上期一致

二、控制测试

（一）成本会计制度的控制测试

成本会计制度的测试，包括直接材料成本测试、直接人工成本测试、制造费用测试和生产成本在当期完工产品与在产品之间分配的测试四项内容。

1. 直接材料成本测试

对采用定额单耗的企业，可选择并获取某一成本报告期若干种具有代表性的产品成本计算单，获取样本的生产指令或产量统计记录及其直接材料单位消耗定额，根据材料明细账或采购业务测试工作底稿中各该直接材料的单位实际成本，计算直接材料的总消耗量和总成本，与该样本的成本计算单中直接材料成本核对，并注意下列事项：生产指令是否经过授权批准；单位消耗定额和材料成本计价方法是否适当，在当年度内有何重大变更。

对非采用定额单耗的企业，可获取材料费用分配汇总表、材料发出汇总表（或领料单）、材料明细账（或采购业务测试工作底稿）中各直接材料的单位成本，做如下检查：成本计算单中直接材料成本与材料费用分配汇总表中该产品负担的直接材料费用是否相符，分配的标准是否合理；抽取材料的发出汇总表或领料单中若干种直接材料的发出总量和各该种材料的实际单位成本之积，与材料费用分配汇总表中各该种材料费用进行比较，并注意领料单的签发是否经过授权批准，材料发出汇总表是否经过适当的人员复核，材料单位成本计价方法是否适当，在当年度有何重大变更。

对采用标准成本法的企业，获取样本的生产指令或产量统计记录、直接材料单位标准用量、直接材料标准单价及发出材料汇总表或领料单，检查下列事项：根据生产量、直接材料单位标准用量和标准单价计算的标准成本与成本计算单中的直接材料成本核对是否相符；直接材料成本差异的计算与账务处理是否正确，并注意直接材料的标准成本在当年度内有何重大变更。

2. 直接人工成本测试

对采用计时工薪制的企业，获取样本的实际工时统计记录、职员分类表和职员工薪手册（工薪率）及人工费用分配汇总表，做如下检查：成本计算单中直接人工成本与人工费用分配汇总表中该样本的直接人工费用核对是否相符；样本的实际工时统计记录与人工费用分配汇总表中该样本的实际工时核对是否相符；抽取生产部门若干天的工时台账与实际工时统计记录核对是否相符；当没有实际工时统计记录时，则可根据职员分类表及职员工薪手册中的工薪率，计算复核人工费用分配汇总表中该样本的直接人工费用是否合理。

对采用计件工薪制的企业，获取样本的产量统计报告、个人（小组）产量记录和经批准的单位工薪标准或计件工薪制度，检查下列事项：根据样本的统计产量和单位工薪标准计算的人工费用与成本计算单中的直接人工成本核对是否相符；抽取若干个直接人工（小组）的产量记录，检查是否被汇总计入产量统计报告。

对采用标准成本法的企业，获取样本的生产指令或产量统计报告、工时统计报告和经批准的单位标准工时、标准工时工薪率、直接人工的工薪汇总表等资料，检查下列项目：根据产量和单位标准工薪工时计算的标准工时总量与标准工时工薪率之积同成本计算单中直接人工成本核对是否相符；直接人工成本差异的计算与账务处理是否正确，并注意直接人工的标准成本在当年度内有无重大变更。

3. 制造费用测试

获取样本的制造费用分配汇总表、按项目分列的制造费用明细账、与制造费用分配标准有关的统计报告及其相关原始记录，做如下检查：制造费用分配汇总表中，样本分担的制造费用与成本计算单中的制造费用核对是否相符；制造费用分配汇总表中的合计数与样本所属成本报告期的制造费用明细账总计数核对是否相符；制造费用分配汇总表选择的分配标准（机器工时数、直接人工工薪、直接人工工时数、产量等）与相关的统计报告或原始记录核对是否相符，并对费用分配标准的合理性做出评估；如企业采用预计费用分配率分配制造费用，则应针对制造费用分配过多或过少的差额，检查其是否做了适当的账务处理；如果企业采用标准成本法，则应检查样本中标准制造费用的确定是否合理，计入成本计算单的数额是否正确，制造费用差异的计算与账务处理是否正确，并注意标准制造费用在当年度内有无重大变更。

4. 生产成本在当期完工产品与在产品之间分配的测试

检查成本计算单中在产品数量与生产统计报告或在产品盘存表中的数量是否一致；检查在产品约当产量计算或其他分配标准是否合理；计算复核样本的总成本和单位成本，最终对当年采用的成本会计制度做出评价。

（二）工薪内部控制的测试

在测试工薪内部控制时，首先，应选择若干月份工薪汇总表，做出如下检查：计算复核每一月份工薪汇总表；检查每一份工薪汇总表是否已经授权批准；检查应付工薪总额与人工费用分配汇总表中合计数是否相符；检查其代扣款项的账务处理是否正确；检查实发工薪总额与银行付款凭单及银行存款对账单是否相符，并正确过入相关账户。其次，从工薪单中选取若干个样本（应包括各种不同类型人员），做如下检查：检查员工工薪卡或人事档案，确保工薪发放有依据；检查员工工薪率及实发工薪额的计算；检查实际工时统计记录（或产量统计报告）与员工个人钟点卡（或产量记录）是否相符；检查员工加班加点记录与主管人员签字的阅读加班费汇总表是否相符；检查员工扣款依据是否正确；检查员工的工薪签收证明；实地抽查部分员工，证明其确在本公司工作，如已离开本公司，需管理当局证实。

三、交易的实质性程序

生产与存货循环有关交易的实质性程序如表 8-1 和表 8-2 所示。可以看出，该循环有关交易实质性程序的重点是有关成本的测试、分析性复核的运用、存货的监盘以及存货计价的测试。

第三节　存货稽查

一、存货稽查概述

《企业会计准则第 1 号——存货》规定，存货是指企业在日常活动中持有以备出售的产成品或商品、处在生产过程中的在产品、在生产过程或提供劳务过程中耗用的材料和物料等。

在通常情况下，存货对企业经营特点的反映能力强于其他资产项目。存货不仅对于生产制造业、批发业和零售行业十分重要，对于服务行业也很重要。通常，存货的重大错报对于流动资产、营运资本、总资产、销售成本、毛利以及净利润都会产生直接的影响。存货的重大错报对于其他某些项目，例如利润分配和所得税，也具有间接影响。稽查中许多复杂和重大的问题都与存货有关。存货、产品生产和销售成本构成了会计、稽查乃至企业管理中最为普遍、重要和复杂的问题。

存货稽查，尤其是对年末存货余额的测试，通常是稽查中最复杂也最费时的部分。对存货存在性和存货价值的评估常常十分困难。存货稽查复杂的主要原因如下。

（1）存货通常是资产负债表中的一个主要项目，而且通常是构成营运资本的最大项目。

（2）存货存放于不同的地点，这使得对它的实物控制和盘点都很困难。企业必须将存货置放于便于产品生产和销售的地方，但是这种分散也带来了稽查的困难。

（3）存货项目的多样性也给稽查带来了困难。例如，化学制品、宝石、电子元件以及其他的高科技产品。

（4）存货本身的陈旧以及存货成本的分配也使得存货的估价出现困难。

（5）允许采用的存货计价方法具有多样性。

正是由于存货对于企业的重要性、存货问题的复杂性以及存货与其他项目密切的关联度，稽查人员对存货项目的稽查应当予以特别的关注。相应地，要求实施存货项目稽查的稽查人员具备较高的专业素质和相关业务知识，分配较多的稽查工时，运用多种有针对性的稽查程序。

二、存货监盘

（一）存货监盘的定义和作用

尽管实施存货监盘，获取有关期末存货数量和状况的充分、适当的稽查证据是稽查人员的责任，但这并不能取代被稽查单位管理层定期盘点存货，合理确定存货的数量和状况的责任。

存货监盘针对的主要是存货的存在认定、完整性认定以及权利和义务的认定，稽查人员监盘存货的目的在于获取有关存货数量和状况的稽查证据，以确证被稽查单位记录的所有存货确实存在，已经反映了被稽查单位拥有的全部存货，并属于被稽查单位的合法财产。存货监盘作为存货稽查的一项核心稽查程序，通常可同时实现上述多项稽查目标。

需要指出的是，稽查人员在测试存货的所有权认定和完整性认定时，可能还需要实施其他稽查程序，这些将在本章的其他部分讨论。

（二）存货监盘计划

1. 制订存货监盘计划的基本要求

稽查人员应当根据被稽查单位存货的特点、盘存制度和存货内部控制的有效性等情况，在评价被稽查单位存货盘点计划的基础上，编制存货监盘计划，对存货监盘做出合理安排。

有效的存货监盘需要制订周密、细致的工作计划。为了避免误解并有效地实施存货监盘，稽查人员通常需要与被稽查单位就存货监盘等问题达成一致意见。因此，稽查人员首先应当充分了解被稽查单位存货的特点、盘存制度和存货内部控制的有效性等情况，并考虑获取、审阅和评价被稽查单位预定的盘点程序。存货存在与完整性的认定具有较高的重大错报风险，而且稽查人员通常只有一次机会通过存货的实地监盘对有关认定做出评价。根据计划过程搜集到的信息，有助于稽查人员合理确定参与监盘的地点以及存货监盘的程序。

存货监盘程序主要包括控制测试与实质性程序两种方式。稽查人员需要确定存货监盘程序以控制测试为主还是以实质性程序为主，哪种方式更加有效。如果只有少数项目构成了存货的主要部分，稽查人员以实质性程序为主的稽查方式获取与存在认定相关的证据更为有效。在这种情况下，对于单位价值较高的存货项目，应实施100%的实质性程序，而对于其他存货则可视情况进行抽查。但在大多数稽查业务中，稽查人员发现以控制测试为主的稽查方式更加有效。如果稽查人员采用以控制测试为主的稽查方式，并准备信赖被稽查单位存货盘点的控制措施与程序，那么，绝大部分的稽查程序将限于询问、观察以及抽查。

2. 制订存货监盘计划应实施的工作

在编制存货监盘计划时，稽查人员应当实施下列稽查程序。①了解存货的内容、性质、各存货项目的重要程度及存放场所。②了解与存货相关的内部控制。③评估与存货相关的重大错报风险和重要性。④查阅以前年度的存货监盘工作底稿。⑤实地察看存货的存放场所，特别是金额较大或性质特殊的存货。⑥考虑是否需要利用专家的工作或其他稽查人员的工作。⑦复核或与管理层讨论其存货盘点计划。

（1）存货项目的重要程度。稽查人员需要考虑：①存货与其他资产和净利润的相对比率及内在联系；②各类存货（原材料、在产品和产成品）占存货总数的比重；③各存放地存货占存货总数的比重，考虑并评价存货项目的重要程度直接关系到稽查人员如何恰当地分配稽查资源。

（2）与存货相关的内部控制。在制订存货监盘计划时，稽查人员应当了解被稽查单位与存货相关的内部控制，并根据内部控制的完善程度确定进一步稽查程序的性质、时间和范围。

与存货相关的内部控制涉及被稽查单位供、产、销各个环节，包括采购、验收、仓储、领用、加工、装运出库等方面，还包括存货数量的盘存制度。需要说明的是，与存货内部控制相关的措施有很多，其有效程度也存在差异。

①采购。与采购相关的内部控制的总体目标是所有交易都已获得适当的授权与批准。使用购货订单是一项基本的内部控制措施。购货订单应当预先连续编号，事先确定采购价格并获得批准。此外，还应当定期清点购货订单。

②验收。与存货验收相关的内部控制的总体目标是所有收到的货物都已得到记录。使用验收报告单是一项基本的内部控制措施。被稽查单位应当设置独立的部门负责验收货物，该部门具有验收存货实物、确定存货数量、编制验收报告、将验收报告传送至会计核算部门以及运送货物至仓库等一系列职能。

③仓储。与仓储相关的内部控制的总体目标是确保与存货实物的接触必须得到管理层的指示和批准。被稽查单位应当采取实物控制措施，使用适当的存储设施，以使存货免受意外损毁、盗窃或破坏。

④领用。与领用相关的内部控制的总体目标是所有存货的领用均应得到批准和记录。使用存货领用单是一项基本的内部控制措施。对存货领用单，应当定期进行清点。

⑤加工（生产）。与加工（生产）相关的内部控制的总体目标是对所有的生产过程做出适当的记录。使用生产报告是一项基本的内部控制措施。在生产报告中，应当对产品质量缺陷和零部件使用及报废情况及时做出说明。

⑥装运出库。与装运出库相关的内部控制的总体目标是所有的装运都得到了记录。使用发运凭证是一项基本的内部控制措施。发运凭证应当预先编号，定期进行清点，并作为日后开具收款账单的依据。

⑦存货的盘存制度。存货数量的盘存制度一般分为实地盘存制和永续盘存制。存货盘存制度不同，对存货数量的控制程度的影响也不同。但即使采用永续盘存制，也并不意味着无须对存货实物进行盘点。为了核对存货账面记录，加强对存货的管理，被稽查单位每年至少应对存货进行一次全面盘点。

被稽查单位与存货实地盘点相关的充分内部控制通常包括：制订合理的存货盘点计划，确定合理的存货盘点程序，配备相应的监督人员，对存货进行独立的内部验证，将盘点结果与永续存货记录进行独立的调节，对盘点表和盘点标签进行充分控制。

（3）与存货相关的重大错报风险和重要性如下。

①重大错报风险。存货通常具有较高水平的重大错报风险，影响重大错报风险的因素具体包括：存货的数量和种类、成本归集的难易程度、陈旧过时的速度或易损坏程度、遭受失窃的难易程度。由于制造过程和成本归集制度的差异，制造企业的存货与其他企业（如批发企业）的存货相比往往具有更高的重大错报风险，对于稽查人员的稽查工作而言更具复杂性。外部因素也会对重大错报风险产生影响。例如，技术进步可能导致某些产品过时，从而导致存货价值更容易发生高估。以下类别的存货就可能增加稽查的复杂性与风险：

具有漫长制造过程的存货。制造过程漫长的企业（如飞机制造和酒类产品酿造企业）的稽查重点包括递延成本、预期发生成本以及未来市场波动可能对当期损益的影响等事项。

具有固定价格合约的存货。预期发生成本的不确定性是重要的稽查问题。

商品存货。计价是一个重要的稽查问题，因为商品极易受到市场波动影响。许多企业试图针对未来的价格变动进行套期交易，以便降低有关风险。

与时装相关的服装行业。由于服装产品的消费者对服装风格或颜色的偏好容易发生变化，因此，存货是否过时是重要的稽查事项。

鲜活、易腐商品存货。因为物质特性和保质期短暂，此类存货变质的风险很高。

具有高科技含量的存货。由于技术进步，此类存货易于过时。

单位价值高昂、容易被盗窃的存货。例如，珠宝存货的错报风险通常高于铁制纽扣之类存货的错报风险。

②重要性。根据对存货错报风险的评估结果，稽查人员应当合理确定存货项目稽查的重要性水平。

（4）查阅以前年度的存货监盘工作底稿。稽查人员可以通过查阅以前年度的存货监盘工作底稿，了解被稽查单位的存货情况、存货盘点程序以及其他在以前年度稽查中遇到的重大问题。在查阅以前年度的存货监盘工作底稿时，稽查人员应充分关注存货盘点的时间安排、周转缓慢的存货的识别、存货的截止确认、盘点小组人员的确定以及存货多处存放等内容。

（5）实地察看存货的存放场所。稽查人员应当考虑实地察看被稽查单位的存货存放场所，特别是金额较大或性质特殊的存货，这有助于稽查人员熟悉在库存货及其组织管理方式，也有助于稽查人员在盘点工作进行前发现潜在问题，如存在难以盘点的存货、周转缓慢的存货、过时存货、残次品以及代销存货。

稽查人员应关注所有的存货存放地点，以防止被稽查单位或自己发生任何遗漏。对存放大额存货的每一个地点尤其应当予以特别关注。对多处存放存货的情况，稽查人员应当考虑被稽查单位与存货相关内部控制措施和盘点惯例，评价稽查风险以及除存货监盘外的其他替代程序的可行性，从而确定实施监盘的范围。例如，由于连锁商店的分店数目可能很多，稽查人员通常不会对零售连锁店每一家分店实施监盘，而是选择一定数目的分店进行监盘，并使用分析程序等替代程序，或者利用内部稽查人员的工作，以便对其他分店存货余额的准确性做出评价。

（6）利用专家的工作或其他稽查人员的工作。

①稽查人员可能不具备其他专业领域的专长与技能。在确定资产数量或资产实物状况（如矿石堆），或在收集特殊类别存货（如艺术品、稀有玉石、房地产、电子器件、工程设计等）的稽查证据时，稽查人员可以考虑利用专家的工作。

当在产品存货金额较大时，可能面临如何评估在产品完工程度的问题。稽查人员可了解被稽查单位的盘点程序，如果有关在产品的完工程度未明确列出，稽查人员应当考虑采用其他有助于确定完工程度的措施，如获取零部件明细清单、标准成本表以及作业成本表，与工厂的有关人员进行讨论等，并运用职业判断。稽查人员也可以根据存货生产过程的复杂程度考虑利用专家的工作。

②很多情况下，被稽查单位组成部分的财务信息由其他稽查人员稽查并出具稽查报告，这当然也包括由其他稽查人员负责对被稽查单位该组成部分的存货实施监盘。如果稽

查人员计划利用其他稽查人员的工作，则应遵循《中国稽查人员稽查准则第 1401 号——利用其他稽查人员的工作》的相关要求。

（7）复核或与管理层讨论其存货盘点计划。在复核或与管理层讨论其存货盘点计划时，稽查人员应当考虑下列主要因素，以评价其能否合理地确定存货的数量和状况：盘点的时间安排；存货盘点范围和场所的确定；盘点人员的分工及胜任能力；盘点前的会议及任务布置；存货的整理和排列，对毁损、陈旧、过时、残次及所有权不属于被稽查单位的存货的区分；存货的计量工具和计量方法；在产品完工程度的确定方法；存放在外单位的存货的盘点安排；存货收发截止的控制；盘点期间存货移动的控制；盘点表单的设计、使用与控制；盘点结果的汇总以及盘盈或盘亏的分析、调查与处理。

如果认为被稽查单位的存货盘点计划存在缺陷，稽查人员应当提请被稽查单位调整。

3. 存货监盘计划的主要内容

存货监盘计划应当包括以下主要内容。

（1）存货监盘的目标、范围及时间安排。存货监盘的目标是获取被稽查单位资产负债表日有关存货数量和状况的稽查证据，检查存货的数量是否真实完整，是否归属被稽查单位，存货有无毁损、陈旧、过时、残次和短缺等状况。

存货监盘范围的大小取决于存货的内容、性质以及与存货相关的内部控制的完善程度和重大错报风险的评估结果。

存货监盘的时间，包括实地察看盘点现场的时间、观察存货盘点的时间和对已盘点存货实施检查的时间等，应当与被稽查单位实施存货盘点的时间相协调。

（2）存货监盘的要点及关注事项。存货监盘的要点主要包括稽查人员实施存货稽查程序的方法、步骤，各个环节应注意的问题以及所要解决的问题。稽查人员需要重点关注的事项包括盘点期间的存货移动、存货的状况、存货的截止确认、存货的各个存放地点及金额等。

（3）参加存货监盘人员的分工。稽查人员应当根据被稽查单位参加存货盘点人员分工、分组情况、存货监盘工作量的大小和人员素质情况，确定参加存货监盘的人员组成以及各组成人员的职责和具体的分工情况，并加强督导。

（4）检查存货的范围。稽查人员应当根据对被稽查单位存货盘点和对被稽查单位内部控制的评价结果确定检查存货的范围。在实施观察程序后，如果认为被稽查单位内部控制设计良好且得到有效实施、存货盘点组织良好，可以相应缩小实施检查程序的范围。

（三）存货监盘程序

1. 观察程序

在被稽查单位盘点存货前，稽查人员应当观察盘点现场，确定应纳入盘点范围的存货是否已经适当整理和排列，并附有盘点标识，防止遗漏或重复盘点。对未纳入盘点范围的存货，稽查人员应当查明未纳入的原因。

对所有权不属于被稽查单位的存货，稽查人员应当取得其规格、数量等有关资料，确定是否已分别存放、标明，且未被纳入盘点范围。在存货监盘过程中，稽查人员应当根据取得的所有权不属于被稽查单位的存货的有关资料，观察这些存货的实际存放情况，确保其未被纳入盘点范围。即使在被稽查单位声明不存在受托代存存货的情形下，稽查人员在存货监盘时也应当关注是否存在某些存货不属于被稽查单位的迹象，以避免盘点范围不当。

稽查人员在实施存货监盘过程中，应当跟随被稽查单位安排的存货盘点人员，注意观察被稽查单位事先制订的存货盘点计划是否得到了贯彻执行，盘点人员是否准确无误地记录了被盘点存货的数量和状况。

2. 检查程序

稽查人员应当对已盘点的存货进行适当检查，将检查结果与被稽查单位盘点记录相核对，并形成相应记录。检查的目的既可以是确证被稽查单位的盘点计划得到适当的执行（控制测试），也可以是证实被稽查单位的存货实物总额（实质性程序）。如果观察程序能够表明被稽查单位的组织管理得当，盘点、监督以及复核程序充分有效，稽查人员可据此减少所需检查的存货项目。

检查的范围通常包括每个盘点小组的存货以及难以盘点或隐藏性较强的存货。需要说明的是，稽查人员应尽可能避免让被稽查单位事先了解将抽取检查的存货项目。

在检查已盘点的存货时，稽查人员应当从存货盘点记录中选取项目追查至存货实物，以测试盘点记录的准确性；稽查人员还应当从存货实物中选取项目追查至存货盘点记录，以测试盘点记录的完整性。稽查人员在实施检查程序时发现差异，则很可能表明被稽查单位的存货盘点在准确性或完整性方面存在错误。由于检查的内容通常仅仅是已盘点存货中的一部分，所以在检查中发现的错误很可能意味着被稽查单位的存货盘点还存在着其他错误。一方面，稽查人员应当查明原因，并及时提请被稽查单位更正；另一方面，稽查人员应当考虑错误的潜在范围和重大程度，在可能的情况下，扩大检查范围以减少错误的发生。稽查人员还可要求被稽查单位重新盘点。重新盘点的范围可限于某一特殊领域的存货或特定盘点小组。

3. 需要特别关注的情况

（1）存货移动情况。稽查人员应当关注存货的移动情况，防止遗漏或重复盘点。

尽管盘点存货时最好能保持存货不发生移动，但在某些情况下存货的移动是难以避免的。如果在盘点过程中被稽查单位的生产经营仍将持续进行，稽查人员应通过实施必要的检查程序，确定被稽查单位是否已经对此设置了相应的控制程序，确保在适当的期间内对存货做出了准确记录。

（2）存货的状况。稽查人员应当特别关注存货的状况，观察被稽查单位是否已经恰当区分所有毁损、陈旧、过时及残次的存货。

存货的状况是被稽查单位管理层对存货计价认定的一部分，除了对存货的状况予以特别关注以外，稽查人员还应当把所有毁损、陈旧、过时及残次存货的详细情况记录下来，这既便于进一步追查这些存货的处置情况，也能为测试被稽查单位存货跌价准备计提的准确性提供证据。

（3）存货的截止。稽查人员应当获取盘点日前后存货收发及移动的凭证，检查库存记录与会计记录期末截止是否正确。稽查人员在对期末存货进行截止测试时，通常应当关注：①所有在截止日以前入库的存货项目是否均已包括在盘点范围内，并已反映在截止日以前的会计记录中；任何在截止日期以后入库的存货项目是否均未包括在盘点范围内，也未反映在截止日以前的会计记录中。②所有在截止日以前装运出库的存货项目是否均未包括在盘点范围内，且未包括在截止日的存货账面余额中；任何在截止日期以后装运出库的存货项目是否均已包括在盘点范围内，并已包括在截止日的存货账面余额中。③所有已确认为销售但尚未装运出库的商品是否均未包括在盘点范围内，且未包括在截止日的存货账面余额中。④所有已记录为购货但尚未入库的存货是否均已包括在盘点范围内，并已反映在会计记录中。⑤在途存货和被稽查单位直接向顾客发运的存货是否均已得到了适当的会计处理。

在存货监盘过程中，稽查人员应当获取存货验收入库、装运出库以及内部转移截止等信息，以便将来追查至被稽查单位的会计记录。

稽查人员通常可观察存货的验收入库地点和装运出库地点以执行截止测试。在存货入库和装运过程中采用连续编号的凭证时，稽查人员应当关注截止日期前的最后编号。如果被稽查单位没有使用连续编号的凭证，稽查人员应当列出截止日期以前的最后几笔装运和入库记录。如果被稽查单位使用运货车厢或拖车进行存储、运输或验收入库，稽查人员应当详细列出存货场地上满载和空载的车厢或拖车，并记录各自的存货状况。

4. 对特殊类型存货的监盘

对某些特殊类型的存货而言，被稽查单位通常使用的盘点方法和控制程序并不完全适用。这些存货通常或者没有标签，或者其数量难以估计，或者其质量难以确定，或者盘点人员无法对其移动实施控制。在这些情况下，稽查人员需要运用职业判断，根据存货的实际情况，设计恰当的稽查程序，对存货的数量和状况获取稽查证据。表8-3列举了被稽查单位特殊存货的类型、通常采用的盘点方法与存在的潜在问题，以及可供稽查人员实施的监盘程序。稽查人员在稽查实务中，应当根据被稽查单位所处行业的特点、存货的类别和特点以及内部控制等具体情况，并在通用的存货监盘程序基础上，设计关于特殊类型存货监盘的具体稽查程序。

表 8-3 　　　　　　　　　　　　　**特殊类型存货的监盘程序**

存货类型	盘点方法与潜在问题	可供实施的稽查程序
木材、钢筋盘条、管子	通常无标签，但在盘点时会做上标记或用粉笔标识；难以确定存货的数量或等级	检查标记或标识；利用专家或被稽查单位内部有经验人员的工作
堆积型存货（如糖、煤、钢废料）	通常既无标签也不作标记；在估计存货数量时存在困难	运用工程估测、几何计算、高空勘测，并依赖详细的存货记录；如果堆场中的存货堆不高，可进行实地监盘，或通过旋转存货堆加以估计
使用磅秤测量的存货	在估计存货数量时存在困难	在监盘前和监盘过程中均应检验磅秤的精准度，并留意磅秤的位置移动与重新调校程序；将检查和重新称量程序相结合；检查称量尺度的换算问题

续表

存货类型	盘点方法与潜在问题	可供实施的稽查程序
散装物品（如贮窖存货、使用桶、箱、罐、槽等容器储存的液、气体、谷类粮食、流体存货等）	在盘点时通常难以加以识别和确定；在估计存货数量时存在困难；在确定存货质量时存在困难	使用容器进行监盘或通过预先编号的清单列表加以确定；使用浸蘸、测量棒、工程报告以及依赖永续存货记录；选择样品进行化验与分析，或利用专家的工作
贵金属、石器、艺术品或收藏品	在存货辨认与质量确定方面存在困难	选择样品进行化验与分析，或利用专家的工作
生产纸浆用木材、牲畜	在存货辨认与数量确定方面存在困难；可能无法对此类存货的移动实施控制	通过高空摄影以确定其存在性，对不同时点的数量进行比较，并依赖永续存货记录

5. 存货监盘结束时的工作

在被稽查单位存货盘点结束前，稽查人员应当：①再次观察盘点现场，以确定所有应纳入盘点范围的存货是否均已盘点；②取得并检查已填用、作废及未使用盘点表单的号码记录，确定其是否连续编号，查明已发放的表单是否均已收回，并与存货盘点的汇总记录进行核对。稽查人员应当根据自己在存货监盘过程中获取的信息对被稽查单位最终的存货盘点结果汇总记录进行复核，并评估其是否正确地反映了实际盘点结果。

如果存货盘点日不是资产负债表日，稽查人员应当实施适当的稽查程序，确定盘点日与资产负债表日之间存货的变动是否已做了正确的记录。在很多情况下，存货盘点日并不是资产负债表日，而有可能是在资产负债表日之后或之前甚至是在不同日期进行（如循环盘点的情况）。在不同情况下，稽查人员应当根据不同情况的特点实施程度不同的稽查程序，以便确定被稽查单位对于盘点日与资产负债表日之间的存货变动情况是否已做出了正确的记录。

如果被稽查单位采用永续盘存制核算存货，稽查人员应当关注永续盘存制下的期末存货记录与存货盘点结果之间是否一致。如果这两者之间出现重大差异，稽查人员应当实施追加的稽查程序，查明原因，并检查永续盘存记录是否已做出了适当调整。如果认为被稽查单位的盘点方式及其结果无效，稽查人员应当提请被稽查单位重新盘点。

（四）特殊情况的处理

1. 由于存货的性质或位置而无法实施监盘程序

如果被稽查单位存货的性质或位置等导致无法实施存货监盘，稽查人员应当考虑能否实施替代稽查程序，获取有关期末存货数量和状况的充分、适当的稽查证据。稽查人员实施的替代稽查程序主要包括：①检查进货交易凭证或生产记录以及其他相关资料；②检查资产负债表日后发生的销货交易凭证；③向顾客或供应商函证。

（1）存货的特殊性质。被稽查单位存货的性质可能导致稽查人员无法实施存货监盘，这样的情况包括：①存货涉及保密问题，如产品在生产过程中需要利用特殊配方或制造工艺。②存货系危害性物质，如辐射性化学品或气体。

对具有特殊性质的存货实施稽查，通常需要依赖内部控制。稽查人员应当复核采购、生产和销售记录，以获取充分、适当的稽查证据，在通常情况下，还可以向能够接触到相关存货项目的第三方人员询证。此外，稽查人员还可以实施其他替代稽查程序。例如，对于危害性物质，如果被稽查单位对其生产、使用和处置存有正式报告，稽查人员可通过追查至有关报告的方式确定此类危害性物质是否存在。

（2）存货的特殊位置。被稽查单位存货的位置也可能导致稽查人员无法实施存货监盘，如在途存货。如果此类项目仅占存货的一小部分，通常可以通过审查相关凭证加以查验。对于存放在公共仓库中的存货，可通过函证方式查验。

2. 不可预见的因素导致无法在预定日期实施存货监盘或接受委托时被稽查单位的期末存货盘点已经完成

如果不可预见的因素导致无法在预定日期实施存货监盘或接受委托时被稽查单位的期末存货盘点已经完成，稽查人员应当评估与存货相关的内部控制的有效性，对存货进行适当检查或提请被稽查单位另择日期重新盘点；同时测试在该期间发生的存货交易，以获取有关期末存货数量和状况的充分、适当的稽查证据。

（1）不可预见的因素。有时，不可预见因素可能导致无法在预定日期实施存货监盘，两种比较典型的情况是：①稽查人员无法亲临现场，即由于不可抗力稽查人员无法到达存货存放地实施存货监盘。②气候因素，即由于恶劣的天气稽查人员无法实施存货监盘程序，或由于恶劣的天气无法观察存货，如木材被积雪覆盖。

对于上述情况，如果被稽查单位存在良好的内部控制，稽查人员可以考虑改变存货监盘日期，并对预定盘点日与改变后的存货监盘日之间发生的交易进行测试。对于无法亲临现场的情况，稽查人员可考虑委托其他适当人员实施存货监盘。

（2）接受委托时被稽查单位的期末存货盘点已经完成。如果接受委托时被稽查单位的期末存货盘点已经完成，稽查人员应当评估与存货相关的内部控制的有效性，并根据评估结果对存货进行适当检查或提请被稽查单位另择日期重新盘点，同时测试检查日或重新盘点日与资产负债表日之间发生的存货交易。

3. 委托其他单位保管或已作质押的存货

对被稽查单位委托其他单位保管的或已作质押的存货，稽查人员应当向保管人或债权人函证。如果此类存货的金额占流动资产或总资产的比例较大，稽查人员还应当考虑实施存货监盘或利用其他稽查人员的工作。

如果被稽查单位将存货存放于其他单位，稽查人员通常需要向该单位获取委托代管存货的书面确认函。如果存货已被质押，稽查人员应当向债权人询证与被质押存货有关的内容。对于此类存货，通常还应当检查被稽查单位的相关会计记录和可能设置的备查记录。如果此类存货比较重要，稽查人员应当考虑与被稽查单位讨论其对委托代管存货或已作质押存货的控制程序，并考虑对此类存货实施监盘程序，或聘请其他稽查人员实施监盘程序。

4. 首次接受委托的情况

如果已获取有关本期期末存货余额的充分、适当的稽查证据，稽查人员应当实施下列一项或多项稽查程序，以获取有关本期期初存货余额的充分、适当的稽查证据：①查阅前任稽查人员工作底稿。②复核上期存货监盘记录及文件。③检查上期存货交易记录。④运用毛利百分比法等进行分析。

三、存货计价测试

（一）存货计价测试的一般要求

监盘程序主要是对存货的结存数量予以确认。为验证财务报表上存货余额的真实性，还必须对存货的计价进行稽查，即确定存货实物数量和永续盘存记录中的数量是否经过正确的计价和汇总。存货计价测试主要是针对被稽查单位所使用的存货单位成本是否正确所做的测试，当然，广义地看，存货成本的稽查也可以被视为存货计价测试的一项内容。

单位成本的充分内部控制与生产和会计记录结合起来，对于确保用于期末存货计价的成本的合理性十分重要。一项重要的内部控制是使用标准成本记录来反映原材料、直接人工和制造费用的差异，它还可以用来评价生产。使用标准成本时，应设置相应程序及时反映生产过程与成本的变化。由独立于成本核算部门的雇员来复核单位成本的合理性，也是一项有用的计划控制。

存货计价稽查表如表8-4所示。

表8-4　　　　　　　　　　　　　　　　存货计价稽查表

日期	品名及规格	购　　入			发　　出			余　　额		
		数量	单价	金额	数量	单价	金额	数量	单价	金额
1. 计价方法说明：										
2. 情况说明及稽查结论：										

1. 样本的选择

计价稽查的样本，应从存货数量已经盘点、单价和总金额已经计入存货汇总表的结存存货中选择。选择样本时应着重选择结存余额较大且价格变化比较频繁的项目，同时考虑所选样本的代表性。抽样方法一般采用分层抽样法，抽样规模应足以判断总体的情况。

2. 计价方法的确认

存货的计价方法多种多样，被稽查单位应结合企业会计准则的基本要求选择符合自身特点的方法。稽查人员除应了解被稽查单位的存货计价方法外，还应对这种计价方法的合理性与一贯性予以关注，没有足够理由，计价方法在同一会计年度内不得变动。

3. 计价测试

进行计价测试时，稽查人员首先应对存货价格的组成内容予以审核，然后按照所了解的计价方法对所选择的存货样本进行计价测试。测试时，应尽量排除被稽查单位已有计算程序和结果的影响，进行独立测试。测试结果出来后，应与被稽查单位账面记录对比，编制对比分析表，分析形成差异的原因。如果差异过大，应扩大测试范围，并根据稽查结果考虑是否应提出稽查调整建议。

在存货计价稽查中，由于被稽查单位对期末存货采用成本与可变现净值孰低的方法计价，所以稽查人员应充分关注其对存货可变现净值的确定及存货跌价准备的计提。

可变现净值是指企业在日常活动中，存货的估计售价减去至完工时估计将要发生的成本、估计的销售费用以及相关税费后的金额。企业确定存货的可变现净值，应当以取得的确凿证据为基础，并且考虑持有存货的目的、资产负债表日后事项的影响等因素。具体来说包括以下内容。

（1）为生产而持有的材料等，用其生产的产成品的可变现净值高于成本的，该材料仍然应当按成本计量；材料价格的下降表明产成品的可变现净值低于成本的，该材料应当按照可变现净值计量。

（2）为执行销售合同或者劳务合同而持有的存货，其可变现净值通常应当以合同价格为基础计量。

（3）企业持有存货的数量多于销售合同订购数量的，超过部分的存货可变现净值应当以一般销售价格为基础计量。

（4）企业持有存货的数量少于销售合同订购数量的，其会计处理适用《企业会计准则第13号——或有事项》。

（5）用于出售的材料等，其可变现净值应当以市场价格为基础计算。

企业应当按照单个存货项目计提存货跌价准备；对于数量繁多、单价较低的存货，可以按存货类别计提存货跌价准备；如果某些存货具有相同或类似的最终用途或目的，并与在同一地区生产和销售的产品系列相关，且难以与其他项目分开计量，可以合并计提存货跌价准备。并且，当存在下列情况之一时，应当计提存货跌价准备：①市价持续下跌，并且在可预见的未来无回升的希望。②企业使用该项原材料生产的产品的成本大于产品的销售价格。③企业因产品更新换代，原有库存原材料已不适应新产品的需要，而该原材料的市场价格又低于其账面成本。④企业所提供的商品或劳务过时或消费者偏好改变而使市场的需求发生变化，导致市场价格逐渐下跌。⑤其他足以证明该项存货实际上已经发生减值的情形。

当存在以下一项或若干项情况时，应当将存货账面余额全部转入当期损益：①已霉烂变质的存货；②已过期不可退货的存货（主要指食品）；③生产中已不再需要，并且已无转让价值的存货；④其他足以证明已无使用价值和转让价值的存货。

（二）存货成本的计价测试

存货成本稽查主要包括直接材料成本的稽查、直接人工成本的稽查、制造费用的稽查等内容。限于本教材的篇幅，下面仅简单列示其主要稽查程序，不做详细解释。

1. 直接材料成本的稽查

直接材料成本的稽查一般应从审阅材料和生产成本明细账入手，抽查有关的费用凭证，验证企业产品直接耗用材料的数量、计价和材料费用分配是否真实、合理。其主要稽查程序通常包括以下内容。

（1）抽查产品成本计算单，检查直接材料成本的计算是否正确，材料费用的分配标准与计算方法是否合理和适当，是否与材料费用汇总表中该产品分摊的直接材料费用相符。

（2）检查直接材料耗用数量的真实性，有无将非生产用材料计入直接材料费用。

（3）分析比较同一产品前后各年度的直接材料成本，如有重大波动应查明原因。

（4）抽查材料发出及领用的原始凭证，检查领料单的签发是否经过授权，材料发出汇总表是否经过适当的人员复核，材料单位成本计价方法是否适当，是否正确及时入账。

（5）对采用定额成本或标准成本的被稽查单位，应检查直接材料成本差异的计算、分配与会计处理是否正确，并查明直接材料的定额成本、标准成本在本年度内有无重大变更。

2. 直接人工成本的稽查

直接人工成本的主要稽查程序通常包括以下内容。

（1）抽查产品成本计算单，检查直接人工成本的计算是否正确，人工费用的分配标准与计算方法是否合理和适当，是否与人工费用分配汇总表中该产品分摊的直接人工费用相符。

（2）将本年度直接人工成本与前期进行比较，查明其异常波动的原因。

（3）分析比较本年度各个月份的人工费用发生额，如有异常波动，应查明原因。

（4）结合应付职工薪酬的检查，抽查人工费用会计记录及会计处理是否正确。

（5）对采用标准成本法的被稽查单位，应抽查直接人工成本差异的计算、分配与会计处理是否正确，并查明直接人工的标准成本在本年度内有无重大变更。

3. 制造费用的稽查

制造费用是企业为生产产品和提供劳务而发生的各项间接费用，即生产单位为组织和管理生产而发生的费用，包括分厂和车间管理人员的工薪等职工薪酬、折旧费、修理费、办公费、水电费、取暖费、租赁费、机物料消耗、低值易耗品摊销、劳动保护费、保险费、设计制图费、实验检验费、季节性和修理期间的停工损失等。

制造费用的主要稽查程序通常包括以下内容：

（1）获取或编制制造费用汇总表，并与明细账、总账核对相符，抽查制造费用中的重大数额项目及例外项目是否合理。

（2）审阅制造费用明细账，检查其核算内容及范围是否正确，并应注意是否存在异常交易事项，如有，则应追查至记账凭证和原始凭证，重点查明被稽查单位有无将不应列入成本费用的支出（如投资支出、被没收的财物、支付的罚款、违约金等）计入制造费用。

（3）必要时，对制造费用实施截止测试，即检查资产负债表日前后若干天的制造费用明细账及其凭证，确定有无跨期入账的情况。

（4）检查制造费用的分配是否合理。重点查明制造费用的分配方法是否符合被稽查单位自身的生产技术条件，是否体现受益原则，分配方法一经确定，是否在相当时期内保持稳定，有无随意变更的情况；分配率和分配额的计算是否正确，有无以人为估计代替分配数的情况。对按预定分配率分配费用的企业，还应查明计划与实际差异是否及时调整。

（5）对于采用标准成本法的被稽查单位，应抽查标准制造费用的确定是否合理，计入成本计算单的数额是否正确，制造费用的计算、分配与会计处理是否正确，并查明标准制造费用在本年度内有无重大变动。

第四节　应付职工薪酬稽查

职工薪酬是企业支付给员工的劳动报酬，其主要核算方式有计时制和计件制两种。职工薪酬可能采用现金的形式支付，因而相对于其他业务更容易发生错误或舞弊行为，如虚报冒领、重复支付和贪污等。同时，职工薪酬有时是构成企业成本费用的重要项目，所以在稽查中便显得十分重要。

随着经营管理水平的提高和技术手段的发展，职工薪酬业务中进行舞弊及掩饰的可能性已有减少，因为有效的职工薪酬内部控制，可以及时揭露错误和舞弊；使用计算机编制职工薪酬表和使用工薪卡，提高了职工薪酬计算的准确性；通过有关机构，如税务部门、社会保障机构的复核，可相应防止职工薪酬计算的错误。

然而，在一般企业中，职工薪酬费用在成本费用中所占比重较大。如果职工薪酬的计算错误，就会影响到成本费用和利润的正确性。所以，稽查人员仍应重视对职工薪酬业务的稽查。职工薪酬业务的稽查，主要涉及应付职工薪酬项目。

一、稽查目标

应付职工薪酬的稽查目标一般包括：确定期末应付职工薪酬是否存在；确定期末应付职工薪酬是否为被稽查单位应履行的支付义务；确定应付职工薪酬计提和支出依据是否合理、记录是否完整；确定应付职工薪酬期末余额是否正确；确定应付职工薪酬的披露是否恰当。

二、应付职工薪酬的实质性程序

应付职工薪酬的实质性程序通常包括以下内容。

（1）获取或编制应付职工薪酬明细表，复核加计正确，并与报表数、总账数和明细账合计数核对相符。

（2）对本期职工薪酬执行实质性分析程序如下：

①检查各月职工薪酬的发生额是否存在异常波动，若有，应查明波动原因并做出记录；

②将本期职工薪酬总额与上期进行比较，要求被稽查单位解释大幅增减变动的原因，并取得被稽查单位管理层关于职工薪酬标准的决议；

③了解被稽查单位本期平均职工人数，计算人均薪酬水平，与上期或同行业水平进行

比较。

（3）检查本项目的核算内容是否包括工资、职工福利、社会保险费、住房公积金、工会经费、职工教育经费、解除职工劳动关系补偿、股份支付等明细项目。外商投资企业按规定从净利润中提取的职工奖励及福利基金，也应在本项目核算。

（4）检查职工薪酬的计提是否正确，分配方法是否合理，与上期是否一致，分配计入各项目的金额占本期全部职工薪酬的比例与上期比较是否有重大差异。将应付职工薪酬计提数与相关科目进行钩稽。

（5）检查应付职工薪酬的计量和确认的内容如下：

①国家有规定计提基础和计提比例的，应当按照国家规定的标准计提，如医疗保险费、养老保险费、失业保险费、工伤保险费、生育保险费、住房公积金、工会经费以及职工教育经费等；国家没有规定计提基础和计提比例的，如职工福利费等，应按实列支。

②被稽查单位以其自产产品或外购商品作为非货币性福利发放给职工的，应根据受益对象，将该产品或商品的公允价值，计入相关的资产成本或当期损益，同时确认应付职工薪酬。

③被稽查单位将其拥有的房屋等资产无偿提供给职工使用的，应当根据受益对象，将该住房每期应计提的折旧计入相关资产成本或当期损益，同时确认应付职工薪酬。

④被稽查单位租赁住房等资产供职工无偿使用的，应当根据受益对象，将每期应付的租金计入相关资产成本或当期损益，同时确认应付职工薪酬。

⑤对于外商投资企业，按税后利润提取的职工奖励及福利基金应以董事会决议为依据，并符合有关规定。

（6）审阅应付职工薪酬明细账，抽查应付职工薪酬各明细项目的支付和使用情况，检查是否符合有关规定，是否履行审批程序。

（7）检查被稽查单位实行的工薪制度的内容如下：

①如果被稽查单位实行工效挂钩，应取得主管部门确认效益工资发放额的认定证明，并复核确定可予发放的效益工资的有关指标，检查其计提额、发放额是否正确，是否需作纳税调整。

②如果被稽查单位实行计税工资制，应取得被稽查单位平均人数证明，并进行复核，计算可准予税前列支的费用额，对超支部分的工资及附加费作纳税调整，对计缴的工会经费，未能提供《工会经费拨缴款专用收据》的，应提出纳税调整建议。

（8）检查应付职工薪酬期末余额中是否存在拖欠性质的职工薪酬，了解拖欠的原因。

（9）检查被稽查单位的辞退福利核算是否符合有关规定。

（10）确定应付职工薪酬的披露是否恰当。

第五节　其他相关账户的稽查

前已述及，存货稽查在整个财务报表稽查中占有十分重要的地位。对存货进行稽查，需要达到的稽查目标是：确定存货是否存在；确定存货是否归被稽查单位所有；确定存货和存货跌价准备增减变动的记录是否完整；确定存货的计价方法是否恰当；确定存货的品质状况，存货跌价损失是否真实、完整，存货跌价准备的计提方法是否合理；确定存货和存货跌价准备的期末余额是否正确；确定存货和存货跌价准备的披露是否恰当。

为实现以上稽查目标，稽查人员需要实施相应的稽查程序。在前面几节中，我们已经介绍了存货监盘、存货计价测试等稽查程序，然而仅仅实施这些稽查程序尚难以达到存货的全部稽查目标。下面，我们在前面几节的基础上，介绍除生产成本、制造费用、劳务成本和营业成本以外的各种具体的与存货相关的账户的实质性程序。

一、材料采购或在途物资的实质性程序

（1）获取或编制材料采购（在途物资）明细表，复核加计正确，与总账数、明细账合计数核对相符。

（2）检查期末材料采购（在途物资），核对有关凭证。对大额材料采购（在途物资），追查至相关的购货合同及购货发票，复核采购成本的正确性，并抽查期后入库情况。必要时发函询证。

（3）查阅资产负债表日前后若干天的材料采购（在途物资）增减变动的有关账簿记录和收料报告单等资料，检查有无跨期现象，如有，则应做出记录，必要时提出调整建议。

（4）对采用计划成本核算的，审核材料采购项目有关材料成本差异发生额的计算和处理是否正确。

（5）审核有无长期挂账的材料采购（在途物资），如有，应查明原因，必要时提出调整建议。

（6）确定材料采购（在途物资）的披露是否恰当。

二、原材料的实质性程序

（1）获取或编制原材料明细表，复核加计是否正确，并与总账数、明细账合计数核对相符；同时抽查明细账与仓库台账、卡片记录，检查是否核对相符。

（2）执行实质性分析程序：

①编制本期主要原材料增减变动表，分析其变动规律，并与上期比较，如果存在差异，分析原因。

②将主要原材料的本期各月间及上期的单位成本进行比较，分析其波动原因，对异常项目进行调查并予以记录。

（3）执行存货监盘程序。

（4）检查原材料的入账基础和计价方法是否正确，前后期是否一致；自原材料明细表中选取适量品种：

①在以实际成本计价时，将其单位成本与购货发票核对。

②在以计划成本计价时，将其单位成本与被稽查单位制定的计划成本核对，同时关注被稽查单位计划成本制定的合理性。

（5）对于通过非货币性资产交换、债务重组、企业合并以及接受捐赠等取得的原材料，检查其入账的有关依据是否真实、完备，入账价值和会计处理是否符合相关规定。

（6）检查投资者投入的原材料是否按照投资合同或协议约定的价值入账，并检查约定的价值是否公允，交接手续是否齐全。

（7）检查与关联方的购销业务是否正常，关注交易价格、交易金额的真实性及合理性。

（8）了解被稽查单位原材料发出的计价方法，前后期是否一致，并抽取主要材料复核其计算是否正确；对于不能替代使用的原材料，以及为特定项目专门购入或制造的原材料，检查是否采用个别计价法确定发出成本；若原材料以计划成本计价，还应检查材料成本差异的发生和结转的金额是否正确。

（9）结合期末市场采购价，分析主要原材料期末结存单价是否合理。

（10）编制本期发出材料汇总表，与相关科目钩稽核对，并抽查复核月度发出材料汇总表的正确性。

（11）审核有无长期挂账的原材料，如有，应查明原因，必要时提出调整建议。

（12）查阅资产负债表日前后若干天的原材料增减变动记录和原始凭证，检查有无跨期现象，如有，则应做出记录，必要时提出调整建议。

（13）结合原材料的盘点，检查期末有无料到单未到情况，如有，应查明是否已暂估价入账，其暂估价是否合理。

（14）结合长、短期借款等项目，了解是否有用于债务担保的原材料，如有，则应取证并作相应的记录，同时提请被稽查单位作恰当披露。

（15）确定原材料的披露是否恰当。

三、材料成本差异的实质性程序

（1）获取或编制材料成本差异明细表，复核加计正确，与总账数、明细账合计数核对相符。

（2）对本期内各月的材料成本差异率实施实质性分析程序，并与上期进行比较，检查是否存在异常波动，计算方法是否前后期一致，是否存在调节成本的现象。

（3）结合以计划成本计价的原材料、包装物等的入账基础测试，检查材料成本差异的发生额是否正确。

（4）抽查若干月发出材料汇总表，检查材料成本差异是否按月分摊，使用的差异率是否为当月实际差异率，差异的分配是否正确，分配方法前后期是否一致。

（5）确定材料成本差异的披露是否恰当。

四、库存商品的实质性程序

（1）获取或编制库存商品明细表，复核加计是否正确，并与总账数、明细账合计数核对相符；同时抽查明细账与仓库台账、卡片记录，检查是否核对相符。

（2）执行实质性分析程序：

①编制本期库存商品增减变动表，分析其变动规律，并与上期比较，如果存在差异，分析原因。

②对主要库存商品本期内各月间及上期的单位成本进行比较，分析其波动原因，对异

常项目进行调查并记录。

（3）执行存货监盘程序。

（4）检查库存商品的入账基础和计价方法是否正确，前后期是否一致；自库存商品明细表中选取适量品种：

①在以实际成本计价时，将其单位成本与成本计算单或购货发票核对。

②在以计划成本计价时，将其单位成本与被稽查单位制定的计划成本核对，同时关注被稽查单位计划成本制定的合理性。

③对于通过非货币性资产交换、债务重组、企业合并以及接受捐赠取得的库存商品，检查其入账的有关依据是否真实、完备，入账价值和会计处理是否符合相关规定。

（5）检查投资者投入的库存商品是否按照投资合同或协议约定的价值入账，并同时检查约定的价值是否公允，交接手续是否齐全。

（6）检查与关联方的商品购销交易是否正常，关注交易价格、交易金额的真实性与合理性。

（7）抽查库存商品入库单，核对库存商品的品种、数量与入账记录是否一致；检查产成品入库的实际成本是否与"生产成本"科目的结转额相符。

（8）了解被稽查单位库存商品发出计价方法，并抽取主要库存商品检查其计算是否正确；对于不能替代使用的库存商品，以及为特定项目专门制造的库存商品，检查是否采用个别计价法确定发出成本；若库存商品以计划成本计价，还应检查产品成本差异的发生和结转金额是否正确。

（9）编制本期库存商品发出汇总表，与相关科目钩稽核对，并抽查复核月度库存商品发出汇总表的正确性。

（10）审阅库存商品明细账，检查有无长期挂账的库存商品，如有，应查明原因，必要时提出适当处理建议。

（11）查阅资产负债表日前后若干天的库存商品增减变动记录和原始凭证，检查有无跨期现象，如有，则应做出记录，必要时做调整。

（12）结合外购库存商品的盘点，检查期末有无货到单未到的情况，如有，应查明是否已暂估入账，暂估价是否合理。

（13）结合长、短期借款等项目，了解是否有用于债务担保的库存商品，如有，应取证并作相应记录，同时提请被稽查单位作恰当披露。

（14）确定库存商品的披露是否恰当。

五、发出商品的实质性程序

（1）获取或编制发出商品明细表，复核加计是否正确，并与总账数、明细账合计数核对相符。

（2）执行实质性分析程序：

①编制本期发出商品增减变动表，分析其变动规律，并与上期比较，如果存在差异，应分析原因。

②对主要发出商品本期内各月间及上期的单位成本进行比较，分析其波动原因，对异

常项目进行调查并记录。

（3）了解被稽查单位对发出商品结转的计价方法，并抽取主要发出商品检查其计算是否正确；若发出商品以计划成本计价，还应检查产品成本差异发生和结转金额是否正确。

（4）编制本期发出商品发出汇总表，与相关科目钩稽核对，并抽查复核月度发出商品发出汇总表的正确性。

（5）必要时，对发出商品的期末余额应函询核实。

（6）检查发出商品退回的会计处理是否正确。

（7）查阅资产负债表前后若干天的发出商品增减变动记录和原始凭证，检查有无跨期现象，如有，应做出记录，必要时做调整。

（8）审核有无长期挂账的发出商品，如有，应查明原因，必要时提出调整建议。

（9）确定发出商品的披露是否恰当。

六、商品进销差价的实质性程序

（1）获取或编制商品进销差价明细表，复核加计正确，并与总账数、明细账合计数核对相符。

（2）对本期内各月间的商品进销差价率进行分析性复核，检查是否存在异常波动，计算方法前后期是否一致，是否存在调节成本的现象。

（3）结合以前售价核算的库存商品入账基础的测试，检查商品进销差价的发生额是否正确。

（4）抽查月度商品发出汇总表，检查商品进销差价是否按月分摊，使用的差价率是否系当月实际差价率，并注意分配方法前后期是否一致。

（5）检查库存商品发生盈余或损失时，商品进销差价及增值税进项税的会计处理方法是否正确。

（6）检查被稽查单位是否在年度终了对商品进销差价进行核实调整。

（7）确定商品进销差价的披露是否恰当。

七、委托加工物资的实质性程序

（1）获取或编制委托加工物资明细表，复核加计是否正确，并与总账数、明细账合计数核对相符。

（2）抽查一定数量的委托加工业务合同，检查有关发料、加工费、运费结算的凭证，核对成本计算是否正确，会计处理是否及时、正确。

（3）抽查加工完成物资的验收入库手续是否齐全，会计处理是否正确；需要缴纳消费税的委托加工物资，由受托方代收代缴消费税的会计处理是否正确。

（4）编制本期委托加工物资发出汇总表，与相关科目钩稽核对，并抽查复核月度委托加工物资发出汇总表的正确性。

（5）对期末结存的委托加工物资，应现场察看或函询核实。

（6）审核有无长期挂账的委托加工物资，如有，应查明原因，必要时提出调整建议。

（7）确定委托加工物资的披露是否恰当。

八、委托代销商品的实质性程序

（1）获取或编制委托代销商品明细表，复核加计正确，并与总账数、明细账合计数核对是否相符。

（2）抽取一定数量的委托代销业务合同，检查有关发货凭证，核对其会计处理是否及时、正确。

（3）检查是否定期收到委托代销商品销售月结单（对账单），并抽查若干月份的销售月结单（对账单），验明会计处理是否及时、正确。

（4）对期末结存的委托代销商品，应现场查看或函询核实。

（5）审核有无长期挂账的委托代销商品事项，如有，查明原因，必要时提出调整建议。

（6）确定委托代销商品的披露是否恰当。

九、受托代销商品的实质性程序

（1）获取或编制受托代销商品明细表，复核加计正确，并与总账数、明细账合计数核对相符；同时与仓库台账、卡片抽查结果核对一致。

（2）抽取一定数量的与委托客户签订的代销合同或协议，了解被稽查单位在代理业务中的利益和责任等重要信息，判断该业务是否为代理业务。

（3）根据与委托客户签订的合同，检查是否正确计算属于客户的收益和被稽查单位的代理收益。

（4）检查受托代销商品的会计处理是否正确，与代销商品款是否配比。

（5）对期末结存的受托代销商品，应现场监盘或询证核实。

（6）检查是否存在接受关联方委托代销商品事项，若有，执行对关联方及其交易稽查程序。

（7）检查有无长期挂账的受托代销商品事项，如有，应查明原因，必要时提出调整建议。

（8）确定受托代销商品的披露是否恰当。

十、周转材料的实质性程序

（1）获取或编制周转材料明细表，复核加计正确，并与总账数、明细账合计数核对相符；同时抽查明细账与仓库台账、卡片记录，检查是否相符。

（2）对周转材料余额实施实质性分析程序，将周转材料期末余额与期初余额进行比较，分析其波动原因，对异常项目进行调查并做记录。

（3）执行监盘程序。

（4）检查周转材料的入账基础和计价方法是否正确，前后期是否一致；自周转材料明细表中选取适量品种：

①在以实际成本计价时，将其单位成本与购货发票核对。

②在以计划成本计价时，将其单位成本与被稽查单位制定的计划成本核对，同时关注被稽查单位计划成本制定的合理性。

（5）检查与关联方的购销交易是否正常，关注交易价格、交易金额的真实性与合理性。

（6）了解被稽查单位对周转材料发出的计价方法，检查前后期是否一致，并抽取主要周转材料检查其计算是否正确；若周转材料以计划成本计价，还应检查材料成本差异的发生和结转金额是否正确。

（7）编制本期周转材料发出汇总表，与相关科目钩稽核对，并抽查月度周转材料发出汇总表的正确性。

（8）审核有无长期挂账的周转材料，如有，应查明原因，必要时提出调整建议。

（9）查阅资产负债表日前后若干天的周转材料增减变动记录和原始凭证，检查有无跨期现象，如有，则应做出记录，必要时提出调整建议。

（10）结合周转材料的监盘，检查期末有无料到单未到情况，如有，应查明是否已暂估入账，暂估价是否合理。

（11）检查出租、出借周转材料的会计处理是否合理。

（12）检查周转材料中的低值易耗品与固定资产的划分是否符合规定。

（13）检查周转材料的转销或摊销方法是否符合企业会计准则的规定，前后期是否一致：包装物和低值易耗品，应当采用一次转销法或者五五摊销法进行摊销；钢模板、木模板、脚手架和其他周转材料等，可以采用一次转销法、五五摊销法或者分次摊销法进行摊销。

（14）检查被稽查单位是否存在周转材料押金，若有，结合相关项目的稽查，查明周转材料押金的收取情况是否合理，有无合同，是否存在逾期周转材料押金，相应税金的处理是否正确，必要时提出调整建议。

（15）结合长、短期借款等项目，了解是否有用于债务担保的周转材料，如有，则应取证并作相应的记录，同时提请被稽查单位作恰当披露。

（16）确定周转材料的披露是否恰当。

十一、存货跌价准备的实质性程序

（1）获取或编制存货跌价准备明细表，复核加计是否正确，并与总账数和明细账合计数核对相符。

（2）检查存货跌价准备计提和存货损失转销的批准程序，取得书面报告、销售合同或劳务合同等证明文件。

（3）评价存货跌价准备的计提依据和计提方法是否合理，是否充分考虑了持有存货的目的及资产负债表日后事项的影响等因素。

（4）若被稽查单位为建造承包商，对其执行中的建造合同，应检查预计总成本是否超过合同总收入，如果超过，跌价准备计提是否合理，会计处理是否正确。

（5）比较本期实际损失发生数与前期存货跌价准备的余额，以评价上期存货跌价准备计提的合理性。

（6）如果被稽查单位出售或核销已经计提跌价准备的存货，应检查相应的跌价准备的会计处理是否正确。

（7）注意已计提跌价准备的存货价值又得以恢复的，是否在原已计提的跌价准备的范围内转回，依据是否充分，并记录转回金额。

（8）检查被稽查单位是否于期末对存货进行了检查分析，存货跌价准备的计算和会计处理是否正确。

（9）确定存货跌价准备的披露是否恰当。

十二、受托代销商品款的实质性程序

（1）获取或编制受托代销商品款明细表，复核加计正确，并与总账数、明细账合计数核对相符。

（2）获取与委托客户签订代理业务的合同或协议，检查代理业务发生的内容、性质是否合法，了解公司参与代理业务的利益和责任等重要信息。

（3）结合受托代销商品科目的稽查，检查受托代销商品和受托代销商品款是否配比，是否正确计算相关收益，会计处理是否正确。

（4）必要时，向委托客户发函询证受托代销商品款的真实性。

（5）检查受托代销商品款相关的会计处理是否正确。

（6）检查是否存在接受关联方委托代销商品事项，若有，执行关联方及其交易稽查程序。

（7）确定受托代销商品款的披露是否恰当。

【本章小结】

本章介绍了生产与存货循环及其稽查实务。首先应了解该循环所涉及的证据、业务活动及其内部控制，然后应了解针对涉税项目的相关认定所应采取的常用内部控制测试和常用的交易实质性程序，尤其要掌握常见的关于存货稽查、营业成本稽查的实质性程序。通过本章的学习，附带了解材料采购、库存商品等的稽查，为企业所得税的某些项目稽查打下基础。

【关键术语】

生产与存货循环　常用的内部控制测试　常用的交易实质性程序

【思考题】

1. 企业在生产与存货循环的各种内部控制目标（"存在"或"发生""完整性""计价和分摊""分类""截止"等）中，针对税收会具有哪些倾向？

2. 针对企业在生产与存货业务中的倾向性，税务稽查应采取哪些应对措施？

第九章　筹资与投资循环稽查

第一节　筹资与投资循环的特性

筹资活动是指企业为满足生存和发展的需要，通过改变企业资本及债务规模和构成而筹集资金的活动。投资活动是指企业为享有被投资单位分配的利润，或为谋求其他利益，将资产让渡给其他单位而获得另一项资产的活动。

筹资与投资循环所涉及的资产负债表项目主要有：交易性金融资产、应收利息、应收股利、可供出售金融资产、持有至到期投资、长期股权投资、投资性房地产、短期借款、交易性金融负债、应付利息、应付股利、长期借款、应付债券、实收资本、资本公积、盈余公积、未分配利润等。筹资与投资循环中所涉及的利润表项目主要有：财务费用、投资收益等。该循环对企业所得税有至关重要的影响。

筹资和投资循环由筹资活动和投资活动的交易事项构成。筹资活动主要由借款交易和股东权益交易组成。投资活动主要由权益性投资交易和债权性投资交易组成。筹资与投资循环具有如下特征。

（1）稽查年度内筹资与投资循环的交易数量较少，而每笔交易的金额通常较大。

（2）漏记或不适当地对一笔业务进行会计处理，将会导致重大错误，从而对企业会计报表的公允反映产生较大的影响。

（3）筹资与投资循环交易必须遵守国家法律、法规和相关契约的规定。

一、凭证和记录

（一）筹资活动的凭证和会计记录

（1）债券。债券是公司依据法定程序发行、约定在一定期限内还本付息的有价证券。

（2）股票。股票是公司签发的证明股东所持股份的凭证。

（3）债券契约。债券契约是一张明确债券持有人与发行企业双方所拥有的权利与义务的法律性文件，其内容一般包括：债券出现的标准；债券的明确表述；利息或利息率；受托管理人证书；登记和背书；如系抵押债券，所担保的财产；债券出现拖欠情况时如何处理，以及对偿债基金、利息支付、本金返还等的处理。

（4）股东名册。发行记名股票的公司应记载的内容一般包括：股东的姓名或者名称及住所；各股东所持股份数；各股东所持股票的编号；各股东取得其股份的日期。发行无记名股票的，公司应当记载其股票数量、编号及发行日期。

（5）公司债券存根簿。发行记名公司债券的公司应记载的内容一般包括：债券持有人的姓名或者名称及住所；债券持有人取得债券的日期及债券的编号；债券总额、债券的票面金额、债券的利率、债券还本付息的期限和方式；债券的发行日期。发行无记名债券的公司应当在公司的债券存根簿上记载债券总额、利率、偿还期限和方式、发行日期和债券编号。

（6）承销或包销协议。公司向社会公开发行股票或债券时，应当由依法设立的证券经营机构承销或包销，公司应与其签订承销或包销协议。

（7）借款合同或协议。公司向银行和其他金融机构借入款项时与其签订的合同或协议。

（8）有关记账凭证。

（9）有关会计科目的明细账和总账。

（二）投资活动的凭证和会计记录

（1）股票或债券。

（2）经纪人通知书。

（3）债券契约。

（4）企业的章程及有关协议。

（5）投资协议。

（6）有关记账凭证。

（7）有关会计科目的明细账和总账。

二、筹资与投资循环所涉及的主要业务活动

（一）筹资所涉及的主要业务活动

（1）审批授权。企业通过借款筹集资金需经管理当局审批，其中债券的发行每次均要由董事会授权；企业发行股票必须依据国家有关法规或企业章程的规定，报经企业最高权力机构（如董事会）及国家有关管理部门批准。

（2）签订合同或协议。向银行或其他金融机构融资需签订借款合同，发行债券需签订债券契约和债券承销或包销合同。

（3）取得资金。企业实际取得银行或金融机构划入的款项或债券、股票的融入资金。

（4）计算利息或股利。企业应按有关合同或协议的规定，及时计算利息或股利。

（5）偿还本息或发放股利。银行借款或发行债券应按有关合同或协议的规定偿还本息，融入的股本根据股东大会的决定发放股利。

（二）投资所涉及的主要业务活动

（1）审批授权。投资业务应由企业的高层管理机构进行审批。

（2）取得证券或其他投资。企业可以通过购买股票或债券进行投资，也可以通过与

其他单位联合形成投资。

（3）取得投资收益。企业可以取得股权投资的股利收入、债券投资的利息收入和其他投资收益。

（4）转让证券或收回其他投资。企业可以通过转让证券实现投资的收回；其他投资已经投出，除联营合同期满，或由于其他特殊原因联营企业解散外，一般不得抽回投资。

第二节　控制测试和交易的实质性程序

一、概述

表 9-1 和表 9-2 将内部控制目标、关键内部控制、常用的内部控制测试和常用的交易实质性程序一并列示，现就其中最重要的几点分述如下。

表 9-1　　　　　　　　　　　**筹资活动的控制目标、内部控制和测试一览表**

内部控制目标	关键内部控制	常用的内部控制测试	常用的交易实质性程序
借款和所有者权益账面余额在资产负债表日确实存在，借款利息费用和已支付的股利是由被稽查期间实际发生的交易事项引起的（存在或发生）	借款或发行股票经过授权审批；签订借款合同或协议、债券契约、承销或包销协议等相关法律性文件	索取借款或发行股票的授权批准文件，检查权限是否恰当，手续是否齐全；索取借款合同或协议、债券契约、承销或包销协议	获取或编制借款和股本明细表，复核加计正确，并与报表数、总账数和明细账合计数核对相符；检查与借款或股本发行有关的原始凭证，确认其真实性，并与会计记录核对；检查利息计算的依据，复核应计利息的正确性，并确认全部利息计入相关账户
借款均为被稽查单位承担的债务，所有者权益代表所有者的法定求偿权（权利与义务）			向银行或其他金融机构、债券包销人函证，并与账面余额核对；检查股东是否已按合同、协议、章程约定时间缴付出资额，其出资额是否经稽查人员审验
借款和所有者权益的期末余额正确（计价与分摊）	建立严密完善的账簿体系和记录制度；核算方法符合会计准则和会计制度的规定	抽查筹资业务的会计记录，从明细账抽取部分会计记录，按原始凭证到明细账、总账的顺序核对有关数据和情况，判断其会计处理过程是否合规完整	

续表

内部控制目标	关键内部控制	常用的内部控制测试	常用的交易实质性程序
借款和所有者权益在资产负债表上的披露正确（列报）	筹资业务明细账与总账的登记职务分离；筹资披露符合会计准则和会计制度的要求	观察职务是否分离	确定借款和所有者权益的披露是否恰当，注意一年内到期的借款是否列入流动负债

表 9-2　　　　　**投资活动的控制目标、内部控制和测试一览表**

内部控制目标	关键内部控制	常用的内部控制测试	常用的交易实质性程序
投资增减变动及其收益（或损失）均已登记入账（完整性）	投资业务的会计记录与授权、执行和保管等方面明确职责分工；健全证券投资资产的保管制度，或者委托专门机构保管，或者由内部建立至少两名人员以上的联合控制制度，证券的存取均需详细记录和签名	观察并描述投资业务的职责分工；了解证券资产的保管制度，检查被稽查单位自行保管时，存取证券是否进行详细的记录并由所有经手人员签字	检查年度内投资增减变动的原始凭证，对于增加项目要核实其入账基础是否符合投资合同、协议的有关规定，会计处理是否正确；对于减少的项目要核实其变动原因及授权批准手续
投资均为被稽查单位所有（权利与义务）	内部稽查人员或其他不参与投资业务的人员定期盘点证券投资资产，检查是否为企业实际拥有	了解企业是否定期进行证券投资资产的盘点；审阅盘核报告，检查盘点方法是否恰当、盘点结果与会计记录核对情况以及出现差异的处理是否合规	盘点证券投资资产；向委托的专门保管机构函证，以证实投资证券的真实存在
投资的计价方法正确，期末余额正确（计价与分摊）	建立详尽的会计核算制度，按每一种证券分别设立明细账，详细记录相关资料；核算方法符合会计准则和会计制度的规定；期末进行成本与市价孰低比较，并正确记录投资跌价准备	抽查投资业务的会计记录，从明细账抽取部分会计记录，按原始凭证到明细账、总账的顺序核对有关数据和情况，判断其会计处理过程是否合规完整	检查投资的入账价值是否符合投资合同、协议的规定，会计处理是否正确，重大投资项目，应查阅董事会有关决议，并取证；检查长期股权投资的核算是否按规定采用权益法或成本法；期末短期投资是否计提跌价准备，长期投资是否计提减值准备；检查长期债券投资的溢价或折价，是否按有关规定摊销

续表

内部控制目标	关键内部控制	常用的内部控制测试	常用的交易实质性程序
投资在资产负债表上的披露正确（列报）	投资明细账与总账的登记职务分离；投资披露符合会计准则和会计制度的要求	观察职务是否分离	查明库存股票是否已提供质押或受到其他约束的，应取证并提请被稽查单位作恰当披露；验明投资的披露是否恰当，注意一年内到期的长期投资是否列入流动资产

1. 内部控制目标

表9-1和表9-2所列的目标是将稽查目标具体运用在筹资与投资循环中。某些内部控制可以实现多个目标，但为了便于理解，本节的讨论是分别对每一个目标进行的。

2. 关键内部控制

关键内部控制应实现其控制目标。如果为实现任何一个目标所必需的内部控制不健全，不管其他目标控制的效果如何，都有可能出现错误。

3. 常用的控制测试

稽查人员应了解每一项内部控制并对其执行有关的控制测试，以评价其有效性。

4. 常用的交易实质性程序

在表9-1和表9-2中，常用的交易实质性程序与第一栏所列的内部控制目标直接相关。稽查人员在确定交易实质性程序时，应充分考虑被稽查单位关键内部控制及其测试的结果，同时考虑重要性原则、被稽查单位上年的稽查结果和其他相关的因素。

上述各要点是互相关联的：第一栏是内部控制的目标和交易测试的目标。第二栏列示了每项内部控制目标的一项或几项关键内部控制。第三栏所列的常用控制测试与第二栏中的关键内部控制有直接关系。控制测试如果不用来测试某一具体的控制，就毫无意义。对第二栏中的每一项内部控制，第三栏至少相应地有一项控制测试。第四栏中所列的交易实质性程序，是证明第一栏中具体稽查目标的证据，交易实质性程序虽然与关键内部控制及常用控制测试栏目没有直接的关系，但交易实质性程序的范围，在一定程度上要取决于关键内部控制是否存在和常用控制测试的结果。

表9-1和表9-2中所列示的内容，目的在于帮助稽查人员掌握设计实现稽查目标的稽查方案的方法。在实际操作中，稽查人员应运用上述方法，根据被稽查单位的具体情况，设计富有效率和效果的稽查方案。如果前一年度该企业的稽查工作是由同一会计师事务所进行的，稽查人员应将调查重点放在企业内部控制的变动部分，掌握各项变动的原因和影响。如果在上一年度稽查中针对内部控制提出过管理建议，稽查人员还应证实各项管理建议是否已得到落实，并弄清未予落实的原因。

二、内部控制和控制测试

（一）筹资活动的内部控制和控制测试

筹资活动由借款交易和股东权益交易组成。企业的借款交易涉及短期借款、长期借款和应付债券，这些内部控制基本类似，股东权益增减变动的业务较少而金额较大，稽查人员在稽查中一般直接进行实质性程序。这里我们以应付债券为例说明其内部控制和内部控制测试。

一般来讲，应付债券的内部控制的主要内容包括：（1）应付债券的发行要有正式的授权程序，每次均要由董事会授权；（2）申请发行债券时，应履行审批手续，向有关机关递交相关文件；（3）应付债券的发行，要有受托管理人来行使保护发行人和持有人合法权益的权利；（4）每种债券发行都必须签订债券契约；（5）债券的承销或包销必须签订有关协议；（6）记录应付债券业务的会计人员不得参与债券发行；（7）如果企业保存债券持有人明细分类账，应同总分类账核对相符，若这些记录由外部机构保存，则需定期同外部机构核对；（8）未发行的债券必须有专人负责；（9）债券的购回要有正式的授权程序。

稽查人员在对应付债券内部控制进行控制测试时，如果企业应付债券业务不多，稽查人员可根据成本效益原则直接进行实质性程序；如果企业应付债券业务繁多，稽查人员则必须对应付债券的内部控制进行控制测试。

稽查人员在了解企业应付债券的内部控制后，应运用一定的方法进行内部控制以测试其健全、有效程度。控制测试方法通常包括如下内容。

（1）取得债券发行的法律性文件，检查债券发行是否经董事会授权、是否履行了适当的审批手续、是否符合法律的规定。

（2）检查企业发行债券的收入是否立即存入银行。

（3）取得债券契约，检查企业是否根据契约的规定支付利息。

（4）检查债券入账的会计处理是否正确。

（5）检查债券溢（折）价的会计处理是否正确。

（6）取得债券偿还和购回的董事会决议，检查债券的偿还和购回是否按董事会的授权进行。

（二）投资活动的内部控制和控制测试

一般来讲，投资内部控制的主要内容包括下列几个方面。

（1）合理的职责分工。这是指合法的投资业务，应在业务的授权、业务的执行、业务的会计记录以及投资资产的保管等方面都有明确的分工，不得由一人同时负责上述任何两项工作。比如，投资业务在企业高层管理机构核准后，可由高层负责人员授权签批，由财务经理办理具体的股票或债券的买卖业务，由会计部门负责进行会计记录和财务处理，并由专人保管股票或债券。这种合理的分工所形成的相互牵制机制有利于避免或减少投资业务中发生错误或舞弊的可能性。

（2）健全的资产保管制度。企业对投资资产（指股票和债券资产）一般有两种保管方式，一种是由独立的专门机构保管，如在企业拥有较大的投资资产的情况下，委托银行、证券公司、信托投资公司等机构进行保管。这些机构拥有专门的保存和防护措施，可以防止各种证券及单据的失窃或毁损，并且由于它与投资业务的会计记录工作完全分离，可以大大降低舞弊的可能性。另一种方式是由企业自行保管，在这种方式下，必须建立严格的联合控制制度，即至少要由两名以上人员共同控制，不得一人单独接触证券。对于任何证券的存入或取出，都要将债券名称、数量、价值及存取的日期、数量等详细记录于证券登记簿内，并由所有在场的经手人员签名。

（3）详尽的会计核算制度。企业的投资资产无论是自行保管的还是由他人保管的，都要进行完整的会计记录，并对其增减变动及投资收益进行相关的会计核算。具体而言，应对每一种股票或债券分别设立明细分类账，并详细记录其名称、面值、证书编号、数量、取得日期、经纪人（证券商）名称、购入成本、收取的股息或利息等；对于联营投资类的其他投资，也应设置明细分类账，核算其他投资的投出及其投资收益和投资收回等业务，并对投资的形式（如流动资产、固定资产、无形资产等）、投向（即接受投资单位）、投资的计价以及投资收益等作出详细的记录。

（4）严格的记名登记制度。除无记名证券外，企业在购入股票或债券时应在购入的当日尽快登记于企业名下，切忌登记于经办人员名下，防止冒名转移并借其他名义谋取私利的舞弊行为发生。

（5）完善的定期盘点制度。对于企业所拥有的投资资产，应由内部稽查人员或不参与投资业务的其他人员进行定期盘点，检查是否确为企业所有，并将盘点记录与账面记录相互核对以确认账实的一致性。

投资的控制测试一般包括如下内容。

（1）进行抽查。稽查人员应抽查投资业务的会计记录。例如，可从各类投资业务的明细账中抽取部分会计分录，按原始凭证到明细账、总账的顺序核对有关数据和情况，判断其会计处理过程是否完整及符合规定。

（2）审阅内部盘核报告。稽查人员应审阅内部稽查人员或其他授权人员对投资资产进行定期盘核的报告。应审阅其盘点方法是否恰当、盘点结果与会计记录相核对情况以及出现差异的处理是否合规。如果各期盘核报告的结果未发现账实之间存在差异（或差异不大），说明投资资产的内部控制得到了有效执行。

（3）分析企业投资业务管理报告。对于企业的长期投资，稽查人员应对照有关投资方面的文件和凭据，分析企业的投资业务管理报告。在做出长期投资决策之前，企业最高管理阶层（如董事会）需要对投资进行可行性研究和论证，并形成一定的纪要。投资业务一经执行，又会形成一系列的投资凭据或文件，如证券投资的各类证券，联营投资中的投资协议、合同及章程等。负责投资业务的财务经理需定期向企业最高管理层报告有关投资业务的开展情况（包括投资业务内容和投资收益实现情况及未来发展预测），即提交投资业务管理报告书，供最高管理层投资决策和控制。稽查人员应该认真分析这些投资管理报告的具体内容，并对照前述的有关文件和凭据资料，从而判断企业长期投资业务的管理情况。

三、交易的实质性程序

表 9-1 和表 9-2 中的第四栏针对内部控制目标简要列示了交易实质性程序，交易实质性程序的目的是验证内部控制目标是否能够实现。稽查人员在确定交易实质性程序时，应充分考虑被稽查单位关键内部控制及其测试的结果，同时考虑重要性原则、被稽查单位上

年的稽查结果以及其他相关的因素。

第三节　借款相关项目稽查

借款是企业承担的一项经济义务，是企业的负债项目。本节的内容包括短期借款、长期借款和应付债券。在一般情况下，被稽查单位不会高估负债，因为这样于自身不利，且难以与债权人的会计记录相互印证。为了正确反映企业的财务状况和经营成果，必须将企业的负债完整地列示在资产负债表中，并正确地予以计价。低估债务经常伴随着低估成本费用，从而高估利润的目的。因此，低估债务不仅影响财务状况的反映，而且还会极大地影响企业财务成果的反映。稽查人员在执行借款业务稽查时，应将被稽查单位是否低估借款作为一个关注的要点。

一、短期借款的稽查

（一）短期借款的稽查目标

短期借款的稽查目标一般包括：确定期末短期借款是否存在；确定期末短期借款是否为被稽查单位应履行的偿还义务；确定短期借款的借入、偿还及计息的记录是否完整；确定短期借款的期末余额是否正确；确定短期借款的披露是否恰当。

（二）短期借款的实质性程序

短期借款的实质性程序通常包括以下内容。

（1）获取或编制短期借款明细表。稽查人员应首先获取或编制短期借款明细表，复核其加计数是否正确，并与明细账和总账核对相符。

（2）函证短期借款的实有数。稽查人员应在期末短期借款余额较大或认为必要时向银行或其他债权人函证短期借款。

（3）检查短期借款的增加。对年度内增加的短期借款，稽查人员应检查借款合同和授权批准，了解借款数额、借款条件、借款日期、还款期限、借款利率，并与相关会计记录相核对。

（4）检查短期借款的减少。对年度内减少的短期借款，稽查人员应检查相关记录和原始凭证，核实还款数额。

（5）检查有无到期未偿还的短期借款。稽查人员应检查相关记录和原始凭证，检查被稽查单位有无到期未偿还的短期借款，如有，则应查明是否已向银行提出申请并经同意后办理延期手续。

（6）复核短期借款利率。稽查人员应根据短期借款的利率和期限，复核被稽查单位短期借款的利息计算是否正确，有无多算或少算利息的情况，如有未计利息和多计利息，应做出记录，必要时进行调整。

（7）检查外币借款的折算。如果被稽查单位有外币短期借款，稽查人员应检查外币短期借款的增减变动是否按业务发生时的市场汇率或期初市场汇率折合成记账本位币金额；期末是否按市场汇率将外币短期借款余额折合为记账本位币金额；折算差额是否按规定进行会计处理；折算方法是否前后期一致。

（8）检查短期借款在资产负债表上的列报是否恰当。企业的短期借款在资产负债表上通常设"短期借款"项目单独列示，对于因抵押而取得的短期借款，应在资产负债表附注中揭示，稽查人员应注意被稽查单位对短期借款项目的披露是否充分。

二、长期借款的稽查

（一）长期借款的稽查目标

长期借款的稽查目标一般包括：确定期末长期借款是否存在；确定期末长期借款是否为被稽查单位应履行的偿还义务；确定长期借款的借入、偿还及计息的记录是否完整；确定长期借款的期末余额是否正确；确定长期借款的披露是否恰当。

（二）长期借款的实质性程序

长期借款同短期借款一样，都是企业向银行或其他金融机构借入的款项，因此，长期借款的实质性程序同短期借款的实质性程序较为相似。长期借款的实质性程序通常包括以下内容。

（1）获取或编制长期借款明细表，复核加计是否正确，并与明细账和总账数核对相符。

（2）了解金融机构对被稽查单位的授信情况以及被稽查单位的信用等级评估情况，了解被稽查单位获得短期借款和长期借款的抵押和担保情况，评估被稽查单位的信誉和融资能力。

（3）对年度内增加的长期借款，应检查借款合同和授权批准，了解借款数额、借款条件、借款日期、还款期限、借款利率，并与相关会计记录相核对。

（4）检查长期借款的使用是否符合借款合同的规定，重点检查长期借款使用的合理性。

（5）向银行或其他债权人函证重大的长期借款。

（6）对年度内减少的长期借款，稽查人员应检查相关记录和原始凭证，核实还款数额。

（7）检查年末有无到期未偿还的借款，逾期借款是否办理了延期手续，分析计算逾期借款的金额、比率和期限，判断被稽查单位的资信程度和偿债能力。

（8）计算短期借款、长期借款在各个月份的平均余额，选取适用的利率匡算利息支出总额，并与财务费用的相关记录核对，判断被稽查单位是否高估或低估利息支出，必要时进行适当调整。

（9）检查非记账本位币折合记账本位币时采用的折算汇率，折算差额是否按规定进行会计处理。

（10）检查借款费用的会计处理是否正确。借款费用，指企业因借款而发生的利息及其他相关成本，包括折价或溢价的摊销、辅助费用以及因外币借款而发生的汇兑差额。按照《企业会计准则 17 号——借款费用》的规定，企业发生的借款费用，可直接归属于符合资本化条件的资产的购建或生产的，应当予以资本化，计入相关资产成本；其他借款费用，应当在发生时根据其发生额确认费用，计入当期损益。

（11）检查企业抵押长期借款的抵押资产的所有权是否属于企业，其价值和实际状况是否与抵押契约中的规定相一致。

（12）检查企业重大的资产租赁合同，判断被稽查单位是否存在资产负债表外融资的现象。

（13）检查长期借款是否已在资产负债表上充分披露。

长期借款在资产负债表上列示于长期负债类下，该项目应根据"长期借款"科目的期末余额扣减将于一年内到期的长期借款后的数额填列，该项扣除数应当填列在流动负债类下的"一年内到期的长期负债"项目单独反映。稽查人员应根据稽查结果，确定被稽查单位长期借款在资产负债表上的列示是否充分，并注意长期借款的抵押和担保是否已在财务报表附注中做了充分的说明。

三、应付债券的稽查

（一）应付债券的稽查目标

应付债券的稽查目标一般包括：确定期末应付债券是否存在；确定期末应付债券是否为被稽查单位应履行的偿还义务；确定应付债券的发行、偿还及计息的记录是否完整；确定应付债券的期末余额是否正确；确定应付债券的披露是否恰当。

（二）应付债券的实质性程序

应付债券的实质性程序一般包括以下内容：

（1）获取或编制应付债券明细表。同其他负债项目的实质性程序一样，稽查人员应首先取得或编制应付债券明细表，并同有关的明细分类账和总分类账核对相符。应付债券明细账通常都包括债券名称、承销机构、发行日、到期日、债券总额（面值）、实收金额、折价和溢价及其摊销、应付利息、担保情况等内容。

（2）检查债券交易的有关原始凭证。检查债券交易的各项原始凭证，是确定应付债券金额及其合法性的重要程序，稽查人员应做好以下工作：

①检查企业现有债券副本，确定其发行是否合法，各项内容是否同相关的会计记录相一致；

②检查企业发行债券所收入现金的收据、汇款通知单、送款登记簿及相关的银行对账单；

③检查用以偿还债券的支票存根，并检查利息费用的计算；

④检查已偿还债券数额同应付债券借方发生额是否相符；

⑤如果企业发行债券时已作抵押或担保，稽查人员还应检查相关契约的履行情况。

（3）检查应计利息、债券折（溢）价摊销及其会计处理是否正确。此项工作一般可通过检查债券利息、溢价、折价等账户分析表来进行。该表可让企业代为编制，稽查人员加以检查，也可由稽查人员自己编制。

（4）函证"应付债券"账户期末余额。为了确定"应付债券"账户期末余额的真实性，稽查人员如果认为必要，可以直接向债权人及债券的承销人或包销人进行函证。函证内容应包括应付债券的名称、发行日、到期日、利率、已付利息期间、年内偿还的债券、资产负债表日尚未偿还的债权及稽查人员认为应包括的其他重要事项。

（5）检查到期债券的偿还。对到期债券的偿还，稽查人员应检查相关会计记录，检查其会计处理是否正确。对可转换公司债券持有人行使转换权利，将其持有的债券转换为股票，则应检查其转股的会计处理是否正确。

（6）检查借款费用的会计处理是否正确。

（7）检查应付债券是否已在资产负债表上充分披露。应付债券在资产负债表中列示于长期负债类下，该项目应根据"应付债券"科目的期末金额扣除将于一年内到期的应付债券后的数额填列，该扣除数应当填列在流动负债类下的"一年内到期的长期负债"项目单独反映。稽查人员应根据稽查结果，确定被稽查单位应付债券在财务报表上的披露是否充分，应注意有关应付债券的类别是否已在财务报表附注中做了充分的说明。

第四节　所有者权益相关项目稽查

所有者权益，是企业投资者对企业净资产的所有权，包括投资者对企业的投入资本以及企业存续过程中形成的资本公积、盈余公积和未分配利润。根据资产负债表的平衡原理，所有者权益在数量上等于企业的全部资产减去全部负债后的余额，即企业净资产数额。如果稽查人员能够对企业的资产和负债进行充分的稽查，证明两者的期初余额、期末余额和本期变动都是正确的，这便从侧面为所有者权益的期末余额和本期变动的正确性提供了有力的证据。同时，由于所有者权益增减变动的业务较少、金额较大的特点，稽查人员在稽查了企业的资产和负债之后，往往只花费相对较少的时间对所有者权益进行稽查。尽管如此，在稽查过程中，对所有者权益进行单独稽查仍是十分必要的。

一、实收资本（股本）的稽查

（一）实收资本（股本）的稽查目标

实收资本（股本）的稽查目标一般包括：确定实收资本（股本）是否存在；确定实收资本（股本）的增减变动是否符合法律、法规和合同、章程的规定，记录是否完整；确定实收资本（股本）期末余额是否正确；确定实收资本（股本）的披露是否恰当。

（二）实收资本（股本）的实质性程序

实收资本（股本）的实质性程序通常包括以下内容：

（1）获取或编制实收资本（股本）增减变动情况明细表，复核加计正确，与报表数、总账数和明细账合计数核对相符。

（2）查阅公司章程、股东大会、董事会会议记录中有关实收资本（股本）的规定。

收集与实收资本（股本）变动有关的董事会会议纪要、合同、协议、公司章程及营业执照，公司设立批文、验资报告等法律性文件，并更新永久性档案。

（3）检查实收资本（股本）增减变动的原因，查阅其是否与董事会纪要、补充合同、协议及其他有关法律性文件的规定一致，逐笔追查至原始凭证，检查其会计处理是否正确。注意有无抽资或变相抽资的情况，如有，应取证核实，作恰当处理。对首次接受委托的客户，除取得验资报告外，还应检查并复印记账凭证及进账单。

（4）对于以资本公积、盈余公积和未分配利润转增资本的，应取得股东（大）会等资料，并审核是否符合国家有关规定。

（5）以权益结算的股份支付，取得相关资料，检查是否符合相关规定。

（6）中外合作企业根据合同规定在合作期间归还投资的，检查以下内容：

①如是直接归还投资，检查是否符合有关的决议与公司章程和投资协议的规定，款项是否已付出，会计处理是否正确；

②如是以利润归还投资，还需检查是否与利润分配的决议相符，并检查与利润分配有关的会计处理是否正确。

（7）根据证券登记公司提供的股东名录，检查被稽查单位及其子公司、合营企业与联营企业是否有违反规定的持股情况。

（8）以非记账本位币出资的，检查其折算汇率是否符合规定。

（9）检查认股权证及其有关交易，确定委托人及认股人是否遵守认股合约或认股权证中的有关规定。

（10）确定实收资本（股本）的披露是否恰当。

二、资本公积的稽查

（一）资本公积的稽查目标

资本公积是非经营性因素形成的不能计入实收资本的所有者权益，主要包括投资者实际缴付的出资额超过其资本份额的差额（如股本溢价、资本溢价）和其他资本公积等。资本公积的稽查目标一般包括：确定资本公积是否存在；确定资本公积的增减变动是否符合法律、法规和合同、章程的规定，记录是否完整；确定资本公积期末余额是否正确；确定资本公积的披露是否恰当。

（二）资本公积的实质性程序

资本公积的实质性程序通常包括以下内容。

（1）获取或编制资本公积明细表，复核加计正确，并与报表数、总账数及明细账合计数核对相符。

（2）收集与资本公积变动有关的股东（大）会决议、董事会会议纪要、资产评估报告等文件资料，更新永久性档案。首次接受委托的，应检查期初资本公积的原始发生依据。

（3）根据资本公积明细账，对股本溢价、其他资本公积各明细的发生额逐项审查。

①对股本溢价，应取得董事会会议纪要、股东（大）会决议、有关合同、政府批文，追查至银行收款等原始凭证，结合相关科目的稽查，检查会计处理是否正确，注意发行股票溢价收入的计算是否已扣除股票发行费用。

②检查以权益法核算的被投资单位除净损益以外所有者权益的变动，被稽查单位是否已按其享有的份额入账，会计处理是否正确；处置该项投资时，应注意是否已转销与其相关的资本公积。

③对拨款转入，审阅有关的拨款文件，检查拨款项目的完成情况，结合专项应付款的稽查，检查会计处理是否正确。

④以权益结算的股份支付，取得相关资料，检查在权益工具授予日和行权日的会计处理是否正确。

⑤对自用房地产或存货转换为以公允价值计量的投资性房地产，若转换日公允价值大于账面价值，差额是否正确记入本科目，若转换日公允价值小于账面价值，检查差额是否正确计入公允价值变动损益；处置投资性房地产时，检查相关的资本公积是否已转销。

⑥对可供出售金融资产形成的资本公积，结合相关科目，检查金额和相关会计处理是否正确：当可供出售金融资产转为采用成本或摊余成本计量时，已记入本科目的公允价值变动是否按规定进行了会计处理；当可供出售金融资产发生减值时，已记入本科目的公允价值变动是否转入资产减值损失；当已减值的可供出售金融资产公允价值回升时，按权益工具和债务工具分别确定其会计处理是否正确。

⑦若有同一控制下的企业合并，应结合长期股权投资科目，检查被稽查单位（合并方）取得的被合并方所有者权益账面价值的份额与支付的合并对价账面价值的差额计算是否正确，是否依次调整本科目、盈余公积和未分配利润。

⑧被稽查单位将回购的本单位股票予以注销、用于奖励职工或转让，其会计处理是否正确。

⑨对于在资产负债表日，满足运用套期会计方法条件的现金流量套期和境外经营净投资套期产生的利得和损失，是否进行了正确的会计处理。

⑩对资本公积转增资本，应取得股东（大）会决议、董事会会议纪要和政府批文等，检查资本公积转增资本是否符合有关规定，会计处理是否正确。

（4）检查资本公积各项目，考虑对所得税的影响。

（5）记录资本公积中不能转增资本的项目。

（6）确定资本公积的披露是否恰当。

三、盈余公积的稽查

（一）盈余公积的稽查目标

盈余公积是企业按照规定从税后利润中提取的积累资金，是具有特定用途的留存收益，主要用于弥补亏损和转增资本，也可以按规定用于分配股利。盈余公积包括法定盈余公积和任意盈余公积。盈余公积的稽查目标一般包括：确定盈余公积是否存在；确定盈余公积的增减变动是否符合法律、法规和合同、章程的规定，记录是否完整；确定盈余公积期末余额是否正确；确定盈余公积的披露是否恰当。

（二）盈余公积的实质性程序

盈余公积的实质性程序通常包括以下内容：

（1）获取或编制盈余公积明细表，复核加计正确，并与报表数、总账数及明细账合计数核对相符。

（2）收集与盈余公积变动有关的董事会会议纪要、股东（大）会决议以及政府主管部门、财政部门批复等文件资料，进行审阅，并更新永久性档案。

（3）对法定盈余公积和任意盈余公积的发生额逐项审查至原始凭证。

①审查法定盈余公积和任意盈余公积的计提顺序、计提基数、计提比例是否符合有关规定，会计处理是否正确。

②审查盈余公积的减少是否符合有关规定，取得董事会会议纪要、股东（大）会决议，予以核实，检查有关会计处理是否正确。

（4）如是外商投资企业，应对储备基金、企业发展基金的发生额逐项审查至原始凭证。

（5）如是中外合作经营企业，应对利润归还投资的发生额审查至原始凭证，并与"实收资本——已归还投资"科目的发生金额核对。

（6）确定盈余公积的披露是否恰当。

四、未分配利润的稽查

（一）未分配利润的稽查目标

未分配利润是指未做分配的净利润，即这部分利润没有分配给投资者，也未指定用途。未分配利润是企业当年税后利润在弥补以前年度亏损、提取公积金和公益金以后加上年末未分配利润，再扣除向所有者分配的利润后的结余额，是企业留于以后年度分配的利润。它是企业历年积存的利润分配后的余额，也是所有者权益的一个重要组成部分。企业的未分配利润通过"利润分配——未分配利润"明细科目核算，其年末余额反映历年积存的未分配利润（或未弥补亏损）。未分配利润的稽查目标一般包括：确定期末未分配利润是否存在；确定未分配利润的增减变动的记录是否完整；确定未分配利润期末余额是否正确；确定未分配利润的披露是否恰当。

（二）未分配利润的实质性程序

未分配利润的实质性程序通常包括以下内容：

（1）获取或编制利润分配明细表，复核加计正确，并与报表数、总账数及明细账合计数核对相符。

（2）检查未分配利润期初数与上期审定数是否相符，涉及损益的上期稽查调整是否正确入账。

（3）收集和检查与利润分配有关的董事会会议纪要、股东（大）会决议、政府部门批文及有关合同、协议、公司章程等文件资料，更新永久性档案。对照有关规定确认利润分配的合法性。检查对资产负债表日后至财务报告批准报出日之间由董事会或类似机构所制订利润分配方案中拟分配的股利，是否在财务报表附注中单独披露。注意当境内与境外会计师事务所审定的可供分配利润不同时，被稽查单位进行利润分配的基数是否正确。

（4）检查本期未分配利润变动除净利润转入以外的全部相关凭证，结合所获取的文件资料，确定其会计处理是否正确。

（5）了解本年利润弥补以前年度亏损的情况，如果已超过弥补期限，且已因为抵扣亏损而确认递延所得税资产的，应当进行调整。

（6）结合以前年度损益调整科目的稽查，检查以前年度损益调整的内容是否真实、合理，注意对以前年度所得税的影响。对重大调整事项应逐项核实其发生的原因、依据和有关资料、复核数据的正确性。

（7）确定未分配利润的披露是否恰当。

五、应付股利稽查

（一）应付股利的稽查目标

应付股利的稽查目标一般包括：确定期末应付股利是否存在；确定期末应付股利是否为被稽查单位应履行的支付义务；确定应付股利的记录是否完整；确定应付股利的期末余额是否正确；确定应付股利的披露是否恰当。

（二）应付股利的实质性程序

应付股利的实质性程序通常包括以下内容：

（1）获取或编制应付股利明细表，复核加计是否正确，并与报表数、总账数及明细账合计数核对相符。

（2）审阅公司章程和股东（大）会决议中有关股利的规定，了解股利分配标准和发放方式是否符合有关规定并经法定程序批准。若被稽查单位董事会或类似机构通过利润分配方式拟分配现金股利或利润的，注意是否披露。

（3）检查应付股利的发生额，是否根据股东（大）会决定的利润分配方案，从可供分配利润中计算确定，并复核应付股利计算和会计处理的正确性。

（4）检查股利支付的原始凭证的内容、金额和会计处理是否正确。

（5）现金股利是否按公告规定的时间、金额予以发放结算，非标准手的零星股东股利是否采用适当方法结算，对无法结算及委托发放而长期未结的股利是否做出适当处理。

（6）确定应付股利的披露是否恰当。

第五节　投资相关项目稽查

与投资相关项目包括：交易性金融资产、可供出售金融资产、持有至到期投资、长期股权投资、投资性房地产、应收利息、投资收益稽查、应收股利、交易性金融负债等。下面介绍这些项目的稽查。

一、交易性金融资产稽查

（一）交易性金融资产的稽查目标

交易性金融资产，是指企业为了近期出售而持有的金融资产。在会计科目设置上，企业持有的直接指定为以公允价值计量且其变动计入当期损益的金融资产，也通过该科目核算。交易性金融资产的稽查目标一般包括：确定交易性金融资产是否存在；确定交易性金融资产是否归被稽查单位所有；确定交易性金融资产的增减变动及其损益的记录是否完整；确定交易性金融资产的计价是否正确；确定交易性金融资产期末余额是否正确；确定交易性金融资产的披露是否恰当。

（二）交易性金融资产的实质性程序

交易性金融资产的实质性程序通常包括以下内容：

（1）获取或编制交易性金融资产明细表，复核加计正确，并与报表数、总账数和明细账合计数核对相符。

（2）对期末结存的相关交易性金融资产，向被稽查单位核实其持有目的，检查本科目核算范围是否恰当。

（3）获取股票、债券及基金等交易流水单及被稽查单位证券投资部门的交易记录，与明细账核对，检查会计记录是否完整、会计处理是否正确。

（4）监盘库存交易性金融资产，并与相关账户余额进行核对，如有差异，应查明原因，并做出记录或进行适当调整。

（5）向相关金融机构发函询证交易性金融资产期末数量以及是否存在变现限制（与存出投资款一并函证），并记录函证过程。取得回函时应检查相关签章是否符合要求。

（6）抽取交易性金融资产增减变动的相关凭证，检查其原始凭证是否完整合法，会计处理是否正确。

①抽取交易性金融资产增加的记账凭证，注意其原始凭证是否完整合法，成本、交易费用和相关利息或股利的会计处理是否符合规定。

②抽取交易性金融资产减少的记账凭证，注意其原始凭证是否完整合法，会计处理是否正确；注意出售交易性金融资产时其成本结转是否正确，原计入的公允价值变动损益有无调整至投资收益。

（7）复核与交易性金融资产相关的损益计算是否准确，并与公允价值变动损益及投资收益等有关数据核对。

（8）复核股票、债券及基金等交易性金融资产的期末公允价值是否合理，相关会计处理是否正确。

（9）关注交易性金融资产是否存在重大的变现限制。

（10）确定交易性金融资产的披露是否恰当。

二、可供出售金融资产稽查

（一）可供出售金融资产的稽查目标

可供出售金融资产，是指初始确认时即被指定为可供出售的非衍生金融资产，以及除下列各类资产以外的金融资产：①贷款和应收款项。②持有至到期投资。③以公允价值计量且其变动计入当期损益的金融资产。可供出售金融资产的稽查目标一般包括：确定可供出售金融资产是否存在；确定可供出售金融资产是否归被稽查单位所有；确定可供出售金融资产的增减变动及其损益的记录是否完整；确定可供出售金融资产的计价是否正确；确定可供出售金融资产减值准备的增减变动记录是否完整；确定可供出售金融资产及其减值准备期末余额是否正确；确定可供出售金融资产及其减值准备的披露是否恰当。

（二）可供出售金融资产的实质性程序

可供出售金融资产的实质性程序通常包括以下内容：

（1）获取或编制可供出售金融资产明细表，复核加计正确，并与总账数和明细账合计数核对相符。

（2）获取可供出售金融资产对账单，与明细账核对，并检查其会计处理是否正确。

（3）检查库存可供出售金融资产，并与相关账户余额进行核对，如有差异，应查明原因，并做出记录或进行适当调整。

（4）向相关金融机构发函询证可供出售金融资产期末数量，并记录函证过程。取得回函时应检查相关签章是否符合要求。

（5）对期末结存的可供出售金融资产，向被稽查单位核实其持有目的，检查本科目核对范围是否恰当。

（6）抽取可供出售金融资产增减变动的相关凭证，检查其原始凭证是否完整合法，会计处理是否正确。

①抽取可供出售金融资产增加的记账凭证，注意其原始凭证是否完整合法，成本、交易费用和相关利息或股利的会计处理是否符合规定。

②抽取可供出售金融资产减少的记账凭证，检查其原始凭证是否完整合法，会计处理是否正确。注意出售可供出售金融资产时相应的资本公积有无调整。

（7）复核可供出售金融资产的期末公允价值是否合理，检查会计处理是否正确。

（8）如果可供出售金融资产的公允价值发生较大幅度下降，并且预期这种下降趋势属于非暂时性的，应当检查被稽查单位是否计提资产减值准备，计提金额和相关会计处理是否正确。

（9）已确认减值损失的可供出售金融资产，当公允价值回升时，检查其相关会计处理是否正确。注意债券类债务工具应从资产减值损失科目转回；股票等权益工具则应从资本公积转回，不得从当期损益转回。

（10）若债券类债务工具可供出售金融资产发生减值，检查相关利息的计算和会计处理是否正确。

（11）检查可供出售金融资产出售时，其相关损益计算及会计处理是否正确，已计入资本公积的公允价值累计变动额是否转入投资收益科目。

（12）复核可供出售金融资产划转为持有至到期投资的依据是否充分，会计处理是否正确。

（13）检查债券投资计入损益的利息收入计算所采用的利率是否正确。

（14）结合银行借款等科目，了解是否存在已用于债务担保的可供出售金融资产。如有，则应取证并作相应的记录，同时提请被稽查单位作恰当披露。

（15）确定可供出售金融资产的披露是否恰当。

三、持有至到期投资稽查

（一）持有至到期投资的稽查目标

持有至到期投资，是指到期日固定、回收金额固定或可确定，且企业有明确意图和能力持有至到期的非衍生金融资产。持有至到期投资的稽查目标一般包括：确定持有至到期投资是否存在；确定持有至到期投资是否归被稽查单位所有；确定持有至到期投资的增减变动及其损益的记录是否完整；确定持有至到期投资计价是否正确；确定持有至到期投资减值准备的计提方法是否恰当，计提是否充分；确定持有至到期投资减值准备的增减变动记录是否完整；确定持有至到期投资及其减值准备期末余额是否正确；确定持有至到期投资及其减值准备的披露是否恰当。

（二）持有至到期投资的实质性程序

持有至到期投资的实质性程序通常包括以下内容。

（1）获取或编制持有至到期投资明细表，复核加计正确，并与总账数和明细账合计数核对相符。

（2）获取持有至到期投资对账单，与明细账核对，并检查其会计处理是否正确。

（3）检查库存持有至到期投资，并与账面余额进行核对，如有差异，应查明原因，并做出记录或进行适当调整。

（4）向相关金融机构发函询证持有至到期投资期末数量，并记录函证过程。取得回函时应检查相关签章是否符合要求。

（5）对期末结存的持有至到期投资，核实被稽查单位持有的目的和能力，检查本科目核算范围是否恰当。

（6）抽取持有至到期投资增加的记账凭证，注意其原始凭证是否完整合法，成本、交易费用和相关利息的会计处理是否符合规定。

（7）抽取持有至到期投资减少的记账凭证，检查其原始凭证是否完整合法，会计处理是否正确。

（8）根据相关资料，确定债券投资的计息类型，结合投资收益科目，复核计算利息采用的利率是否恰当，相关会计处理是否正确，检查持有至到期投资持有期间收到的利息会计处理是否正确。检查债券投资票面利率和实际利率有较大差异时，被稽查单位采用的利率及其计算方法是否正确。

（9）结合投资收益科目，复核处置持有至到期投资的损益计算是否准确，已计提的减值准备是否同时结转。

（10）检查当持有目的改变时，持有至到期投资划转为可供出售金融资产的会计处理是否正确。

（11）结合银行借款等科目，了解是否存在已用于债务担保的持有至到期投资。如有，则应取证并作相应的记录，同时提请被稽查单位作恰当披露。

（12）当有客观证据表明持有至到期投资发生减值的，应当复核相关资产项目的预计未来现金流量现值，并与其账面价值进行比较，检查相关准备计提是否充分。

（13）若发生减值，检查相关利息的计算及处理是否正确。

（14）确定持有至到期投资的披露是否恰当，注意一年内到期的持有至到期投资是否已重分类至一年内到期的非流动资产。

四、长期股权投资稽查

（一）长期股权投资的稽查目标

长期股权投资核算企业持有的采用权益法或成本法核算的长期股权投资，具体包括：①企业持有的能够对被投资单位实施控制的权益性投资，即对子公司的投资。②企业持有的能够与其他合营方一同对被投资单位实施共同控制的权益性投资，即对合营企业的投资。③企业持有的能够对被投资单位施加重大影响的权益性投资，即对联营企业的投资。④企业对被投资单位不具有控制、共同控制或重大影响，且在活跃交易市场中没有报价、公允价值不能可靠计量的权益性投资。长期股权投资的稽查目标一般包括：确定长期股权投资是否存在；确定长期股权投资是否归被稽查单位所有；确定长期股权投资的增减变动及其损益的记录是否完整；确定长期股权投资的核算方法是否正确；确定长期股权投资减值准备的计提方法是否恰当；确定长期股权投资减值准备增减变动的记录是否完整；确定长期股权投资及其减值准备的期末余额是否正确；确定长期股权投资及其减值准备的披露是否恰当。

（二）长期股权投资的实质性程序

长期股权投资的实质性程序通常包括以下内容。

（1）获取或编制长期股权投资明细表，复核加计正确，并与总账数和明细账合计数核对相符；结合长期股权投资减值准备科目与报表数核对相符。

（2）根据有关合同和文件，确认股权投资的股权不利和持有时间，检查股权投资核算方法是否正确。

（3）对于重大的投资，向被投资单位函证被稽查单位的投资额、持股比例及被投资单位发放股利等情况。

（4）对于应采用权益法核算的长期股权投资，获取被投资单位已经稽查人员稽查的年度财务报表，如果未经稽查人员稽查，则应考虑对被投资单位的财务报表实施适当的稽查或审阅程序。

①复核投资收益时，应以取得投资时被投资单位各项可辨认资产等的公允价值为基础，对被投资单位的净利润进行调整后加以确认；被投资单位采用的会计政策及会计期间与被稽查单位不一致的，应当按照被稽查单位的会计政策及会计期间对被投资单位的财务报表进行调整，据以确认投资损益。

②将重新计算的投资收益与被稽查单位所计算的投资收益相核对，如有重大差异，则查明原因，并做适当调整。

③检查被稽查单位按权益法核算长期股权投资，在确认应分担被投资单位发生的净亏损时，应首先冲减长期股权投资的账面价值，其次冲减其他实质上构成被投资单位净投资的长期权益账面价值（如长期应收款等）；如果按照投资合同和协议约定被稽查单位仍需承担额外损失义务的，应按预计承担的义务确认预计负债，并与预计负债中的相应数字核对无误；被投资单位以后期间实现盈利的，被稽查单位在其收益分享额弥补未确认的亏损分担额后，恢复确认收益分享额。稽查时，应检查被稽查单位会计处理是否正确。

④检查除净损益以外被投资单位所有者权益的其他变动，是否调整计入所有者权益。

（5）对于采用成本法核算的长期股权投资，检查股利分配的原始凭证及分配决议等资料，确定会计处理是否正确；对被稽查单位实施控制而采用成本法核算的长期股权投资，比照权益法编制变动明细表，以备合并报表使用。

（6）对于成本法和权益法相互转换的，检查其投资成本的确定是否正确。

（7）确定长期股权投资的增减变动的记录是否完整。

①检查本期增加的长期股权投资，追查至原始凭证及相关的文件或决议及被投资单位验资报告或财务资料等，确认长期股权投资是否符合投资合同、协议的规定，并已确实投资，会计处理是否正确。

②检查本期减少的长期股权投资，追查至原始凭证，确认长期股权投资收回有合理的理由及授权批准手续，并已确实收回投资，会计处理是否正确。

（8）期末对长期股权投资进行逐项检查，以确定长期股权投资是否已经发生减值。

①核对长期股权投资减值准备本期与以前年度计提方法是否一致，如有差异，查明政策调整的原因，并确定政策改变对本期损益的影响，提请被稽查单位作适当披露。

②对长期股权投资逐项进行检查，根据被投资单位经营政策、法律环境的变化，以及市场需求的变化、行业的变化、盈利能力等各种情形予以判断长期股权投资是否存在减值迹象。确有出现导致长期股权投资可收回金额低于账面价值的，将可收回金额低于账面价值的差额作为长期股权投资减值准备予以计提。并与被稽查单位已计提数相核对，如有差异，查明原因。

③将本期减值准备计提金额与利润表资产减值损失中的相应数字核对无误。

④长期股权投资减值准备按单项资产计提，计提依据是否充分，是否得到适当批准。减值损失一经确认，在以后会计期间不得转回。

（9）结合银行借款等的检查，了解长期股权投资是否存在质押、担保情况。如有，则应详细记录，并提请被稽查单位进行充分披露。

（10）确定长期股权投资在资产负债表上已恰当列报。与被稽查单位人员讨论确定是否存在被投资单位由于所在国家和地区及其他方面的影响，其向被稽查单位转移资金的能力受到限制的情况。如存在，应详细记录受限情况，并提请被稽查单位充分披露。

五、投资性房地产稽查

（一）投资性房地产的稽查目标

投资性房地产，是指为赚取租金或资本增值，或者两者兼有而持有的房地产。投资性房地产的稽查目标一般包括：确定投资性房地产是否存在；确定投资性房地产是否归被稽查单位所有；确定投资性房地产增减变动的记录是否完整；确定投资性房地产的计价方法是否恰当；确定采用成本模式计量的投资性房地产的折旧计提或摊销政策是否恰当；确定采用成本模式计量的投资性房地产的减值准备计提方法是否正确，计提是否充分；确定采用成本模式计量的投资性房地产的减值准备增减变动的记录是否完整；确定采用公允价值模式计量的投资性房地产的公允价值的确定是否合理；确定投资性房地产、投资性房地产累计折旧和投资性房地产减值准备期末余额是否正确；确定投资性房地产、投资性房地产累计折旧和投资性房地产减值准备的披露是否恰当。

（二）投资性房地产的实质性程序

投资性房地产的实质性程序通常包括以下内容。

（1）获取或编制投资性房地产明细表，复核加计正确，并与总账数和明细账合计数核对相符；结合累计摊销（折旧）、投资性房地产减值准备科目与报表数核对相符。

（2）检查纳入投资性房地产范围的建筑物和土地使用权是否符合会计准则的规定。

（3）检查投资性房地产后续计量模式选用的依据是否充分。与上年政策进行比较，确定后续计量模式的一致性。如不一致，则详细记录变动原因。

（4）确定投资性房地产后续计量选用公允价值模式政策恰当，计算复核期末计价正确。

①询问并获取相关资料，评价被稽查单位确定公允价值采用方法的适当性，公允价值选用的合理性，包括公司的决策程序、公允价值的确定方法、估值模型的选择、披露的充分性等。

②被稽查单位投资性房地产的后续计量采用公允价值模式计价的，期末应逐项检查公允价值的确定依据是否充分，公允价值变动损益计算是否正确，会计处理是否正确。与公允价值变动损益项目中的相应数字核对相符。

③如果需利用专家等的工作，应对专家的执业资格和胜任能力、工作结果等进行评价。

（5）投资性房地产后续计量选用成本计量模式，确定投资性房地产累计摊销（折旧）政策恰当，计算复核本年度摊销（折旧）的计提是否正确。

①了解被稽查单位所使用的建筑物折旧率和土地使用权摊销率，确定其是否恰当。

②确认被稽查单位除已提足折旧的建筑物外，其他投资性房地产均已计提折旧和摊销。

③根据投资性房地产的平均水平测算全年的摊销（折旧）额，并与投资性房地产中的累计折旧和摊销本期增加数相核对，如有差异，查明原因。

④将本期累计折旧和摊销金额与利润表其他业务支出中的相应数字核对无误。

（6）期末对成本计量的投资性房地产进行如下逐项检查，以确定投资性房地产是否已经发生减值。

①核对投资性房地产减值准备本期与以前年度计提方法是否一致，如有差异，应查明政策调整的原因，并确定政策改变对本期损益的影响，提请被稽查单位作适当披露。

②确有出现导致其可收回金额低于账面价值的情况，将可收回金额低于账面价值的差额作为投资性房地产减值准备予以计提，并与投资性房地产中的减值准备本期增加数相核对，如有差异，应查明原因。

③将本期减值准备计提金额与利润表资产减值损失中的相应数字核对无误。

④检查投资性房地产减值准备是否按单项资产（或资产组）计提，计提依据是否充分，得到适当批准，减值损失是否没有转回。

（7）确定投资性房地产后续计量模式的转换恰当。

①检查董事会等决议文件，确定后续计量模式改变的适当性，会计处理的正确性，并提请被稽查单位进行充分披露。

②审查投资性房地产成本计量模式转为公允价值计量模式是否作为会计政策变更进行追溯调整期初留存收益处理；采用公允价值计量模式的投资性房地产不得从公允价值计量模式转为成本计量模式。

（8）如被稽查单位投资性房地产与其他资产发生相互转换的，应审查转换依据是否充分，是否经过有效批准，转换日房地产成本计量是否正确，会计处理是否正确。

①复核在成本模式下，是否将房地产转换前的账面价值作为转换后的入账价值；

②复核采用公允价值模式计量的投资性房地产转换为自用房地产时，是否以其转换当日的公允价值作为自用房地产的账面价值，公允价值与原账面价值的差额计入当期损益；

③自用房地产或存货转换为采用公允价值模式计量的投资性房地产时，投资性房地产按照转换当日的公允价值计价，转换当日的公允价值小于原账面价值的，其差额计入当期损益；转换当日的公允价值大于原账面价值的，其差额计入资本公积。

（9）获取租赁合同等文件，重新计算租金收入，并与利润表其他业务收入中的相应数字核对无误。

（10）检查本期对投资性房地产进行改良或装修的会计处理是否正确。

（11）检查有无与关联方的投资性房地产购售活动，是否经适当授权，交易价格是否公允。

（12）结合银行借款等项目的稽查，了解建筑物、土地使用权是否存在抵押、担保情况。如有，则应详细记录，并提请被稽查单位进行充分披露。检查投资性房地产的保险情况。

（13）确定投资性房地产已恰当列报。

六、应收利息稽查

（一）应收利息的稽查目标

应收利息的稽查目标一般包括：确定应收利息是否存在；确定应收利息是否归被稽查单位所有；确定应收利息及其坏账准备增减变动的记录是否完整；确定应收利息可否收到，坏账准备的计提方法和比例是否恰当，计提是否充分；确定应收利息及其坏账准备的期末余额是否正确；确定应收利息及其坏账准备的披露是否恰当。

（二）应收利息的实质性程序

应收利息的实质性程序通常包括以下内容：

（1）获取或编制应收利息明细表，复核加计正确，并与总账数和明细账合计数核对相符，结合坏账准备科目与报表数核对相符。

（2）实质性分析程序。按照不同借款类别，将借款平均余额与平均利率的乘积，与账面利息收入相比较，确定两者差异额是否合理。

（3）与长期股权投资、交易性金融资产、可供出售金融资产、持有至到期投资等相关项目的稽查结合，验证确定应收利息的计算是否充分、正确，检查会计处理是否正确。

（4）对于重大的应收利息项目，审阅相关文件，复核其计算的准确性。必要时，向有关单位函证并记录。

（5）检查应收利息减少有无异常。

（6）检查期后收款情况，对至稽查时已收回金额较大的款项进行常规检查，如核对收款凭证、银行对账单、发票等。

（7）关注长期未收回且金额较大的应收利息，询问被稽查单位管理人员及相关职员，确定应收利息的可收回性。必要时，向被投资单位函证利息支付情况，复核并记录函证结果。

（8）确定应收利息已恰当披露。

七、应收股利稽查

（一）应收股利的稽查目标

应收股利的稽查目标一般包括：确定应收股利是否存在；确定应收股利是否归被稽查单位所有；确定应收股利增减变动的记录是否完整；确定应收股利是否收到；确定应收股利期末余额是否正确；确定应收股利的披露是否恰当。

（二）应收股利的实质性程序

（1）获取或编制应收股利明细表，复核加计正确，并与总账数和明细账合计数核对相符，与报表数核对相符。

（2）与长期股权投资、交易性金融资产、可供出售金融资产等相关项目的稽查结合，验证确定应收股利的计算是否正确，检查会计处理是否正确。

（3）对于重大的应收股利项目，审阅相关文件，测试其计算的准确性。必要时，向被投资单位函证并记录。

（4）检查应收股利减少有无异常。

（5）检查期后收款情况，对至稽查时已收回金额较大的款项进行常规检查，如核对收款凭证、银行对账单、股利分配方案等。

（6）关注长期未收回且金额较大的应收股利，询问被稽查单位管理人员及相关职员或者查询被投资单位的情况，确定应收股利的可收回性。必要时，向被投资单位函证股利支付情况，复核并记录函证结果。

（7）确定应收股利已恰当列报，确定境外投资应收股利汇回是否存在重大限制，如果存在，已充分披露。

八、交易性金融负债稽查

（一）交易性金融负债的稽查目标

交易性金融负债，是指企业为了近期回购而持有的金融负债。在会计科目设置上，企业持有的直接指定为以公允价值计量且其变动计入当期损益的金融负债，也通过该科目核算。交易性金融负债的稽查目标一般包括：确定交易性金融负债是否存在；确定期末交易性金融负债是否为被稽查单位应履行的偿还义务；确定交易性金融负债的发生、偿还及计息的记录是否完整；确定交易性金融负债期末余额是否正确；确定交易性金融负债的披露是否恰当。

（二）交易性金融负债的实质性程序

交易性金融负债的实质性程序通常包括以下内容：

（1）获取或编制交易性金融负债明细表，复核加计是否正确，并与报表数、总账数及明细账核对相符。

（2）根据相关的债券交易资料，审查交易性金融负债内容的真实性和完整性。

（3）必要时，向对方单位函证。

（4）审查交易性金融负债的会计处理是否正确，特别注意公允价值的合理性，是否存在低估公允价值调增利润的情况。

（5）验明交易性金融负债的披露是否恰当。

第六节　其他相关项目稽查

一、其他应收款的稽查

（一）其他应收款的稽查目标

其他应收款的稽查目标一般包括：确定其他应收款是否存在；确定其他应收款是否归

被稽查单位所有；确定其他应收款增减变动的记录是否完整；确定其他应收款是否可收回；确定其他应收款期末余额是否正确；确定其他应收款的披露是否恰当。

（二）其他应收款的实质性程序

其他应收款的实质性程序通常包括以下内容：

（1）获取或编制其他应收款明细表，复核加计正确，并与报表数、总账数和明细账合计数核对相符；检查其他应收款的账龄分析是否正确；分析有贷方余额的项目，查明原因，必要时作重分类调整；结合应收账款明细余额，查验是否有双方同时挂账的项目，核算内容是否重复，必要时做出适当调整；标明应收关联方（包括持股5%以上的股东）的款项，并注明合并报表时应予抵销的数字。

（2）判断选择一定金额以上、账龄较长或异常的明细账户余额发函询证，编制函证结果汇总表。

（3）对发出询证函未能收到回函的样本，采用替代稽查程序，如查核下期明细账，或追踪至其他应收款发生时的原始凭证，特别注意是否存在抽逃资金、隐藏费用的现象。

（4）审核资产负债表日后的收款事项，确定有无未及时入账的债权。

（5）分析明细账户，对于长期未能收回的项目，应查明原因，确定是否可能发生坏账损失。

（6）对非记账本位币结算的其他应收款，检查其采用的折算汇率是否正确。

（7）检查转作坏账损失项目，是否符合规定并办妥审批手续。

（8）验明其他应收款的披露是否恰当。

二、其他应付款的稽查

（一）其他应付款的稽查目标

其他应付款的稽查目标一般包括：确定其他应付款的发生及偿还记录是否完整；确定其他应付款的期末余额是否正确；确定其他应付款的披露是否恰当。

（二）其他应付款的实质性程序

（1）获取或编制其他应付借款明细表，复核加计正确，并与报表数、总账数及明细账合计数核对相符；分析有借方余额的项目，查明原因，必要时作重分类调整；结合应付账款、其他应付款明细余额，查明有否双方同时挂账的项目，核算内容是否重复，必要时作重分类调整；标出应付关联方（包括持股5%以上的股东）的款项，并注明合并报表时应抵消的金额。

（2）请被稽查单位协助，在其他应付款明细表上标出截至稽查日已支付的其他应付款项，抽查付款凭证、银行对账单等，并注意这些凭证发生日期的合理性。

（3）判断选择一定金额以上和异常的明细金额，检查其原始凭证，并考虑向债权人发函询证。

（4）对非记账本位币结算的其他应付款，检查其折算汇率是否正确。

（5）审核资产负债表日后的付款事项，确定有无及时入账的其他应付款。

（6）检查长期未结的其他应付款，并作妥善处理。

（7）检查其他应付款中关联方的余额是否正常，如数额较大或有其他异常现象，应查明原因，追查至原始凭证并作适当披露。

（8）检查其他应付款的披露是否恰当。

三、长期应付款的稽查

（一）长期应付款的稽查目标

长期应付款的稽查目标一般包括：确定长期应付款的发生、偿还及计息的记录是否完整；确定长期应付款的期末余额是否正确；确定长期应付款的披露是否恰当。

（二）长期应付款的实质性程序

（1）获取或编制长期应付款明细表，复核加计正确，并与报表数、总账数及明细账合计数核对相符；检查长期应付款的内容是否符合企业会计准则的规定。

（2）检查各项长期应付款相关的契约，有无抵押情况。对融资租赁固定资产应付款，还应审阅融资租赁和约规定的付款条件是否履行，检查授权批准手续是否齐全，并作适当记录。

（3）向债权人函证重大的长期应付款。

（4）检查各项长期应付款本息的计算是否准确，会计处理是否正确。

（5）检查与长期应付款有关的汇兑损益是否按规定进行了会计处理。

（6）检查长期应付款的披露是否恰当，注意一年内到期的长期应付款应列入流动负债。

四、预计负债的稽查

（一）预计负债的稽查目标

预计负债主要因企业确认的对外担保、未决诉讼、产品质量保证、重组义务、亏损性合同等形成。预计负债的稽查是或有事项稽查的一部分内容。预计负债的稽查目标一般包括：确定预计负债的确认是否完整；预计负债的计量是否符合规定；预计负债的会计处理是否正确；预计负债的披露是否恰当。

（二）预计负债的实质性程序

（1）获取或编制预计负债明细表，复核加计正确，并与报表数、总账数及明细账合计数核对相符。

（2）向相关银行函证担保事项。

（3）对已涉诉并已判决的对外担保，取得并审阅相关法院判决书。

（4）对已涉诉但尚未判决的对外担保，取得被稽查单位律师或法律顾问的法律意见。

（5）检查预计负债的估计是否准确，会计处理是否正确。

（6）检查预计负债的披露是否恰当。

五、所得税费用稽查

（一）所得税费用的稽查目标

早期所得税的会计处理，更多实行收付实现制，采用应付税款法。在应付税款法下，本期应纳所得税额就是本期的所得税费用，不存在递延所得税资产和递延所得税负债。随着会计理论和实务的进步，会计准则要求所得税的会计处理实行权责发生制，采用纳税影响会计法。在纳税影响会计法下，需要将一笔经济业务和其对纳税的影响一并考虑，本期应纳所得税额不一定就是本期利润表上的所得税费用金额，需要引入递延所得税资产和递延所得税负债账户，记录因资产负债的账面价值与纳税基数之间存在差异引起的未来少交（多交）所得税的权利（义务）。因此，需要将所得税费用、递延所得税资产、递延所得税负债及应交税金——应交所得税四个科目的稽查结合起来。

所得税领域容易发生错报的几个方面包括：一是根据税法，将会计利润调整为应纳税所得额（包括永久性差异引起的调整）；二是根据资产负债的账面价值与纳税基数之间存在的差异，确定或调整递延所得税资产和递延所得税负债，并结合当期应纳所得税额，倒轧出所得税费用；三是递延所得税负债确认的完整性和递延所得税资产的可实现性。稽查时，应当重点围绕这几个问题进行。所得税费用的稽查目标一般包括：确定记录的所得税费用是否已发生，且与被稽查单位有关；确定所得税费用的记录是否完整；确定与所得税费用有关的金额及其他数据是否已恰当记录；确定所得税费用是否已记录于正确的会计期间；确定所得税费用的内容是否正确；确定所得税费用的披露是否恰当。

（二）所得税费用的实质性程序

（1）获取或编制所得税费用明细表、递延所得税资产明细表、递延所得税负债明细表，核对与明细账合计数、总账数及报表数是否相符。

（2）根据稽查结果和税法规定，核实当期的纳税调整事项，确定应纳税所得额，计算当期所得税费用。

（3）根据期末资产及负债的账面价值与其计税基础之间的差异，以及未作为资产和负债确认的项目的账面价值与按照税法的规定确定的计税基础的差异，计算递延所得税资产、递延所得税负债期末应有余额，并根据递延所得税资产、递延所得税负债期初余额，倒轧出递延所得税费用（收益）。

（4）将当期所得税费用与递延所得税费用之和与利润表上的"所得税"项目金额相核对。

（5）确定所得税费用、递延所得税资产、递延所得税负债是否已在财务报表中恰当列报。

六、递延所得税资产稽查

（一）递延所得税资产的稽查目标

递延所得税资产的稽查目标一般包括：确定递延所得税资产的增减记录是否正确、完整；确定递延所得税资产的期末余额是否正确；确定递延所得税资产的披露是否恰当。

（二）递延所得税资产的实质性程序

（1）获取或编制递延所得税资产明细表，复核加计正确，并与报表数、总账数及明细账合计数核对是否相符。

（2）检查被稽查单位采用的会计政策是否恰当，前后期是否一致。

（3）检查被稽查单位用于确认递延所得税资产的税率是否正确。

（4）检查递延所得税资产增减变动记录，以及可抵扣暂时性差异的形成原因，确定是否符合有关规定，计算是否正确，预计转销期是否恰当，并特别关注以下事项：

①对根据税法规定可用以后年度税前利润弥补的亏损及税款抵减所形成的递延所得税资产，检查其计算及会计处理是否正确。

②对非同一控制下企业合并中取得资产、负债的入账价值与其计税基础不同形成的应抵扣暂时性差异，检查其计算及会计处理是否正确。

③检查是否存在同时具有下列特征的交易因资产或负债的初始确认而产生的递延所得税资产不应予以确认，而被稽查单位予以确认的情况：该项交易不是企业合并；交易发生时既不影响会计利润也不影响应纳税所得额（或可抵扣亏损）。

④检查被稽查单位对子公司、联营企业及合营企业投资相关的可抵扣暂时性差异，在同时满足下列条件时，是否确认相应的递延所得税资产：暂时性差异在可预见的未来很可能转回；未来很可能获得用来抵扣可抵扣暂时性差异的应纳税所得额。

（5）检查被稽查单位是否在资产负债表日对递延所得税资产进行复核，如果预计未来期间很可能无法获得足够的应纳税所得额用以抵扣递延所得税资产，应当减记递延所得税资产的账面价值。

（6）当适当税率发生变化时，检查被稽查单位是否对递延所得税资产进行重新计量，对其影响数的会计处理是否正确。

（7）确定递延所得税资产的披露是否恰当。

七、递延所得税负债稽查

（一）递延所得税负债的稽查目标

递延所得税负债的稽查目标一般包括：确定期末递延所得税负债是否存在；确定递延所得税负债的发生和转销记录是否完整；确定递延所得税负债的期末余额是否正确；确定递延所得税负债的披露是否恰当。

（二）递延所得税负债的实质性程序

（1）获取或编制递延所得税负债明细表，复核加计正确，并与报表数、总账数及明细账合计数核对是否相符。

（2）检查被稽查单位采用的会计政策是否恰当，前后期是否一致。

（3）检查被稽查单位用于确认递延所得税负债的税率是否正确。

（4）检查递延所得税负债增减变动记录，以及应纳税暂时性差异的形成原因，确定是否符合有关规定，计算是否正确，预计转销期是否适当，并特别关注以下事项：

①对非同一控制下企业合并中取得资产、负债的入账价值与其计税基础不同形成的应纳税暂时性差异，检查其计算及会计处理是否正确。

②检查是否存在下列交易中产生的递延所得税负债不应予以确认，而被稽查单位予以确认的情况：商誉的初始确认；同时具有下列特征的交易中产生的资产或负债的初始确认：该项交易不是企业合并；交易发生时既不影响会计利润也不影响应纳税所得额（或可抵扣亏损）。

③检查是否存在被稽查单位对子公司、联营企业及合营企业投资相关的应纳税暂时性差异，在同时满足下列条件时，不应确认相应的递延所得税负债，而被稽查单位予以确认的情况：被稽查单位能够控制暂时性差异的转回时间；该暂时性差异在可预见的未来很可能不会转回。

（5）当适用税率发生变化时，检查被稽查单位是否对递延所得税负债进行重新计量，对其影响数的会计处理是否正确。

（6）确定递延所得税负债的披露是否恰当。

八、营业外支出稽查

（一）营业外支出的稽查目标

营业外支出的稽查目标一般包括：确定营业外支出记录是否完整；确定营业外支出的计算是否正确；确定营业外支出的披露是否恰当。

（二）营业外支出的实质性程序

（1）获取或编制营业外支出明细表，复核加计正确，并与报表数、总账数及明细账合计数核对是否相符。

（2）检查营业外支出内容是否符合会计准则的规定。

（3）对营业外支出的各项目，包括非流动资产处理损失、非货币性资产交换损失、债务重组损失、盘亏损失、公益性捐赠支出等，与固定资产、无形资产等相关账户记录核对相符，并追查至相关原始凭证。

（4）检查是否存在非公益性捐赠支出、税收滞纳金、罚金、罚款支出、各种赞助会费支出，必要时进行应纳税所得额调整。

（5）对非常损失应详细检查有关资料、被稽查单位实际损失和保险理赔情况及审批文件，检查有关会计处理是否正确。

（6）检查营业外支出的披露是否恰当。

【本章小结】

本章介绍了筹资与投资循环及其稽查实务。首先应了解该循环所涉及的证据、业务活动及其内部控制，然后应了解针对涉税项目的相关认定所应采取的常用内部控制测试和常用的交易实质性程序，尤其要掌握常见的关于财务费用、投资收益、资产减值准备等科目稽查的实质性程序。通过本章的学习，附带了解金融资产、长期股权投资、投资性房地产等科目的稽查，为企业所得税的某些项目稽查打下基础。

【关键术语】

筹资与投资业务循环　常用的内部控制测试　常用的交易实质性程序

【思考题】

1. 企业在筹资与投资业务循环的各种内部控制目标（"存在"或"发生"、"完整性"、"计价和分摊"、"分类"、"截止"等）中，针对税收会具有哪些倾向？

2. 针对企业在筹资与投资业务中的倾向性，税务稽查应采取哪些应对措施？

第十章　增值税稽查

中国实行"营改增"后，营业税退出了历史舞台，中国的商品劳务一般税由增值税来执行。增值税覆盖的面更广，稽查工作量更大。

增值税的税率结构体系也发生了变化，即将原先实行13%税率的低税率商品改为按11%征收①。2018年5月1日起，制造业等行业增值税税率从17%降至16%，交通运输、建筑、基础电信服务等行业及农产品等货物的增值税税率从11%降至10%②。因此增值税的主要税率为16%、10%。

第一节　增值税的稽查目标

前面在销售与收款循环、采购与付款循环中已经提及纳税人在涉税问题上具有某些倾向性，比如会在销售收入的"完整性"上存在低报风险、在采购的"发生"上存在高估风险，因此增值税的稽查目标大致包括以下方面：

（1）确定应税收入记录是否完整，是否存在漏记应税收入的情况（"完整性"）；

（2）确定视同销售的记录是否完整，是否存在漏记的情况（"完整性"）；

（3）确定采购记录是否存在或发生，是否存在虚构采购的情况（"存在"或"发生"）；

（4）确定进项税额转出的记录是否完整，是否存在漏记进项税额转出的情况（"完整性"）；

（5）确定记录的销售退回、销售折扣与折让交易是否存在或发生，是否存在虚构销售退回、销售折扣与折让交易的情况（"存在"或"发生"）；

（6）确定销售交易的数量、金额已经正确地记入明细账，并经正确汇总，是否存在低估销售数量或/和金额的情况（计价和分摊）；

（7）确定记录的采购交易的数量、金额确实正确，是否存在高估采购数量或/和金额

---

① 该政策于2017年4月19日提出，于2017年7月1日开始实行。增值税一般纳税人的税率依据所销售（或提供等）的商品（劳务或服务）分别为17%、11%、6%。增值税小规模纳税人所适用的增值税税率是3%。

② 2018年4月4日财政部税务总局下发《关于调整增值税税率的通知》，规定：纳税人发生增值税应税销售行为或者进口货物，原适用17%和11%税率的，税率分别调整为16%、10%；纳税人购进农产品，原适用11%扣除率的，扣除率调整为10%；纳税人购进用于生产销售或委托加工16%税率货物的农产品，按照12%的扣除率计算进项税额；原适用17%税率且出口退税率为17%的出口货物，出口退税率调整至16%，原适用11%税率且出口退税率为11%的出口货物，出口退税率调整至10%。

的情况（计价和分摊）；

（8）确定销售交易的分类是否恰当，所用的税率是否错误（分类）；

（9）确定采购交易的分类是否恰当，所用的税率是否错误（分类）；

（10）确定应税收入是否已记录于正确的会计期间，是否存在推迟入账的情况（截止）；

（11）确定采购是否已记录于正确的会计期间，是否存在提前入账的情况（截止）；

（12）确定应税收入、采购的披露是否恰当。

第二节　应税销售及销项税额稽查

一、应税销售及销项税额的稽查目标

应税销售及销项税额的稽查目标一般包括：确定应税销售收入记录和对应的销项税额记录是否完整；确定销售交易的数量、金额是否存在低估；确定销售产品的分类（免税品、低税产品、高税产品）是否正确；确定应税销售收入、销项税额入账时间是否正确，是否存在推迟入账的情形；确定应税销售收入和销项税额的披露是否恰当。

二、应税销售及销项税额的实质性程序

（1）获得或编制应税销售收入明细表、销项税额明细表，复核加计正确，并与明细账合计数核对相符；

（2）查明应税销售收入的确认原则、方法，并结合增值税纳税人纳税义务发生时间。按照《企业会计准则第 14 号——收入》的要求，企业商品销售收入，应满足五个条件均能满足时予以确认。具体来说，纳税义务发生时间有以下几种情况。

①采取直接收款方式销售货物，不论货物是否发出，均为收到销售款或者取得索取销售款凭据的当天。对此，稽查人员应着重检查被稽查单位是否收到货款或取得收取货款的权利，应注意有无扣压结算凭证，将当期收入转入下期入账，或者虚记收入、开假发票、虚列购货单位，将当期未实现的收入虚转为收入记账，在下期予以冲销的现象。

②采取托收承付和委托银行收款方式销售货物，为发出货物并办妥托收手续的当天。对此，稽查人员应着重检查被稽查单位是否发货，托收手续是否办妥，货物发运凭证是否真实，托收承付结算回单是否正确。

③采取赊销和分期收款方式销售货物，为书面合同约定的收款日期的当天，无书面合同的或者书面合同没有约定收款日期的，为货物发出的当天。

④采取预收货款方式销售货物，为货物发出的当天，但生产销售生产工期超过 12 个月的大型机械设备、船舶、飞机等货物，为收到预收款或者书面合同约定的收款日期的当天。对此，稽查人员应着重检查被稽查单位是否收到了货款，商品是否已经发出。应注意是否存在对已收货款并已将商品发出的交易不入账、转为下期收入，或开具虚假出库凭证、虚增收入等现象。

⑤委托其他纳税人代销货物，为收到代销单位的代销清单或者收到全部或者部分货款

的当天，未收到代销清单及货款的，为发出代销货物满180天的当天。

⑥销售应税劳务，为提供劳务同时收讫销售款或者取得索取销售款的凭据的当天。

（3）选择运用以下实质性分析程序：

①将本期与上期的应税销售收入进行比较，分析产品销售的结构和价格的变动是否正常，并分析异常变动的原因；

②比较本期各月各种应税销售收入的波动情况，分析其变动趋势是否正常，是否符合被稽查单位季节性、周期性的经营规律，并查明异常现象和重大波动的原因；

③计算本期重要产品的毛利率，分析比较本期与上期同类产品毛利率变化情况，注意收入与成本是否配比，并查清重大波动和异常情况的原因；

④计算对重要客户的销售额及产品毛利率，分析比较本期与上期有无异常变化；

⑤将上述分析结果与同行业企业本期相关资料进行对比分析，检查是否存在异常。

（4）根据增值税发票申报表或普通发票，估算全年收入，与实际入账收入金额核对，并检查是否存在虚开发票或已销售但未开发票的情况。

（5）获取产品价格目录，抽查售价是否符合定价政策，并注意销售给关联方或关系密切的重要客户的产品价格是否合理，有无低价或高价结算以转移收入和利润的现象。

（6）抽取本期一定数量的销售发票，检查开票、记账、发货日期是否相符，品名、数量、单价、金额等是否与发运凭证、销售合同或协议、记账凭证等一致。

（7）抽取本期一定数量的记账凭证，检查入账日期、品名、数量、单价、金额等是否与销售发票、发运凭证、销售合同或协议等一致。

（8）检查企业存货的贷方发生情况。将"产成品"账户贷方发生额与"产品销售成本"账户借方发生额核对。如果前者大于后者，则存在"产成品"发出，产品未做收入的可能，应进一步查明。

（9）实施销售的截止测试。对应税销售收入实施截止测试，其目的主要在于确定被稽查单位主营业务收入的会计记录归属期是否正确；应记入本期或下期的主营业务收入有否被推延至下期。

（10）结合对资产负债表日应收账款的函证程序，检查有无未经顾客认可的巨额销售。

（11）检查外币收入折算汇率是否正确。

（12）检查有无特殊的销售行为，如附有销售退回条件的商品销售、委托代销、售后回购、以旧换新、商品需要安装和检验的销售、分期收款销售、出口销售、售后租后等，确定恰当的稽查程序进行审核：

①附有销售退回条件的商品销售，如果对退货部分能做合理估计的，确定其是否按估计不会退货部分确认收入；如果对退货部分不能作合理估计的，确定其是否在退货期满时确认收入。

②售后回购，分析特定销售回购的实质，判断其是属于真正的销售交易，还是属于融资行为。

③以旧换新销售，确定销售的商品是否按照商品销售的方式确认收入，回收的商品是否作为购进商品处理。

④出口销售，确定其是否按离岸价格、到岸价格或成本加运费价格等不同的成交方式，确认收入的时点和金额。

⑤售后租回，若售后租回形成一项融资租赁，检查是否对售价与资产账面价值之间的差额予以递延，并按该项租赁资产的折旧进度进行分摊，作为折旧费用的调整；若售后租回形成一项经营租赁，检查是否也对售价与资产账面价值之间的差额予以递延，并在租赁期内按照与确认租金费用相一致的方法进行分摊，作为租金费用的调整。但对有确凿证据表明售后租回交易是按照公允价值达成的，检查对售价与资产账面价值之间的差额是否已经计入当期损益。

（13）调查集团内部销售的情况，记录其交易价格、数量和金额，并追查在编制合并财务报表时是否已予以抵消。

（14）调查向关联方销售的情况，记录其交易品种、数量、价格、金额及其占主营业务收入总额的比例。

（15）确定主营业务收入的列报是否恰当。

第三节　视同销售及销项税额稽查

一、视同销售及销项税额的稽查目标

视同销售及销项税额的稽查目标一般包括：确定视同销售收入记录和对应的销项税额记录是否完整；确定视同销售交易的数量、金额是否存在低估；确定视同销售产品的分类（免税品、低税产品、高税产品）是否正确；确定视同销售收入、销项税额入账时间是否正确，是否存在推迟入账的情形；确定视同销售收入和销项税额的披露是否恰当。

二、视同销售及销项税额的实质性程序

（1）获得或编制视同销售收入明细表、销项税额明细表，复核加计正确，并与明细账合计数核对相符；

（2）查明视同销售收入的确认原则、方法，并结合增值税纳税人纳税义务发生时间。按照《增值税暂行条例》的规定，企业视同销售有以下几种情况：

①将货物交付他人代销。对此，稽查人员首先应着重检查被稽查单位的"库存商品——委托代销商品"的贷方发生额核查对应科目是否异常，有无漏做销售现象；其次应通过检查"代销合同"订立的结算时间以及代销商发出的代销商品清单来检查实际商品销售实现时间，检查企业是否有延期做销售的行为。

②销售代销货物。对此，稽查人员首先应着重检查被稽查单位是否有代销业务，并了解其账务处理方法核算过程，注意拖欠委托方的货款是否故意延期申报销售或少报销售；有无因委托方的发票没到，故意迟缓实现销售；有无以收取现金方式销售而隐匿不报，或委托方采用现金方式结算后，再调整填补销售后的缺口；其次要关注"应付账款""其他应付款"的动向，特别要关注往来发生而又无实际业务的款项，必要时可发协查函或直接到对方单位调查。

③移送货物到不在同一县（市）的非独立核算机构用于销售。在稽查时，首先应通过查看工商登记等方法了解被查单位经营机构设立情况；其次核对账面经营成果，例如外设机构应在年终时将其经营成果与总机构合并，如果发现报表反映的经营成果与总机构的账面数有差异，则说明存在外设机构；最后检查异地分支机构互供商品是否实现了销售，可以从"产成品""库存商品"账户和货币资金结算往来账户两个方向入手核查。如果已实现销售，还应注意发货的时间，是否在发货的当期记入销售，有无人为延期实现销售，滞纳税款。

④将自产或委托加工的货物用于非应税项目、集体福利和个人消费。对此，稽查人员首先应进行相关业务分析，了解被查企业生产或委托加工的产品品种和在企业内部可利用的程度；其次，应确定所用项目是否属于增值税的征税范围；再次，应检查企业在相关税务处理上计税依据是否正确，有无延期计税的情况；最后，检查"产成品""委托加工产品"账户贷方发生额的对应账户关系是否正常，追查出库产品的去向和用途，还应注意企业是否将自产产品不入库，而直接用于非应税项目。

⑤将自产、委托加工或购进的货物用于对外投资、无偿赠送他人或分配股东和投资者。对此，稽查人员主要采用"逆查法"，即通过检查"长期投资""应付股利""营业外支出"等账户借方的对应账户，查看企业是否已将实物用于对外投资、赠送他人以及分发股利等视同销售行为计税申报。

（3）获取产品价格目录，测算视同销售货物的组成计税价格的正确性。

（4）实施视同销售的截止测试。对视同销售收入实施截止测试，其目的主要在于确定被稽查单位视同销售的会计记录归属期是否正确；应记入本期或下期的视同销售是否被推延至下期。

（5）确定视同销售的列报是否恰当。

第四节 采购及进项税额稽查

一、采购及进项税额的稽查目标

采购及进项税额的稽查目标一般包括：确定所记录的采购交易及相应的进项税额是否发生；确定采购交易的数量、金额是否存在高估；确定采购产品的分类（免税品、低税产品、高税产品）是否正确；确定采购业务入账时间及相应的进项税额入账时间是否正确，是否存在提前入账的情形；确定采购和进项税额的披露是否恰当。

二、采购及进项税额的实质性程序

（1）获得或编制存货采购、固定资产购入明细表，复核加计正确，并与明细账合计数核对相符；

（2）选择运用以下实质性分析程序。

①将本期与上期的采购及进项税额进行比较，分析采购的结构和价格的变动是否正常，并分析异常变动的原因；

②比较本期各月各种采购及进项税额的波动情况，分析其变动趋势是否正常，是否符合被稽查单位生产的季节性、周期性的经营规律，并查明异常现象和重大波动的原因；

③计算本期主要存货的采购情况，分析比较本期与上期同类存货的采购变化情况，注意采购与存货的零用是否协调，并查清重大波动和异常情况的原因；

④计算对重要供应商的采购及进项税额，分析比较本期与上期有无异常变化；

⑤将上述分析结果与同行业企业本期相关资料进行对比分析，检查是否存在异常。

（3）从采购总账、明细账记录和进项税额总账、明细账记录中抽取本期一定数量的交易事项，复核如下"账证相符"情况：

①检查卖方发票、验收单、订货单和请购单的合理性和真实性；

②检查采购货物的数量和价格的正确性；

③复算包括折扣和运费在内的卖方发票缮写的准确性。

（4）抽取一定数量的存货记录，追查存货的采购至存货永续盘存记录，复核是否相符。

（5）检查取得的固定资产，确定其价格是否存在高估。

（6）实施采购的截止测试。对采购交易实施截止测试，其目的主要在于确定被查单位采购交易的会计记录归属期是否正确；应记入本期或下期的主营业务收入有否被提前至本期。

（7）实施采购的分类测试。对适用于不同税率的货物（如一般货物为16%、粮食等低税率货物为10%等），检查是否用错税率。

（8）调查集团内部购销的情况，记录其交易价格、数量和金额，并追查在编制合并财务报表时是否已予以抵消。

（9）调查向关联方购销的情况，记录其交易品种、数量、价格、金额以及占主营业务收入总额的比例。

（10）确定采购业务的列报是否恰当。

第五节　进项税额转出稽查

一、进项税额转出的稽查目标

进项税额转出的稽查目标一般包括：确定进项税额转出记录是否完整；确定进项税额转出的数量、金额是否存在低估；确定进项税额转出的分类（免税品、低税产品、高税产品）是否正确；确定进项税额转出入账时间是否正确，是否存在推迟入账的情形；确定进项税额转出的披露是否恰当。

二、进项税额转出的实质性程序

（1）获得或编制进项税额转出明细表，复核加计正确，并与明细账合计数核对相符；

（2）查明进项税额转出的确认原则、方法。按照《增值税暂行条例》，下列项目的进项税额不得从销项税额中抵扣：

①用于非增值税应税项目、免征增值税项目、集体福利或者个人消费的购进货物或者应税劳务。对此，稽查人员应着重检查货物（包括存货和固定资产等）的发出用途，是否属于非增值税应税项目、免征增值税项目、集体福利或者个人消费。检查货物出库单（如领料单、产品出库单、固定资产清理等）上的用途说明。

②非正常损失的购进货物及相关的应税劳务。所谓非正常损失，是指因管理不善造成被盗、丢失、霉烂变质的损失。对此，稽查人员应着重检查"待处理财产损溢"科目中的材料类是否属于此类非正常损失的购进货物及相关的应税劳务。

③非正常损失的在产品、产成品所耗用的购进货物或者应税劳务。对此，第一，稽查人员应着重检查"待处理财产损溢"科目中的在产品、产成品类是否属于此类情况；第二，应检查非正常损失的在产品、产成品所耗用的购进货物或者应税劳务计算是否正确，是否存在低估情况。

④国务院财政、税务主管部门规定的纳税人自用消费品（特指纳税人自用的应征消费税的摩托车、汽车、游艇等）。对此，稽查人员应实施监盘程序，对属于纳税人自用消费品检查其进项税额的转出情况实施重新计算，考察其是否存在漏转或低估的现象。

⑤上述第①项至第④项规定的货物的运输费用和销售免税货物的运输费用。对此，稽查人员应着重钩稽检查运费和上述第①项至第④项规定的货物情况，检查其是否漏转或低估的现象。

⑥一般纳税人兼营免税项目或者非增值税应税劳务而无法划分不得抵扣的进项税额。对此，稽查人员应着重检查纳税人是否按下列公式计算不得抵扣的进项税额：

不得抵扣的进项税额＝当月无法划分的全部进项税额×当月免税项目销售额、非增值税应税劳务营业额合计÷当月全部销售额、营业额合计

（3）选择运用以下实质性分析程序。

①将本期与上期的进项税额转出进行比较，并分析异常变动的原因；

②比较本期各月各种进项税额转出的波动情况，分析其变动趋势是否正常，并查明异常现象和重大波动的原因。

（4）实施进项税额转出的截止测试。对进项税额转出实施截止测试，其目的主要在于确定被稽查单位进项税额转出的会计记录归属期是否正确；应记入本期或下期的进项税额转出有否被推延至下期。

（5）确定进项税额转出的数量和金额是否正确。有的纳税人在发生了非正常损失后，不通过"待处理财产损溢"科目核算，而是直接增加当期生产或销售成本，导致月份成本偏高，毛利率偏低。检查时可以通过比较分析法，查看纳税人在检查期所销售货物的平均单位成本是否比一般水平偏高，如果确定偏高又无合理解释，就说明纳税人有隐瞒非常损失的可能。这时应重点检查"原材料""产成品""生产成本"账户的贷方发生额，通过贷方发生额的具体内容判定企业是否存在将非正常损失项目自行

消化的情况。

（6）确定进项税额转出的列报是否恰当。

第六节 销货退回、折让、折扣稽查

一、销货退回、折让、折扣的稽查目标

应税销售退回、折让、折扣的稽查目标一般包括：确定所记录的应税销售退回、折让、折扣及相应的销项税额减少额是否发生；确定应税销售退回、折让、折扣的数量、金额是否存在高估；确定应税销售退回、折让、折扣所涉及产品的分类（免税品、低税产品、高税产品）是否正确；确定应税销售退回、折让、折扣入账时间及相应的销项税额入账时间是否正确，是否存在提前入账的情形；确定应税销售退回、折让、折扣和销项税额减少额的披露是否恰当。

二、应税销售退回、折让、折扣的实质性程序

（1）获得或编制应税销售退回、折让、折扣明细表，复核加计正确，并与明细账合计数核对相符；

（2）选择运用以下实质性分析程序：

①将本期与上期的销售退回、折让、折扣进行比较，并分析异常变动的原因；

②比较本期各月各种销售退回、折让、折扣的波动情况，分析其变动趋势是否正常，是否符合被稽查单位所在行业的竞争性状况，并查明异常现象和重大波动的原因；

③计算对重要客户的销售及销售退回、折让、折扣，分比较本期与上期有无异常变化；

④将上述分析结果与同行业企业本期相关资料进行对比分析，检查是否存在异常。

（3）取得被稽查单位有关折扣与折让的具体规定和其他文件资料，并抽查较大的折扣与折让发生额的授权批准情况，与实际执行情况进行核对，检查其是否经授权批准，是否合法、真实。

（4）检查销售退回的产品是否已验收入库并登记入账，有无形成账外物资情况；销售折让与折扣是否及时足额提交对方，有无虚设中介、转移收入、私设账外"小金库"等情况。

（5）实施应税销售退回、折让、折扣的截止测试，是否存在提前入账的情况。

（6）确定应税销售退回、折让、折扣的列报是否恰当。

【本章小结】

本章主要介绍了增值税稽查。学习本章时，最重要的是掌握销项（或进项税额转出）的稽查目标与稽查程序、进项（销货退回、折让、折扣）的稽查目标与稽查程序。

【关键术语】

增值税稽查　应税销售收入的完整性　采购业务的存在或发生　进项税额转出的完整性　销售退回、折扣或折让的存在性

【思考题】

1. 对增值税一般纳税人的税务稽查涉及哪些"倾向性"的认定?
2. 增值税稽查过程中会运用哪些稽查"效率路径"?

第十一章　消费税稽查

第一节　消费税的稽查目标

消费税是对在我国从事生产、委托加工和进口应税消费品的单位和个人，就其销售、进口收入或销售、进口数量征收的一种流转税。

对于征收消费税的产品来说，消费税与增值税的稽查是同时进行的。虽然两个税种在很多方面相似，但它们之间也有许多不同之处。例如消费税的计税依据包括从价定率征收的销售额和从量定额征收的销售数量两种形式；而增值税只有销售额一种形式等。因此，我们并不能用增值税的稽查代替消费税的稽查，两者必须区别对待，针对不同的问题，采用不同的方法。一般而言，消费税的稽查应注意以下几个问题：

（1）征税范围的检查，重点检查税目适用是否准确。

（2）计税依据的检查，重点检查销售额和销售数量的确认是否准确。这是消费税检查的核心内容。

（3）适用税率的检查，重点检查适用税率是否准确。

（4）纳税环节的检查，重点是检查纳税人在生产、委托加工、进口以及自产自用应税消费品移送使用时是否按规定计算缴纳消费税。

（5）纳税地点的检查，重点是检查纳税人在委托加工、到外县市销售以及总、分支机构不在同一县市等情况下，纳税地点是否正确。

（6）纳税义务发生时间的检查，重点是检查纳税人按不同用途和结算方法销售应税消费品，其纳税义务发生时间的确定是否准确。

（7）纳税期限的检查，重点检查纳税人是否在规定的期限内，缴纳税款。

（8）进出口应税消费品的检查，重点是检查纳税人出口退（免）税政策适用是否正确，出口退关后是否补税，进口货物是否按规定缴纳了消费税。

第二节　应税销售额（量）的稽查

消费税的应税销售额（量）的确定，是纳税人存在问题最多的地方。纳税人往往采取各种巧妙方法，转移、隐匿、少记应税消费品的消费收入，推迟销售收入的实现时间，偷漏消费税税款。因此，应税销售额（量）是消费税纳税检查的重点和难点。

一、消费税应税销售额（量）的稽查

在消费税应税销售额（量）稽查中应注意的问题如下：

（1）销售收入是否全部申报纳税，有无漏报、少报销售收入的情况。如只报主要产品、合格产品销售收入，不报非主要产品、不合格产品的销售收入。

（2）企业有无在销售收入中虚列、多列增值税税额，故意降低消费税税基的情况。

（3）有无转移隐瞒销售收入，逃避纳税的情况。如将销售收入长期挂在往来账户中，销售产品直接冲减产成品或搞账外经营，将销售收入转入"小金库"等。

（4）采取期货交易或赊销的情况下，有无不按规定及时结转销售的情况。如预收货款，在商品发出后仍不体现销售；采取分期收款方式销售产品，不按合同规定的付款时间体现销售。

（5）发生销货退回，销售折扣折让，有无多冲产品销售收入或者虚列退货、折扣折让，故意冲减销售收入的情况。

（6）销售带包装物的消费品，有无按扣除包装物成本后的收入记账的情况。逾期包装物押金是否并入销售收入额，一并计算缴纳消费税。

（7）纳税人有无将应税销售收入，扣除佣金、手续费、推销费等价外费用后申报纳税的情况。

（8）以应税消费品换取生产资料、消费资料或抵偿应付款时，是否按规定作销售收入处理，有无直接冲减"产成品"的情况。

（9）纳税人销售的应税消费品，以外汇结算销售价格的，是否按规定的汇率将外币折合为人民币后申报纳税。

（10）实行从量计征的啤酒、黄酒以及汽油、柴油的应税销售数量是否全部申报纳税。在进行计量单位转换时，有无不按税法规定的换算标准，随意换算，以多算少的情况。

（11）有无因工作疏忽而造成差错的情况。如数字错位、漏记等。

二、消费税应税销售额（量）稽查的方法与技巧

（一）对纳税人有无漏记、转移销售收入的检查方法和技巧

纳税人发生销售行为不记销售收入，多属有意逃避纳税。由于这类问题手法隐蔽，不易发现，因此在检查时既要深入细致，不遗漏问题，又要方法得当，提高工作效率。对此检查的一般技巧可归结为两句话：一是对比分析，找出线索，确定重点。二是根据确定的重点，顺着线索，审查账证，落实问题。

确定重点，找出线索，可采取审阅、对比分析法进行，即根据平时掌握的市场行情，企业的生产经营状况，审阅"生产成本""产成品""销售收入"总分类账，对比分析各个月份的生产、产品库存、销售收入等的变化情况，从中找出疑点，发现线索，确定检查的重点。在生产均衡、产成品库存正常的情况下，销售收入明显偏低的月份，很有可能存在转移或漏记销售收入的情况。对此可从审查"银行存款"日记账入手，

以销售收入逐笔核对以便发现问题。对生产增长、销售收入没有增长，或增长幅度明显低于生产增长幅度的月份，也应列为重点检查对象，核实有无漏记少记销售收入的情况。对库存产品突然偏高的月份，要以审查核实产成品实际库存为突破口，从中发现线索，揭露问题。

审查账证，落实问题的具体检查方法可以从以下几个方面着手进行。

（1）审查"生产成本""产成品"明细账，看其对应的账户是否正确。按照会计核算的程序与方法，一般说来，"生产成本"账户贷方应与"产成品"账户借方对应（特殊情况下，也可能与"原材料"账户，"自制半成品"账户对应），"产成品"账户的贷方应与"产品销售成本"借方对应（采取分期收款方式销售的，与"分期收款发出商品"账户借方对应）。如果"生产成本"账户的贷方直接与"现金""银行存款"账户的借方发生对应关系，则很可能是完工产品不转库存，直接从车间销售不记销售收入的情况。如果"产成品"账户的贷方直接与"现金""银行存款"账户的借方对应，多半是销售产品直接冲减库存产成品成本，不体现销售收入。如果直接与"材料采购""原材料"账户的借方对应，则多属用产品兑换原材料不记销售的情况。如果直接与"应付账款""其他应付款"借方对应，则多属用应税消费品抵偿债务的情况。对上述问题，为正确认定和落实问题，还应进一步审核原始凭证，并对照检查"产品销售收入"账户，以查清事实真相。

（2）审核"银行存款"日记账。对凡属与"银行存款"借方对应的账户不属"产品销售收入""应收账款"的情况，都应认真检查其原始凭证，核实是否属转移销售收入的问题。对与"银行存款"借方对应的账户，既有"产品销售收入"，又涉及往来账、所有者权益、营业外收入等账户的情况，也应进一步查实是否属于价外收入，随产品销售单独计价的包装物等收入没有记销售的问题。

（3）审核往来账户、公积金账户。对往来业务较多的企业应重点审查长期挂账、只增不减的往来账项。通过对其真实性的审查，核实有无转移销售收入的情况。对"盈余公积金""应付福利费"的审查，要注意其账户的对应关系是否正确。按照财务核算规则，"盈余公积"账户的贷方应与"利润分配"账户的借方对应，"应付福利费"账户的贷方应与"制造费用""管理费用"账户的借方对应。如果以上两个账户的贷方发生额与"现金"、"银行存款"及往来账户有对应关系，就要进一步审核原始凭证，落实问题。

（4）对一次销售数额较大的业务，要抽查审核"销货发票""产品出库单"等原始凭证，将原始凭证上的数额与"产品销售收入"明细账上的数额相核对，如不一致，要进行调整。对销售单价过低的情况，可以通过实地调查，核实是否属于低价销售给协作厂家、关系户等情况。

（5）对检查期产成品库存较大的情况，可到仓库抽查主要产品，将实际盘存数，与保管员实物账、财会人员明细账的数量相核对，看是否一致。若实际库存量小于账面结存量，多半属销售产品既不体现销售收入，又不结转成本的情况，要进一步查证落实。

（6）审查企业销售发票存根联，看有无断号或缺少的情况。如果有断号或缺少的现象，要认真追查，弄清原因。

（二）对纳税人成立独立核算的销售公司等关联企业进行避税的稽查

我国目前的消费税实行单一环节一次课征制，除金银首饰在零售环节纳税外，其他应税消费品都在生产环节纳税，因此，生产环节消费税税基的大小就决定了消费税的多少。近几年来，一些消费税纳税人，特别是生产高税率产品的企业，如烟厂、酒厂、汽车厂等大中型企业通过划小核算单位，成立独立核算的销售公司，降低出厂价，通过商品返还费用方式侵蚀税基；利用企业集团的内部协作关系，采取总公司低价供应零配件给生产企业，将应税消费品低价销售给公司的方式避税。

对生产应税消费品成立独立核算的销售公司或组建企业集团的纳税人，通过检查其"销售收入"、"生产成本"、"管理费用"等账簿，对各关联企业之间收取的价款、支付的费用进行核实，如价格明显偏低，又无正当理由，按《征管法实施细则》第 38 条的规定调整纳税人的应税收入。

（1）按独立企业之间进行相同或类似业务活动的价格；

（2）按照销售给无关联关系的第三者的价格所应取得的收入和利润水平；

（3）按成本加合理的费用和利润；

（4）按照其他合理的方法。

（三）对销售产品同时收取价外费用的应税消费品的检查办法

在实际工作中，纳税人在价外费用计税方面常出现的问题是一票两开，不缴纳增值税、消费税。即纳税人将本应开在同一张发票上的应税消费品的销售额与价外费用，分别填开，销售价款开一份发票，价外费用另开一份发票，价外费用不缴纳消费税、增值税。在这种情况下，纳税人通常将价外费用记入"其他业务收入""营业外收入"各种应收款项、各种应付款项等往来账户，或将价外费用冲减"生产成本""制造费用""销售费用""管理费用"等，减少计税依据。对于企业收取的价外费用，可以从以下五个方面着手进行稽查。

（1）从有关费用账户入手。检查纳税人的"产品销售费用""管理费用""财务费用""其他业务支出"等明细账，注意其贷方发生额或借方发生额的"红字"与"产品销售收入"明细账和有关会计凭证对照，看纳税人销售产品时是否另行收取了价外费用。如果纳税人收取了价外费用，又是如何进行会计核算的，有无漏记或故意少计应纳消费税的情况。

（2）从"其他业务收入""其他业务支出"账户入手。检查纳税人的"其他业务收入""营业外收入"等明细账，对照有关会计凭证和"产品销售收入"明细账，看纳税人收取的价外费用是否有记入"其他业务收入"或"营业外收入"的现象。

（3）从往来账户入手。检查纳税人的"应收账款""应付账款""其他应付款"等明细账户，并对照有关会计凭证，看纳税人收取的价外费用是否直接通过有关往来账户核算而不并入销售额计算纳税。

（4）从发票存根联入手。在检查纳税人已开具的普通发票存根联时，如发现有运输费、仓储费等收费项目的，应注意检查是否属价外费用。

（5）从销售结算清单入手。检查纳税人与购买方的销售结算清单，仔细检查销售结算清单反映的收费项目是否有属应征消费税、增值税的价外费用。

此外，对于价外费用的纳税稽查问题与增值税的纳税稽查是类似的，在实际工作中两者可以同时进行。

（四）对销售带包装应税消费品的稽查

某些纳税人在应税消费品连同包装物销售时，将包装物单独核算不并入销售收入计算缴纳消费税，从而减少了消费税的计税依据。对此的稽查方法可以从包装物的会计核算入手，即以"包装物"明细账的贷方发生额与有关会计凭证相对照，看纳税人发出包装物是如何进行会计核算的。

（1）如果发出的包装物记入了"生产成本"科目，说明是生产领用的包装物，其价值已包含在产品的成本和售价中。

（2）如果发出的包装物记入了"产品销售费用"科目，说明是销售环节领用的不单独作价的包装物（或出借包装物），其价值已包含在产品的售价之中了。

（3）如果发出的包装物记入了"其他业务支出"科目，则有可能是随同产品出售单独作价的包装物的销售收入额。就要对照其记账凭证、原始凭证和"产品销售收入""其他业务收入"等明细账，并对照纳税人的缴税记录，看是否已并入销售额中计算缴纳了消费税。

对于纳税人随同应税消费品出售收取押金的包装物，在税务稽查时，应对"其他应付款"明细账进行清理，看有无按规定不再退还的包装物押金，不应退还的包装物押金是否及时计入产品销售收入，并按规定申报纳税。同时，在纳税检查中应特别注意，对生产企业销售酒类产品而收取的押金是否按酒类产品的适用税率计算缴纳消费税。

（五）对价款与增值税销项税额合并定价的应税消费品的稽查

一些纳税人在计算消费税时，没有按税法规定的换算公式，采用正确的增值税税率或征收率，将含增值税的应税销售额换算为不含增值税税款的销售额。例如小规模纳税人按16%的增值税税率而不是按6%的征收率换算销售额，以减少计税依据。对此，在纳税检查时，应注意将纳税人的"产品销售收入"明细账的贷方发生额与"应交税金——应交增值税"明细账的销项税额发生额相对照，验算两者之间的比例是否符合适用的增值税税率或征收率，如果不符，就有可能属于纳税人未按规定办法换算产品销售收入，从而减少应税销售额的现象。

（六）对以应税消费品换取货物等交易行为的检查方法

纳税人将应税消费品以换取货物、劳务或其他经济利益为条件进行转让的，其实质也是销售产品的行为。根据会计制度的规定，应通过"产品销售收入"科目进行核算。但有的纳税人为逃避纳税，对这种交易行为不做销售处理。在纳税检查时，应从产品发出环节入手，详细审查"产成品""生产成本"等明细账的贷方发生额或借方发生额中的红字，对照有关会计凭证，看应税消费品的发出用于哪些方面，是否属于以货易货交易行为，如何进行会计换算，有无不按规定作"销售收入"处理的。

（七）对往来账项的检查方法

对于往来账项的检查应注意以下 4 个问题：

（1）采取分期收款销售方式的，纳税人在按合同约定时间收到货款时，不按规定转作"产品销售收入"，而挂"应收账款"；

（2）采取预收货款销售方式的，纳税人在发出商品后仍不转作"产品销售收入"而继续挂账；

（3）采取托收承付结算方式销售应税消费品的纳税人，在办妥托收手续后不及时进行账务核算而记入"应收账款"科目；

（4）发出应税消费品后收取的价款，不按规定记入"产品销售收入"科目而记入"应付账款"或"预收账款"等科目长期挂账。

对往来账项的检查可以采取以下办法：

（1）审查保管员的实物账，对照仓库的"产品出库单"计算核实当期产品发出的数量，并根据"出库单"上的记载，判断是对外销售还是用于其他方面。然后与"产品销售收入"明细账上的销售数量相核对。如果当期发出商品有未记入销售收入的情况，应查明企业采取的是哪种结算方式。采取委托收款和托收承付结算方式的，应重点查明产品发出的时间。一般说来，产品已经发出，企业财务人员应马上凭"货运单""购销合同"等凭据，到开户银行办理托收手续，并作销售收入实现的账务处理。如果产品发出较长时间后，企业仍未做销售实现的账务处理，就要进一步调查核实，是存在购销纠纷的情况，还是企业故意推迟纳税。

（2）认真审核"购销合同"，弄清是否属于分期收款销售方式，核实每次收款的具体时间。然后审查"产品销售收入"明细账，并与合同规定的具体收款时间相核对，看企业是否在合同规定收款的当天记入"产品销售收入"明细账。

（3）将"应付账款""预收账款"等明细账与有关会计凭证和产品销售合同相对照，看有无已实现的销售收入不记入"产品销售收入"而挂账的现象。

（4）看有无虚设往来账户，将收入挂账的现象。必要时要深入实际，开展调查研究，对银行存款、发出商品、往来单位有关情况等进行多方面查对，以查明事实真相。

（八）对扣除税额的检查办法

根据税法规定，对烟、酒、化妆品等 8 类产品，可以从应纳的消费税税款中扣除当期领用生产资料已纳的消费税税款。在税务稽查时，应注意以下问题：

（1）扣除范围仅限于税法规定的 8 项，纳税人有无擅自扩大扣除范围的现象。

（2）有无擅自扩大扣除税额的现象。按规定扣除的仅是当期领用的生产资料已纳消费税税款，既不包括企业购进但尚未领用的生产资料已纳消费税税款，也不包括增值税税款。

（3）是否虚构扣除项目金额，检查企业有无虚假进货以期扩大抵扣税额的现象。

稽查时，采用的方法是：首先，将纳税人的"原材料"明细账与有关记账凭证、原始凭证相核对，注重外购已税消费品的真实性；其次，检查"材料入库单"与"发出材料"的有关凭证，分别查明企业期初库存、当期购进以及期末库存的外购已税消费品的买价，并按照税法给定的公式，检查纳税人本期扣除的已纳税款是否正确，有无多抵扣的现象。

（九）对企业采用以外汇结算销售款的检查方法

首先根据销货结算凭证，检查"银行存款——外币户"日记账，或"应收账款——外币户"明细账，看企业记入账簿的外币数额是否正确，记账汇率是否符合规定，折合计算的人民币数额是否正确。然后与"产品销售收入"明细账的贷方发生额相核对，看有无漏记、少记销售收入的情况。

（十）对销货退回真实性的检查办法

对企业发生的销货退回，首先，审查发生退回业务的原始凭证是否齐全。发生销货退回应有本企业开出的销货退回红字发票或购货方退回的销售发票以及产品退库验收单，并附有销货退回原因、处理情况等书面说明。如无红字发票和产品退库验收单，则说明是企业虚拟的退货。其次，审核红字发票和产品退库验收单上的数额，看有无多记退货的情况。尤其应特别注意的是在原始凭证中混有应由本企业负担的运杂费凭证的，企业是否违反规定，将运杂费的数额一同记入"产品销售收入"账户的借方。

（十一）对残次应税消费品计税的检查办法

对残次应税消费品的计税情况进行检查时，应注意检查纳税人销售残次应税消费品是否按规定缴纳消费税；纳税人销售残次应税消费品，向购买方收取的价差收入是否缴纳了消费税。

在实际中，纳税销售残次应税消费品，常采用种种手段偷、逃税款。其手法如下：

（1）将残次应税消费品销售收入直接冲减有关成本费用而不用纳税。

（2）将残次品销售收入计入职工福利基金，或隐匿职工食堂、行政科等职工福利部门不纳税。

（3）低价销售残次品，将购货方返还的差价收入挂在购货方"应收账款""其他应付款"账上，在购货方的往来账上开支、报销费用。

针对上述特点，应采用如下的检查方法：

（1）检查纳税人的"生产成本""制造费用"等成本费用类账户，留意纳税人的红字冲销额。检查"应付福利费"科目，从贷方查看职工福利费的来源。如果有疑点，再查看有关记账凭证和原始凭证。

（2）对纳税人的食堂、行政科、工会等主管职工福利的部门进行检查，主要查这些部门的经费来源，是否有残次品的销售收入。

（3）如发现某购货方与纳税人有比较稳定的协作关系且购买的产品价格长期偏低，可去该购货方检查。检查其"应付账款""其他应付款"明细账，是否有返还销货方的价差收入。

（十二）对从量定额计算消费税的检查方法

对从量定额的纳税检查方法，重点是核实应税消费品的销售数量。其检查方法可按以下步骤进行。

（1）首先将仓库"产品出库单"（或"发货单"）的数量，"产成品"明细账上结转成本的数量以及销售发票上的数量相核对，如不相符，应以"出库单"上的数量为准进行调整。必要时也可抽盘库存商品，以核实的库存产品倒轧已销产品的数量。

（2）对企业以升为单位销售黄酒、啤酒换算为吨，以及以吨为单位销售汽油、柴油换算为升的，应根据国家统一规定的标准，检查企业消费税计算单上换算时所使用的标准是否正确，计算有无错误。若换算标准用错，要根据国家规定的换算标准重新计算企业的应税产品销售数量。

（3）以核实的销售数量，与"产品销售收入"明细账以及企业"纳税申报表"上的数量相核对，看企业已销产品的计税数量是否正确。如不相符，应以核定的计税数量重新计算企业应缴纳的消费税额，并调整相应的账项。

（十三）对企业在申报纳税时有无漏记、少报销售收入情况的检查方法

可直接将已核实的产品销售收入（包括记入"其他业务收入"账户的包装物销售收入）或产品销售数量与纳税人的"纳税申报表""税款缴款书"上的销售收入额或销售量相核对，看是否相符。若纳税申报表中申报的计税销售额或销售量小于"产品销售收入"明细账反映的销售额或销售量，则可能是纳税人少报、瞒报计税依据的行为，要按实际销售额或销售量计算调整企业应纳的消费税税款。

第三节　委托加工纳税情况的稽查

一、委托加工应税消费品纳税情况稽查的要点

由于委托加工产品情况特殊，业务复杂，空子较多。因此，纳税人及代收代缴义务人容易采用各种办法偷逃税款。在进行税务稽查时，必须注意以下三个问题。

（1）委托加工应税消费品的纳税环节。即检查纳税人，扣缴义务人是否存在将自产销售的应税消费品作为委托加工应税消费品，隐匿销售业务的行为；有无不按规定进行会计核算，不正确履行代收代缴义务的现象。

（2）委托加工应税消费品的计税依据。着重检查委托加工应税消费品的组成计税价格是否正确，有无只计算成本，不计算加工费和消费税税额或不按规定核算成本，只计算加工费收入的现象。

（3）企业委托加工应税消费品用于连续生产应税消费品时，税额抵扣的计算是否正确。

二、委托加工应税消费品稽查的方法与技巧

（一）委托加工应税消费品纳税环节的稽查方法

委托加工应税消费品纳税环节历来是存在偷税、逃税问题较多的地方。委托方和受托方常出现下列问题。

（1）自制应税消费品，或不符合委托加工条件的应税消费品，如受托方自备材料，或先将材料卖给委托方，再给委托方加工产品的情况，当作委托加工产品进行核算。

（2）受托方为多揽业务，故意将加工的应税消费品记作非应税消费品，不履行代收代缴税款的义务，帮助委托方逃避纳税。

（3）委托、受托双方合谋，受托方在委托方提货时不代收消费税税款。然后委托方再以支付加工费名义，将少缴的税款分给受托方一部分。

（4）受托方加工应税消费品，在账上不作任何反映和记录，将代收的消费税税款转入小金库，侵吞国家的税款。

对上述问题的检查应从委托方和受托方两方面着手，具体可按下列方式进行。

1. 对受托方的检查

首先，判定委托加工业务的合法性。特别注意下列情况不得视为委托加工业务：一是受托方提供原料；二是受托方先将原材料卖给委托方，然后再接受加工；三是受托方以委托方名义购进原材料生产应税消费品。上述业务无论财务上如何核算，都应按照销售自制应税消费品缴纳消费税。其检查方法如下：

①审查委托加工合同，受托加工来料、备查簿及有关材料明细账，查明材料来源、用途及有关情况。

②将"原材料"明细账和"其他业务收入"明细账结合有关会计凭证相对照，查明企业对外销售原材料的去向，看销售的原材料卖给了哪个单位或个人，是谁支付的原材料款项；然后检查"产品销售收入——工业性劳务收入"明细账及有关会计凭证，看企业为哪个单位或个人加工了产品，如果销售材料的对象和委托加工的对象是一致的，就有可能是虚假的委托加工业务，应做进一步调查核实。

③将"原材料"明细账和"生产成本"明细账与有关会计凭证对照，看接受加工业务有无从本企业直接领用原材料的行为；将"生产成本"明细账中的委托加工业务与有关付款凭证相对照，看企业有无以委托方名义购进原材料进行加工的行为。

其次，检查"产成品——代制品"和"产品销售收入——工业性劳务收入"明细账的贷方发生额、发生时间，并核对企业收取加工费时开具的发票存根联，查清委托方提货时间。

再次，检查"其他业务收入"和"营业外收入"明细账及应收应付款明细账，看有无将加工业务收入隐匿在其中，未申报纳税。特别注意企业是否有将代缴的税款长期挂在往来结算账户而迟迟不交或不履行代收代缴义务等现象。

最后，审查"应交税金——应交消费税"明细账贷方、借方发生额，核实受托方是否在委托方提货时代收了税款，是否及时将代收税款解缴国库。如没代收代缴，则应由受

托方补缴或给予一定处罚。

2. 对委托方的检查

首先，检查企业"产品销售收入"明细账和"生产成本"明细账，查明企业委托加工收回的应税消费品是直接用于销售还是用于继续生产应税消费品。其次，如果委托加工的应税消费品直接用于销售，则检查时应重点审核"委托加工产品"明细账的借方发生额，看加工商品的成本是否包含消费税税金。如果加工商品成本中没有消费税税金一项，则说明没有代收代缴消费税，应令其补缴。如果委托加工的应税消费品用于继续生产，则检查"应交税金——应交消费税"借方明细账，看是否已代收代缴消费税。

对委托加工应税消费品的纳税检查，还要特别注意，受托、委托双方通谋，采取发料、收回商品，发生加工业务和收取加工费不做账务处理，偷逃消费税税款的情况。对这类现象检查的主要方法是：经常深入企业调查了解情况，随时掌握企业加工业务或委托加工产品的发生情况，然后再有针对性地检查有关账户，看企业是否存在上述问题。对委托企业要经常注意了解其经营情况，商品生产的增减变化情况，原材料、物料用品的购入、发出情况，以判明企业是否存在委托加工产品的业务。对受托方则要了解其是否具备生产加工应税消费品的生产能力，深入车间了解有无对外加工的业务发生。在掌握情况的条件下，再有的放矢地检查账簿记录，查清落实问题。

（二）对委托加工应税消费品组成计税价格的检查方法

委托加工应税消费品的计税价格，如果受托方有同类产品销售价格的，按同类产品的销售价格计算。若没有同类产品销售价格的按组成计税价格计算。对此检查时，一是审查企业"产品销售收入——工业性劳务收入"明细账，核实加工费收入。二是检查受托方"来料备查簿"核实加工产品实际耗用材料成本。要注意扣除未使用的材料成本。也可以采取计算分析法，根据加工产品的单位消耗定额计算出应耗材料成本，与账面反映的耗用材料成本对比分析，看实际耗用材料成本是否合理。此外，对耗用材料成本的检查还可以从委托方着手，通过检查委托方的"委托加工物资"账户来核定。三是根据（材料成本＋加工费）÷（1－消费税税率）的公式，计算出加工应税消费品的计税价格和相应的消费税税额，并与受托方代扣代缴的金额相核对，看有无少交、欠交税款的行为。

（三）委托加工应税消费品用于连续生产应税消费品税额抵扣的检查方法

首先，将纳税人的"委托加工商品"明细账，"应交税金——应交消费税"借方金额与有关记账凭证、原始凭证相核对，看委托加工商品收回时受托方是否已代收了消费税。

其次，检查"生产成本"明细账，并与"发出材料"的有关凭证相核对，看委托加工收回的材料是否用于生产应税消费品。

最后，检查"产成品""产品销售收入"等明细账，并与有关会计凭证核对，看用委托加工材料生产的应税消费品是否完工入库，是否销售。

如果委托方未代收消费税，或代收消费税不是生产上述应税消费品的委托加工材料的消费税，均不能予以扣除。

第四节　自产自用应税消费品纳税情况的稽查

一、自产自用应税消费品纳税情况稽查的要点

纳税人生产的应税消费品，一般都可以自用或供本企业职工消费。因此，纳税人生产的应税消费品自用或分给职工的情况比较常见。这种情况下使用的消费品，企业没有发生销售业务，没有取得销售收入，因此在这一环节发生的纳税义务，不按税法规定履行的现象也比较多。在对企业进行税务稽查时，应注意以下两个方面的问题。

（1）企业自产自用的应税消费品是否按规定视同销售，计算缴纳消费税，有无隐匿自产自用应税消费品，偷逃税款的行为。在自产自用环节，企业常存在的问题如下：

①生产的应税消费品企业自行消费，直接冲减生产成本，增加辅助生产成本或其他业务支出；或者根本不做账务处理，直接列入商品损耗，偷逃自产自用环节的消费税。如炼油厂辅助生产车间、运输部门耗用的自产汽油、柴油不申报缴纳消费税，或者直接以产品损耗处理。

②生产的应税消费品，以福利费的名义发给本企业职工，不体现销售，也不申报纳税，或者以优惠价格卖给职工，收入记入所有者权益账户，逃避缴纳消费税。

（2）自产自用应税消费品组成计税价格是否正确。有无只计成本，不计利润或故意减少成本，以降低消费税计税价格的情况。

二、自产自用应税消费品纳税稽查的方法与技巧

（一）自产自用应税消费品纳税环节的检查方法

自产自用应税消费品纳税环节的检查就是检查企业生产的应税消费品用于连续生产非应税消费品或其他方面，在移送使用时是否交纳了消费税。

1. 自产自用用于连续生产非应税消费品的检查方法

生产企业完工的可供销售的消费品，会在企业"产成品"明细账、仓库的产成品数量账和生产部门的完工交库单中有所反映；在移送投入再生产时，应有生产部门的领料单，并应在"产成品"明细账和仓库的产成品数量账的付出方，以及在"生产成本"的成本计算账户中的直接材料成本项目借方反映。因此，可以从这些账户中查明企业在连续生产非应税消费品过程中是否使用了自己生产的应税消费品。具体检查步骤是：首先，根据"产成品"明细账，或"生产成本"借方发生额及领用应税消费品的用途和部门，判断生产的应税消费品是否用于连续生产非应税消费品；其次，核实自产自用用于连续生产非应税消费品的应税消费品的数额及其使用的时间；最后，根据核实的自用的非应税消费品的数额及领用时间，对照审查"应交税金——应交消费税"明细账，看企业是否及时计算并缴纳了消费税。

对于不按正常程序处理账务的企业，则可对其生产用料进行分析，如果非应税消费品的生产用料中确有属于应税消费品，而企业自身又有这一消费品生产的，就应进一步查明

应税消费品的生产数量、销售数量，同非应税消费品生产耗用该应税消费品的数量、外购的数量相对照，从而确定其有无使用自己生产的应税消费品，并进而检查是否按规定缴纳了消费税。

2. 自产自用用于其他方面的检查方法

自产自用于其他方面，一般包括用于固定资产购建或维修、集体生活福利或职工个人消费，以及对外馈赠、赞助、广告等。依据税法规定，上述自产自用行为应视同销售，并计算缴纳消费税。但实际中，企业有的会按制度在账上进行核算，有的会弄虚作假不作账面反映以偷逃税款。对此的检查方法主要是从"固定资产"和"在建工程""应付工资""应付福利费""营业外支出""产品销售费用""管理费用"等账户的借方审查其来源和支付的内容，从产成品账，特别是仓库的实物账，审查其付出的去向。必要时，可以将账面数额与库存数相核对，从而查明其有无自产自用于上述方面的应税消费品，自用的应税消费品是否缴纳了消费税。

（二）自产自用应税消费品计税依据的检查方法

纳税人自产自用应税消费品应视同销售申报纳税。申报时，按同类同期市场价格确定计税价格；若没有同期同类市场价格，则可按（成本+利润）÷（1-消费税税率）计算组成计税价格。有些企业故意减少计税价格，以达到少缴税的目的。对此的检查方法如下：

首先，了解企业有无同类产品的销售业务。若有同类产品的销售业务，应检查企业是否按同类产品销售价格记账，有无按组成计税价格或按低于同类产品销售价格记账的情况。可将企业当期该类产品正常情况下的销售单价与企业记入"产品销售收入"明细中的销售单价相比较，如果账面价低于加权平均销售单价的，应按核定的加权平均单价进行调整。

其次，对按组成计税价格计算销售收入的情况进行检查。一要检查"生产成本"明细账，及"产品成本计算表"，核实自产自用应税消费品的单位成本。二要根据核定的生产成本和国家规定的行业或产业平均利润率，按（成本＋利润）÷（1-消费税税率）的公式计算出组成计税价格。三是将核定的组成计税价格与企业计算应交消费税时采用的计税价格相对照，如不相符，应按核定的组成计税价格进行调整。

【本章小结】

本章主要介绍了消费税稽查。学习本章时，主要掌握应税消费品销售项目计税依据的稽查、委托加工应税消费品计税价格的稽查、应税消费品抵扣项的稽查。

【关键术语】

消费税稽查　组成计税价格　已纳消费税扣除

【思考题】

1. 对消费税纳税人的税务稽查涉及哪些"倾向性"的认定？

2. 消费税稽查与增值税稽查有哪些异同？

第十二章　企业所得税稽查

第一节　企业所得税的稽查目标

企业所得税是对我国境内的企业和其他取得收入的组织的生产经营所得和其他所得征收的所得税。现行企业所得税法的基本规范，是 2007 年 3 月 16 日第十届全国人民代表大会第五次全体会议通过的《中华人民共和国企业所得税法》和 2007 年 11 月 28 日国务院第 197 次常务会议通过的《中华人民共和国企业所得税法实施条例》。

企业所得税是一种以纯所得为征税对象、以应纳税所得额为计税依据的税种。从税额计算和征管的角度出发，它与流转税有相似点也有不同点。

一、共性

（1）两者都会涉及"收入类"项目以及"顺查法"。

（2）从会计资料的原始凭证来源角度看，两者都会涉及大量的外来凭证。

（3）从企业业务循环的角度看，两者都会涉及"销售与收款循环""采购与付款循环"。

二、差异

（1）企业所得税不仅涉及"收入类"项目，更涉及"成本、费用、损失类"项目；不仅涉及"顺查法"，更涉及"逆查法"。

（2）从会计资料的原始凭证来源角度看，企业所得税计算和稽查往往依赖于大量的自制凭证，因此证据的可靠性低于流转税的证据的可靠性。

（3）从企业业务循环的角度看，企业所得税全面地涉及"产、供、销、筹（投）"循环。

（4）从核算的准确性角度看，企业所得税涉及会计政策的选用和会计估计的选用会较多，稽查的难度会大于流转税的难度。如资产负债表日的资产计量问题，工业企业的在产品或产成品的核算问题等都存在大量的会计估计，从而会影响企业所得税的税基。

三、企业所得税的稽查目标一般应注意以下几个问题

（1）确定影响应纳税所得额增加的项目是否完整，是否存在漏记的情况，具体包括以下内容：

①营业收入记录是否完整，具体分别为收入明细表、金融企业收入明细表、事业单位

（社会团体、民办非企业单位）收入明细表；

②公允价值变动收益；

③投资收益；

④营业外收入；

⑤纳税调整增加额；

（2）确定影响应纳税所得额减少的项目是否"存在"或"发生"，是否存在多记的情况，具体包括以下内容：

①营业成本；

②营业税金及附加；

③销售费用；

④管理费用；

⑤财务费用；

⑥资产减值损失；

⑦纳税调整减少额（其中包含：不征税收入、免税收入、减计收入、减（免）税项目所得、加计扣除、抵扣应纳税所得额）；

（3）上述第1类、第2类项目的金额是否准确，即第1类项目是否存在"低估"情况，第2类项目是否存在"高估"情况；

（4）上述第1类、第2类项目的截止是否及时，即第1类项目是否存在"推迟"情况，第2类项目是否存在"提前"情况；

（5）确定影响企业所得税的披露是否恰当。

第二节　影响应纳税所得额增加类项目的稽查

一、营业收入的稽查

（一）营业收入的稽查目标

营业收入的稽查目标一般包括：确定营业收入记录是否完整；确定与营业收入有关的金额及其他数据是否已恰当记录，包括对销售退回、销售折扣与折让的处理是否恰当；确定营业收入是否已记录于正确的会计期间；确定营业收入的内容是否正确；确定营业收入的披露是否恰当。

（二）营业收入的实质性程序

营业收入的实质性程序一般包括以下内容：

（1）取得或编制营业收入明细表，复核加计正确，并与总账数和明细账合计数核对相符；同时，与企业所得税年度纳税申报表核对相符。

（2）查明主营业务收入的确认原则、方法，注意是否符合企业会计准则和会计制度规定的收入实现条件，前后期是否一致。特别关注周期性、偶然性的收入是否符合既定的收入确认原则和方法。

①工业企业的营业收入确认原则、方法。

②金融企业的营业收入、视同销售收入的确认原则、方法。

（3）选择运用以下实质性分析程序：

①将工业企业的本年与上年的主营业务收入进行比较，分析产品销售的结构和价格的变动是否正常，并分析异常变动的原因；将金融企业的本年与上年的主营业务收入进行比较，分析收入的结构变动是否正常，并分析异常变动的原因；

②比较工业企业的本年各月各种主营业务收入的波动情况，分析其变动趋势是否正常，是否符合被稽查单位季节性、周期性的经营规律，并查明异常现象和重大波动的原因；比较金融企业的本年各月各种主营业务收入的波动情况，分析其变动趋势是否正常，是否符合被稽查单位季节性、周期性的经营规律，并查明异常现象和重大波动的原因；

③将上述分析结果与同行业企业本年相关资料进行对比分析，检查是否存在异常。

（4）根据增值税发票申报表或普通发票，估算全年收入，与实际入账收入金额核对，并检查是否存在虚开发票或已销售但未开发票的情况。

（5）获取产品价格目录，抽查售价是否符合定价政策，并注意销售给关联方或关系密切的重要客户的产品价格是否合理，有无低价或高价结算以转移收入和利润的现象。

（6）抽取本期一定数量的销售发票，检查开票、记账、发货日期是否相符，品名、数量、单价、金额等是否与发运凭证、销售合同或协议、记账凭证等一致。

（7）抽取本期一定数量的记账凭证，检查入账日期、品名、数量、单价、金额等是否与销售发票、发运凭证、销售合同或协议等一致。

（8）实施销售的截止测试。对主营业务收入实施截止测试，其目的主要在于确定被稽查单位主营业务收入的会计记录归属期是否正确；应记入本期或下期的主营业务收入有否被推延至下期或提前至本期。

（9）结合对资产负债表日应收账款的函证程序，检查有无未经顾客认可的巨额销售。

（10）检查销售折扣、销售退回与折让业务是否真实，内容是否完整，相关手续是否符合规定，折扣与折让的计算和会计处理是否正确。

（11）调查集团内部销售的情况，记录其交易价格、数量和金额，并追查在编制合并财务报表时是否已予以抵消。

（12）调查向关联方销售的情况，记录其交易品种、数量、价格、金额以及占主营业务收入总额的比例。

（13）确定主营业务收入的列报是否恰当。

二、公允价值变动收益稽查

（一）公允价值变动收益的稽查目标

公允价值变动收益包括交易性金融资产、交易性金融负债，以及采用公允价值模式计量的投资性房地产、衍生金融工具、套期保值业务等公允价值变动形成的应计入当期损益的利得或损失。同样，公允价值变动收益稽查是相关资产、负债的稽查一并进行的，作为测试相关资产、负债计价认定的一项重要内容。公允价值变动收益的稽查目标一般包括：确定公允价值变动收益记录是否完整；确定与公允价值变动收益有关的金额及其他数据是否已恰当记录；确定公允价值变动收益是否已记录于正确的会计期间；确定公允价值变动收益的内容是否正确；确定公允价值变动收益的披露是否恰当。

（二）公允价值变动收益的实质性程序

（1）获取或编制公允价值变动收益明细表，复核加计正确，并与报表数、总账数及明细账合计数核对是否相符；同时，与企业所得税年度纳税申报表核对相符。

（2）根据公允价值变动收益明细账，对交易性金融资产（负债）、衍生工具、套期保值业务和投资性房地产等各明细发生额逐项检查。

①在资产负债表日，被稽查单位是否将交易性金融资产（负债）的公允价值与其账面价值的差额记入本科目；处置交易性金融资产（负债）时，是否将原已记入本科目的公允价值变动金额转入投资收益。

②在资产负债表日，被稽查单位是否将衍生金融工具的公允价值与其账面价值的差额记入本科目；终止确认衍生金融工具时，其会计处理是否正确。

③对于在资产负债表日，满足运用套期会计方法条件的现金流量套期和境外经营净投资套期产生的利得和损失，是否进行了正确的会计处理。

④以公允价值模式计量的投资性房地产的公允价值变动收益，应结合对应科目，检查其初始成本确定是否正确，期末公允价值确定是否合理；处置时原公允价值变动（含记入本科目和资本公积）有无正确结转至其他业务成本。

（3）确定公允价值变动收益的披露是否恰当。

三、投资收益的稽查

（一）投资收益的稽查目标

投资收益的稽查目标一般包括：确定投资收益记录是否完整；确定与投资收益有关的金额及其他数据是否已恰当记录；确定投资收益是否已记录于正确的会计期间；确定投资收益的内容是否正确；确定投资收益的披露是否恰当。

（二）投资收益的实质性程序

投资收益的实质性程序一般包括以下内容：

（1）取得或编制投资收益明细表，复核加计是否正确，并与总账数和明细账合计数核对是否相符；同时，与企业所得税年度纳税申报表核对是否相符。

（2）与以前年度投资收益比较，结合投资本期的变动情况，分析本期投资收益是否存在异常情况。如有，应查明原因，并做出适当的调整。

（3）与长期股权投资、交易性金融资产、交易性金融负债、可供出售金融资产、持有至到期投资等相关项目的稽查结合，验证确定投资收益的记录是否正确，确定投资收益被计入正确的会计期间。

（4）确定投资收益已恰当列报。检查投资协议等文件，确定国外的投资收益汇回是否存在重大限制，若存在重大限制，应说明原因，并做出恰当披露。

四、营业外收入的稽查

（一）营业外收入的稽查目标

营业外收入的稽查目标一般包括：确定营业外收入记录是否完整；确定与营业外收入有关的金额及其他数据是否已恰当记录；确定营业外收入是否已记录于正确的会计期间；确定营业外收入的内容是否正确；确定营业外收入的披露是否恰当。

（二）营业外收入的实质性程序

营业外收入的实质性程序一般包括以下内容。

（1）取得或编制营业外收入明细表，复核加计是否正确，并与总账数和明细账合计数核对是否相符；同时，与企业所得税年度纳税申报表核对是否相符。

（2）检查营业外收入的核算内容是否符合会计准则的规定。

（3）抽查营业外收入中金额较大或性质特殊的项目，审核其内容的真实性和依据的充分性。

（4）对营业外收入中各项目，包括非流动资产处理利得、非货币性资产交换利得、债务重组利得、政府补助、盘盈利得、接受捐赠利得等相关账户记录进行检查，并追查至相关原始凭证。

（5）检查营业外收入的披露是否恰当。

五、纳税调整增加额的稽查

（一）纳税调整增加额的稽查目标

纳税调整增加额的稽查目标一般包括：确定纳税调整增加额记录是否完整；确定与纳税调整增加额有关的金额及其他数据是否已恰当记录；确定纳税调整增加额是否已记录于正确的会计期间；确定纳税调整增加额的内容是否正确；确定纳税调整增加额的披露是否恰当。

（二）纳税调整增加额的实质性程序

纳税调整增加额的实质性程序一般包括以下内容：

（1）取得或编制纳税调整增加额明细表，复核加计是否正确，并与企业所得税年度纳税申报表核对是否相符。

（2）查明纳税调整增加额的各项目的确认原则、方法。具体来说，包括如下项目。

①收入类调整项目。视同销售收入；接受捐赠收入；不符合税收规定的销售折扣和折让；未按权责发生制原则确认的收入；按权益法核算的长期股权投资持有期间的投资损

益；特殊重组；一般重组；公允价值变动净收益；确认为递延收益的政府补助；不允许扣除的境外投资损失；其他。

②扣除类调整项目。工资薪金支出；职工福利支出；职工教育经费支出；工会经费支出；业务招待费支出；广告费和业务宣传费支出；捐赠支出；利息支出；住房公积金；罚金、罚款和被没收财物的损失；税收滞纳金；赞助支出；各类基本社会保障性缴款；补充养老保险、补充医疗保险；与未实现融资收益相关在当期确认的财务费用；与取得收入无关的支出；不征税收入用于支出所形成的费用；其他。

③资产类调整项目。财产损失；固定资产折旧；生产性生物资产折旧；长期待摊费用的摊销；无形资产摊销；投资转让、处置所得；油气勘探投资；油气开发投资；其他。

④准备金调整项目。

⑤房地产企业预售收入计算的预计利润。

⑥特别纳税调整应税所得。

⑦其他。

（3）对上述相关账户记录核对是否相符，并追查至相关原始凭证。

（4）检查上述项目的披露是否恰当。

第三节　影响应纳税所得额减少类项目的稽查

一、营业成本的稽查

营业成本是指企业从事对外销售商品、提供劳务等主营业务活动和销售材料、出租固定资产、出租无形资产、出租包装物等其他经营活动所发生的实际成本。以制造业的产成品销售为例，它是由期初库存产品成本加上本期入库产成品成本，再减去期末库存产品成本求得的。

（一）营业成本的稽查目标

营业成本的稽查目标一般包括：确定记录的营业成本是否已发生，且与被稽查单位有关；确定与营业成本有关的金额及其他数据是否已恰当记录；确定营业成本是否已记录于正确的会计期间；确定营业成本的内容是否正确；确定营业成本与营业收入是否配比；确定营业成本的披露是否恰当。

（二）营业成本的实质性程序

营业成本的实质性程序一般包括以下内容：

（1）取得或编制营业成本明细表，复核加计是否正确，并与总账数和明细账合计数核对是否相符；同时，与企业所得税年度纳税申报表核对是否相符。

（2）复核主营业务成本汇总明细表的正确性，与库存商品等科目钩稽，并编制生产成本与主营业务成本倒轧表，如表 12-1 所示。

表 12-1　　　　　　　　　　生产成本及主营业务成本倒轧表

项目	未审数	调整或重分类金额借（贷）	审定数
原材料期初余额			
加：本期购进			
减：原材料期末余额			
其他发出额			
直接材料成本			
加：直接人工成本			
制造费用			
生产成本			
加：在产品期初余额			
减：在产品期末余额			
产品生产成本			
加：产成品期初余额			
减：产成品期末余额			
主营业务成本			

（3）检查主营业务成本的内容和计算方法是否符合有关规定，前后期是否一致，并做出记录。

（4）对主营业务成本执行实质性分析程序，检查本期内各月间及前期同一产品的单位成本是否存在异常波动，是否存在调节成本的现象。

（5）抽取若干月份的主营业务成本结转明细清单，结合生产成本的稽查，检查销售成本结转数额的正确性，比较计入主营业务成本的商品品种、规格、数量与计入主营业务收入的口径是否一致，是否符合配比原则。

（6）检查主营业务成本中重大调整事项（如销售退回）的会计处理是否正确。

（7）在采用计划成本、定额成本、标准成本或售价核算存货的情况下，检查产品成本差异或商品进销差价的计算、分配和会计处理是否正确。

（8）确定主营业务成本的披露是否恰当。

二、营业税金及附加的稽查

（一）营业税金及附加的稽查目标

营业税金及附加的稽查目标一般包括：确定记录的营业税金及附加是否已发生，且与被稽查单位有关；确定与营业税金及附加有关的金额及其他数据是否已恰当记录；确定营业税金及附加是否已记录于正确的会计期间；确定营业税金及附加的内容是否正确；确定营业税金及附加与营业收入是否配比；确定营业税金及附加的披露是否恰当。

（二）营业税金及附加的实质性程序

营业税金及附加的实质性程序一般包括以下内容：

（1）取得或编制营业税金及附加明细表，复核加计是否正确，并与总账数和明细账合计数核对是否相符；同时，与企业所得税年度纳税申报表核对是否相符。

（2）确定被查单位的纳税（费）范围与税（费）种是否符合国家规定。

（3）根据审定的应税消费品销售额（或数量），按规定适用的税率，分项计算、复核本期应纳消费税税额。

（4）根据审定的应税资源税产品的课税数量，按规定适用的单位税额，计算、复核本期应纳资源税税额。

（5）检查城市维护建设税、教育费附加等项目的计算依据是否和本期应纳增值税、消费税合计数一致，并按规定适用的税率或费率计算、复核本期应纳城建税、教育费附加等。

（6）复核各项税费与应交税费等项目的钩稽关系。

（7）确定被查单位减免税的项目是否真实，理由是否充分，手续是否完备。

（8）确定营业税金及附加是否已在利润表上做恰当披露。如果被查单位是上市公司，在其财务报表附注中应分项列示本期营业税金及附加的计缴标准及金额。

三、销售费用的稽查

（一）销售费用的稽查目标

销售费用的稽查目标一般包括：确定记录的销售费用是否已发生，且与被稽查单位有关；确定与销售费用有关的金额及其他数据是否已恰当记录；确定销售费用是否已记录于正确的会计期间；确定销售费用的内容是否正确；确定销售费用与营业收入是否配比；确定销售费用的披露是否恰当。

（二）销售费用的实质性程序

销售费用的实质性程序一般包括以下内容：

（1）取得或编制销售费用明细表，复核加计是否正确，并与总账数和明细账合计数核对是否相符；同时，与企业所得税年度纳税申报表核对是否相符。

（2）将本期和上期销售费用各明细项目做比较分析，必要时，比较本期各月份销售费用，如有重大波动和异常情况应查明原因。

（3）检查各明细项目是否与被查单位销售商品和材料、提供劳务以及销售机构经营有关，是否合规、合理，计算是否正确。注意需经外汇管理部门审批的费用项目，是否经过批准。

（4）核对有关费用项目与累计折旧、应付职工薪酬等项目的钩稽关系，做交叉索引。

（5）针对销售费用各主要明细项目，选择重要或异常的凭证，检查原始凭证是否真实有效，会计处理是否正确。注意广告费用和业务宣传费划分是否合理，是否符合税前列支条件。

（6）抽取资产负债表日前后一定数量的凭证，实施截止测试，对于重大跨期项目，应建议做必要调整。

（7）如被查单位是商品流通企业且已将管理费用科目的核算内容并入本科目核算，应同时实施管理费用稽查程序。

（8）确定销售费用的披露是否恰当。

四、管理费用的稽查

（一）管理费用的稽查目标

管理费用的稽查目标一般包括：确定记录的管理费用是否发生，且与被稽查单位有关；确定与管理费用有关的金额及其他数据是否已恰当记录；确定管理费用是否已记录于正确的会计期间；确定管理费用的内容是否正确；确定管理费用的披露是否恰当。

（二）管理费用的实质性程序

（1）取得或编制管理费用明细表，复核加计是否正确，与报表数、总账数及明细账数合计数核对是否相符；同时，与企业所得税年度纳税申报表核对是否相符。

（2）检查管理费用项目的核算内容与范围是否符合规定。

（3）将本期、上期管理费用各明细项目做比较分析，必要时比较各月份管理费用，对有重大波动和异常情况的项目应查明原因，考虑是否提请被稽查单位调整。

（4）将管理费用中列支的职工薪酬、研究费用、折旧费以及无形资产、长期待摊费用、其他长期资产的摊销额等项目与相关科目进行交叉钩稽，并做出相应记录。

（5）选择管理费用中数额较大，以及本期与上期相比变化异常的项目追查至原始凭证，并注意：董事会费是否已经实际支出并有合法依据；业务招待费的支出是否合理，如超过规定限额，应建议做纳税调整；差旅费支出是否符合企业开支标准及报销手续；咨询费支出是否符合规定；有无诉讼费及赔偿款项支出，并关注是否存在或有损失；无形资产的摊销额和筹建期间内发生的开办费核算是否符合规定；支付外资机构的特许权使用费支出是否超过规定限额，必要时应建议作纳税调整；上交母公司或其他关联方的管理费用是否有合法的单据及证明文件；检查大额支出、不均匀支出和有疑问支出的内容和审批手续、权限是否符合有关规定；对被稽查单位行政管理部门等发生的大额固定资产修理费，关注其原因；检查库存现金、存货等流动资产的盘盈盘亏处理是否符合规定；复核本期发生的车船使用税、印花税等税费是否正确；对管理费用中的其他支出内容，关注有无不正常开支。

（6）抽取资产负债表日前后一定数量的凭证，实施截止测试，对于重大跨期项目，应建议做必要调整。

（7）检查管理费用的披露是否恰当。

五、财务费用的稽查

（一）财务费用的稽查目标

财务费用的稽查目标一般包括：确定记录的财务费用是否已发生，且与被稽查单位有关；确定与财务费用有关的金额及其他数据是否已恰当记录；确定财务费用是否已记录于正确的会计期间；确定财务费用的内容是否正确；确定财务费用与营业收入是否配比；确定财务费用的披露是否恰当。

（二）财务费用的实质性程序

财务费用的实质性程序一般包括以下内容：

（1）取得或编制财务费用明细表，复核加计是否正确，并与总账数和明细账合计数核对是否相符；同时，与企业所得税年度纳税申报表核对是否相符。

（2）将本期、上期财务费用各明细项目做比较分析，必要时比较本期各月份财务费用，如有重大波动和异常情况应追查原因，扩大稽查范围或增加测试量。

（3）检查利息支出明细账，确认利息收支的真实性及正确性。检查各项借款期末应计利息有无预计入账。注意检查现金折扣的会计处理是否正确。

（4）检查汇兑损失明细账，检查汇兑损益计算方法是否正确，核对所有汇兑率是否正确，前后期是否一致。

（5）检查"财务费用——其他"明细账，注意检查大额金融机构手续费的真实性与正确性。

（6）审阅下期期初的财务费用明细账，检查财务费用各项目有无跨期入账的现象，对于重大跨期项目，应做必要调整。

六、资产减值准备稽查

（一）资产减值准备的稽查目标

资产减值准备包括坏账准备、存货跌价准备、长期投资减值准备、可供出售金融资产减值准备、持有至到期减值准备、投资性房地产减值准备、固定资产减值准备、工程物资减值准备、在建工程减值准备、无形资产减值准备、商誉减值准备等项目。根据企业会计准则的规定，不同类别资产的减值，适用不同的准则。

对资产减值准备的稽查是与相关资产的稽查一并进行的，作为测试相关资产计价认定的一项重要内容。资产减值准备往往涉及会计估计。资产减值准备的稽查目标一般包括：确定记录的资产减值损失是否已发生，且与被稽查单位有关；确定与资产减值损失有关的金额及其他数据是否已恰当记录；确定资产减值损失是否已记录于正确的会计期间；确定资产减值损失的内容是否正确；确定资产减值损失的披露是否恰当。

（二）资产减值准备的实质性程序

（1）获取或编制资产减值准备明细表，复核加计是否正确，并与报表数、总账数及明细账合计数核对是否相符；同时，与企业所得税年度纳税申报表核对是否相符。

（2）检查资产减值准备核算内容是否符合规定。

（3）对本期增减变动情况检查如下：

①对本期增加及转回的资产减值损失，与坏账准备等科目进行交叉钩稽。

②对本期转销的资产减值损失，结合相关资产科目的稽查，检查会计处理是否正确。

（4）确定资产减值损失的披露是否恰当。

七、纳税调整减少额的稽查

（一）纳税调整减少额的稽查目标

纳税调整减少额的稽查目标一般包括：确定记录的纳税调整减少额是否已发生，且与被稽查单位有关；确定与纳税调整减少额有关的金额及其他数据是否已恰当记录；确定纳税调整减少额是否已记录于正确的会计期间；确定纳税调整减少额的内容是否正确；确定纳税调整减少额的披露是否恰当。

（二）纳税调整减少额的实质性程序

纳税调整减少额的实质性程序一般包括以下内容：

（1）取得或编制纳税调整减少额明细表，复核加计是否正确，并与总账数和明细账合计数核对是否相符；同时，与企业所得税年度纳税申报表核对是否相符。

（2）查明纳税调整减少额的各项目的确认原则、方法。具体来说，包括如下项目：

①收入类调整项目。未按权责发生制原则确认的收入；按权益法核算长期股权投资对初始投资成本调整确认收益；按权益法核算的长期股权投资持有期间的投资损益；特殊重组；一般重组；公允价值变动净收益；确认为递延收益的政府补助；境外应税所得；不征税收入；免税收入；减计收入；减、免税项目所得；抵扣应纳税所得额；其他。

②扣除类调整项。视同销售成本；工资薪金支出；职工福利支出；职工教育经费支出；工会经费支出；广告费和业务宣传费支出；利息支出；各类基本社会保障性缴款；补充养老保险、补充医疗保险；与未实现融资收益相关在当期确认的财务费用；加计扣除；其他。

③资产类调整项目。财产损失；固定资产折旧；生产性生物资产折旧；长期待摊费用的摊销；无形资产摊销；投资转让、处置所得；油气勘探投资；油气开发投资；其他。

④准备金调整项目。

⑤房地产企业预售收入计算的预计利润。

⑥其他。

（3）对上述相关账户记录核对是否相符，并追查至相关原始凭证。

（4）检查上述项目的披露是否恰当。

【本章小结】

本章主要介绍了企业所得税稽查。学习本章时，最重要的是掌握企业所得税稽查路径的选择，稽查目标的主要关注点，以及相关的稽查程序。

【关键术语】

　　企业所得税稽查　　所得税费用　　递延所得税负债　　递延所得税资产

【思考题】

　　1. 对企业所得税的税务稽查涉及哪些"倾向性"的认定?

　　2. 企业所得税稽查过程中会运用哪些稽查"效率路径"?

　　3. 企业所得税稽查与增值税稽查有哪些异同?

第十三章　学生习作精选[①]

第一节　钢铁企业所得税税务稽查

一、引言

企业所得税是地税部门征收的一个重要税种，也是地方财政收入的重要来源之一，同时，它又是诸多税种中予以规范和调整项目最多的税种之一。因此，对企业所得税账务处理的检查是税务稽查工作的重点，又是难点。

钢铁企业是指对黑色金属矿石进行开采、处理、冶炼或加工成材的工业企业。钢铁产业是我国国民经济的核心基础产业，钢铁产业的繁荣与否是体现国家综合国力强盛与否的重要因素。钢铁企业具有先天的发展优势，一是国家经济政策扶持，二是市场竞争力较强，三是钢铁企业所处的地位。因此，钢铁企业只要合规经营，便能够长期支持经济发展，保障税源。

当前，钢铁行业需要缴纳的税种主要包括增值税、企业所得税、资源税等，其中企业所得税是非常重要的部分。钢铁行业的企业所得税，是主要针对钢铁行业扣除主营业务成本、相关费用以及各种税费后的实际利润额征收的税种，目前我国内外资钢铁企业的所得税适用税率均为25%，但对于一些节能减排企业和高新技术研发企业有适当的税收优惠。

二、钢铁企业所得税税务稽查总体目标

钢铁企业所得税税务稽查应注意以下总体目标。

（1）确定影响企业应纳税所得额增加的项目是否完整，是否存在漏记的情况，具体包括：①营业收入②营业外收入。

（2）确定影响企业应纳税所得额减少的项目是否"存在"或"发生"，是否存在多记的情况，具体包括：①营业成本；②营业税金及附加；③销售费用；④管理费用；⑤财务费用。

（3）上述第1类、第2类项目的金额是否准确，即第1类项目是否存在"低估"情

[①]　本章选取4篇2014级武汉大学经济与管理学院财税系财政学本科生"征税管理"课程的学期论文，这4篇习作（2017年春季共有37名学生选修此课程）代表了同学们学习的较高水平。在编入本教材时，教材作者对原学期论文做了部分修改，但主体部分保持不变。编写本章的一个目的是，让后来者（有志于税务稽查者）在进行"征税管理"（或"税务稽查"）时能参考我们的思路。

况，第 2 类项目是否存在"高估"情况。

（4）上述第 1 类、第 2 类项目的截止是否及时，如第 1 类项目是否存在推迟情况，第 2 类项目是否存在"提前"情况。

（5）确定影响企业所得税的披露是否恰当。

三、影响钢铁企业应纳税所得额增加项目的税务稽查

（一）钢铁企业营业收入的稽查

钢铁企业营业收入是指从事钢铁制造及加工配送业务取得的收入，即生产销售或者加工配送热轧产品、酸洗产品、冷轧产品、冷轧薄板产品、镀锌产品、彩涂产品等钢铁产品取得的收入。企业实现的钢铁产品销售收入，应记入"主营业务收入"的贷方，实现的加工配送产品取得的收入，应记入"其他业务收入"的贷方，销货退回、折扣和折让应记入借方，期末时将贷方余额转入"本年利润"科目进行利润核算，期末该科目无余额。检查钢铁企业营业收入时，主要运用比较分析法、相关分析法，对企业会计报表进行检查和分析，掌握纳税人资产与负债、收入与支出的变化，以及利润的实现有无异常，从中发现各个项目金额和结构存在的问题，再有针对性地检查明细账。

钢铁企业在营业收入税务稽查方面常见的主要问题如下。

（1）钢铁产品发出，不及时开具发票，将购货方的收到条（提货单）或欠条等凭据单独存放，等款项收回时再开发票做收入，延迟税款入库时间。

（2）预收购货单位的货款，长期挂"预收账款"账户，在钢铁产品发出时也不结转销售。

（3）分期收款方式销售钢铁产品的，在合同约定的收款日期已到而未及时收到款项时，不结转销售。

（4）受托加工钢铁产品取得的收入挂往来账不做收入或将自产产品转为委托加工产品，少报收入。

（5）销货退回冲减销售收入的手续不全。

（6）隐瞒让渡资产使用权收入。

（7）通过关联企业转让定价转移收入或利润。

针对营业收入方面存在的问题，应确定的检查重点内容如下。

（1）审查入账时间；

（2）审查销售发票；

（3）审查"现金""银行存款"账；

（4）审查往来账户；

（5）审查"生产成本"账户；

（6）审查"产成品"账户，核实产品的去向，发现未申报收入问题；

（7）核实各种费用的消耗定额、单位成本各项目之间的配比系数，确认某一时期、某一项目的比例关系，对比例异常变动的项目，运用控制计算法等方法，查明是否存在成本、收入均不入账，体外循环的问题；

（8）审查受托加工业务；

（9）审查销货退回、销售折扣、折让；

（10）审查销售明细账贷方发生额，检查其销售价格和购货单位，看有无价格偏低或通过关联企业转移利润的问题。

（二）钢铁企业营业外收入的稽查

钢铁企业的营业外收入主要包括固定资产盘盈收入、处置固定资产净收益、非货币性资产交易收益、出售无形资产收益、罚款净收入、债务重组收益、政府补助收入、捐赠收入等其他收入。

检查营业外收入，主要审查应属营业外收入的项目，有无不及时转账，长期挂在"其他应付款""应付账款"账户的情况；有无将营业外收入直接转入企业税后利润，甚至做账外处理或直接抵付非法支出的情况。

检查时，应注意从以下几个方面入手：

（1）检查往来结算账户的账面记录。

（2）检查收入凭证，看应记入营业外收入的款项有无记入其他账户的问题。

（3）检查"资本公积""专项应付款""其他应付款"科目，核对原始凭证，看是否将应税补贴收入，记入上述科目，是否存在专款专用资金改变用途的情况。

（4）从账户的对应关系，检查记账凭证的会计处理是否正确。

（5）结合企业的实际情况，调查了解企业取得政府补助的情况，必要时，核对银行对账单，防止企业将政府补助在账外处理。

（三）案例分析

在此，我们以对影响钢铁企业应纳税所得额增加项目的税务稽查中营业收入的稽查为例，向读者展示此项税务稽查工作的一般流程。

1. 案例简介

2011年，A市税务稽查分局在对该市B钢铁企业进行年度所得税缴纳情况检查时，发现该企业有大量预收货款的业务。经核查有关销售合同，稽查人员发现多数合同已经实现，又经对购货方企业询问，合同单位已经收到发出的钢材，但是该钢铁企业却未结转收入。另外，经审核，"产品销售成本"中的单位成本远高于"产成品"账户中的单位成本。由此税务机关初步认定该钢铁企业已结转"预收账款"中的销售成本。后经对企业财务人员询问，发现该企业利用"预收账款"进行利润截留的事实。

2. 案例分析及税务处理

企业截留利润往往以"预收账款"为调整器。按照企业财务制度与税法的有关规定，预收账款要在货物发出后，才形成企业销售收入。因此，当企业有一定数量的预售货物业务时，就可以使企业保持微利，甚至亏损，达到偷逃所得税的目的。

具体操作方法为：企业首先确定当月的利润额（微利），然后将当月成本、费用发生额与所开发票销售额相比较，如果费用成本过小使得利润额大于预定利润，则将差额以"预收账款"中发出产品的耗用材料成本摊入当月销售成本抵消；反之则按实际数入账。

所以 B 钢铁企业 2011 年度"预收账款"中的 128 万元，其制造成本已提前结转，销售已经实现，该数额实为其多年来截留利润的累计额。由此可见，B 钢铁企业通过多列成本、销售收入挂往来账等方式隐匿销售利润。因此我们在日常的稽查工作中，应对长期亏损或长期微利的企业进行重点审查。

该企业挂账的销售收入为 128 万元，应补缴增值税 18.6 万元（128÷1.17×17%），调增利润 109.4 万元（128-18.6），补交企业所得税款 27.35 万元（109.4×25%），并处以偷税额 2 倍的罚款。

3. 账务调整

借：预收账款 1 280 000
　贷：以前年度损益调整 1 094 000
　　　应交税金——应交增值税（销项税额） 186 000
借：所得税 273 500
　贷：应交税金——应交所得税 273 500
借：应交税金——应交增值税（已交税金） 186 000
　贷：银行存款 186 000
借：应交税金——应交所得税 273 500
　　利润分配——税收罚款 547 000
　贷：银行存款 820 500

四、影响钢铁企业应纳税所得额减少项目的税务稽查

（一）钢铁企业营业成本的稽查

钢铁企业生产钢铁产品的流程大概分为采矿、选矿、烧结/球团、炼铁、炼钢、建材（板材）等板块。目前钢铁企业按各个生产工序的产品作为成本核算对象（主要烧结矿、球团矿、铁水、炼钢品种、轧材品种）；成本项目按原材料、燃料及动力、材料、运费、人工成本和制造费用等六大项目核算。

成本费用税前扣除的正确与否直接关系到企业所得税应纳税所得额的准确与否。成本费用的检查先从企业的会计报表—利润表入手，主要分析"主营业务成本"项目，计算"主营业务成本率""主营业务成本增减变化率""同行业成本率对比率"三个指标，对企业的主要业务成本增减变化情况与同行业同一指标的平均水平进行对比，从中发现疑点。通过对会计报表的分析和比对相关财务指标，进一步审核分析现金流量表中的"购买商品、接受劳务支付的现金"与资产负债表中的"存货""应付账款"等项目，对没有支付现金但已列入成本的存货应向前延伸检查其购货合同协议、购货发票、装运及入库凭证来证实其真实性。实际检查过程中要紧密结合企业会计报表中异常的数据变化，把握成本费用的三个关键点：第一，成本费用包含的范围、金额是否准确，成本费用的划分原则应用是否得当；第二，分析各成本费用占主营业务收入百分比和成本费用结构是否合理，对不合理的要查明原因；第三，分析成本费用各个项目增减变动的情况，判断主营业务成本的真实性、合法性，排查税前扣除项目存在的疑点，确定检查主营业务成本的突破点。

（二）钢铁企业营业税金及附加的稽查

钢铁企业的营业税金及附加包括增值税、城市维护建设税、资源税、土地增值税和教育费附加。对营业税金及附加的检查，主要从营业税金及附加的预提、缴纳、结算三个方面进行，看有无多提少交或不交的情况。

（1）预提税金及附加的检查。

对预提税金及附加的检查，应在核实应税销售收入和适用税率的基础上，认真查阅"应交税金"和"其他应交款"账户，看贷方发生额与纳税申报表上计提的应交税金及附加是否一致，如果不一致，则要查明原因。

（2）缴纳税金的检查。

企业缴纳税金应在"应交税金"明细账户借方反映，应检查税款所属期限、实际缴纳期限是否正确，缴纳的税额是否与计提数一致，并要审阅各税完税凭证，分析缴纳税金的情况。有无提而不缴或将错提、多提的税从"应交税金"账户借方转入其他账户的情况。

（3）结算税金的检查。

年度终了应对企业缴纳各税的情况进行汇算清缴，及时办理补退手续。由于年度税务检查一般是在年度决算后的次年进行的，企业应补或应退的销售税金及附加，应在"以前年度损益调整"账户中结算。而有的企业将查补上年的税款记入本年"主营业务税金及附加"账户中，抵减了本年利润，检查时要认真核实有无上述问题。

（三）钢铁企业销售费用的稽查

钢铁企业的销售费用是指企业在销售钢铁产品、自制半成品和提供加工配送劳务等过程中发生的各项费用以及专设销售机构的各项经费，包括应由企业负担的运输费、装卸费、包装费、保险费、委托代销手续费、广告费、展览费、租赁费（不含融资租赁费）和销售服务费用，销售部门人员工资、职工福利费、差旅费、办公费、折旧费、修理费、物料消耗、低值易耗品摊销以及其他经费。对产品销售费用的检查，应注意审查其开支是否属于销售费用的范围，有无将应计入材料采购成本的运杂费，应向购货方收回的代垫费用，业务应酬费开支，以及违反财经纪律的开支列入销售费用的情况；开支是否属实，有无虚报冒领、营私舞弊的情况；销售费用在产品之间的分配是否正确，有无应由免税产品负担的销售费用转嫁给应税产品负担。

检查时，应根据"销售（营业）费用"账户的借方发生额，核对有关的记账凭证和原始凭证，审查开支的内容、发票是否真实、合法。对于不合法的费用支出，应并入计税所得额计征企业所得税。审查费用分配表，对分摊不当的，应调整计税所得额。

（四）钢铁企业管理费用的稽查

在钢铁企业"管理费用"账户列支的项目中，有的是按照费用实际发生数额据实列支，有的是按规定计提列支，有的是按标准摊销列支，这些费用项目支出零星、频繁，规定也较多，企业超标准、超范围、重复列支费用的情况在钢铁企业业务和核算中均有不同程度的存在。因此，税收检查时必须认真细致。

对于管理费用的检查，首先要检查管理费用列支的范围，有无混淆成本与管理费用的界限，有无扩大计算基数问题。如计提职工福利费的工资薪金总额不应包含养老保险费、医疗保险费、失业保险费、工伤保险费、生育保险费等社会保险费和住房公积金。其次要审查有无超过规定标准而扩大开支数额的问题，对于有比例限制的一些费用，如业务招待费、职工教育经费、福利费、工会经费、各类保险费等，要注意核实是否超过了规定的扣除比例。最后要检查费用列支的内容，有无重复列支费用、票据是否合法。

（五）钢铁企业财务费用的稽查

财务费用是指钢铁企业为筹集资金而发生的各项费用，包括钢铁企业在生产经营期间发生的利息支出（减利息收入）、汇兑净损失、调剂外汇手续费、金融机构手续费以及集资发生的其他财务费用等。

（1）检查"短期借款""长期借款"账户，结合每笔贷款的金额、利率、用途、贷款期限和利息支付方式，查清每笔借款资金的流向，核实有无转给其他单位使用并为其负担利息的情况；有无购建固定资产在尚未完工交付使用前发生的利息支出不按规定计入固定资产价值而误列财务费用的情况。

（2）检查"财务费用"明细账记录与有关凭证，并与所得税申报资料核对，核实有无将高于金融机构同类、同期利率以上的利息支出计入财务费用的，对超过规定列支的利息支出，是否在企业所得税纳税申报表中做了调整。

（3）对关联方企业间利息支出的检查，第一，审查企业成立章程等，核实企业资金来源、购销渠道，确定企业间是否在资金、经营、购销等方面存在直接或者间接的控制关系；是否直接或者间接地同为第三者控制；是否在利益上具有相关联的其他关系，以此确认双方企业是否构成关联关系。第二，检查签订的借款合同，明确关联企业投资的性质。第三，检查企业从其关联方接受的债权性投资与权益性投资的比例是否超过规定标准，不超过标准的借款利率是否超过金融机构同类、同期利率。

（4）检查"财务费用"账户，核实企业核算汇兑损益的方法前后期是否一致，汇率使用是否正确，是否按照月度、季度或年度最后一日的人民币汇率中间价，折合成人民币计算应纳税所得额，结合对资产税务处理的检查，核查汇兑损益是否计入资本性资产价值。

（5）审核利息列支的票据是否合法，企业与企业之间、企业向个人借款都应有合法的票据。同时在检查中还要注意一些贴息支付的利息票据，有些是借用其他银行的，与实际业务不相符的应调整应纳税所得额。

（六）案例分析

在此，我们以对影响钢铁企业应纳税所得额减少项目的税务稽查中营业成本中人工费用的稽查为例，向读者展示此项税务稽查工作的一般流程。

1. 案例简介

A市B钢铁企业，现有职工50人。2011年当地税务机关在对其进行上一年度企业所得税汇算清缴核算时，发现损益表中营业额比上年度增长25%，而费用额增长42%，这种异常变动引起税务人员的注意。经进一步审查发现主要原因是工资性支出增长过快。经审查工资计算表、工资结算单等明细资料，查明 B 钢铁企业在工资中大量增列误餐补贴、交通补贴等项目，致使全年工资支出总额达 63.36 万元，而实际计税工资总额应为 31.68 万元。另外该公司还根据实际工资支出提取三项工资附加费用，因而多提职工福利基金4.4352 万元［（633 600−316 800）×14%］；职工工会经费 6 336 元［（633 600−316 800）×2%］；职工教育经费 7920 元［（633 600−316 800）×2.5%］，多列支出共计 37.5408 万元（316 800+44 352+6 336+7 920）。

2. 案例分析及税务处理

B 钢铁企业擅自扩大工资开支范围多列支出，同时多计提附加费用。根据《企业所得税暂行条例》第 6 条规定和财政部有关文件，该公司须补缴所得税 93 852 元（375 408×25%）。另外根据《征管法》第 40 条规定，确定该公司行为为偷税行为，处以偷税款 2 倍的罚款。

3. 账务调整

借：所得税　　　　　　　　　　　　　　　　　　　　　　　93 852
　贷：应交税金——应交所得税　　　　　　　　　　　　　　　　93 852
借：利润分配——税收罚款　　　　　　　　　　　　　　　　187 740
　贷：银行存款　　　　　　　　　　　　　　　　　　　　　　187 740
借：应交税金——应交所得税　　　　　　　　　　　　　　　187 740
　贷：银行存款　　　　　　　　　　　　　　　　　　　　　　187 740

五、结语

总之，钢铁企业作为国家税收收入的重要来源之一，因其予以规范和调整项目众多，其税务稽查工作是整个税务稽查行业不可忽视的重大问题之一。钢铁企业的税务稽查工作主要从其营业收入、营业外收入、营业成本、营业税金及附加、销售费用等项目进行审查，关注其项目记录是否完整，金额是否准确，入账时间是否及时等问题。同时也要求税务稽查人员全面、准确、及时地掌握税法中有关钢铁企业所得税的政策及其变动，对被查钢铁企业的业务流程有清晰的了解，具备较好的财会专业知识和较高的查账水平，秉持细心谨慎的精神完成税务稽查工作。

（执笔：宋娇慧）

第二节　保险公司企业所得税稽查
——以保费收入的稽查为例

一、引言

税务稽查是税务机关依法对纳税人、扣缴义务人履行纳税义务、扣缴义务情况所进行的税务检查和处理工作的总称。其基本任务是依照国家税收法律、法规,严肃查处税收违法行为,保障税收收入、维护税收秩序、促进依法纳税,保证税法的实施。企业所得税是对我国境内的企业和其他取得收入的组织的生产经营所得和其他所得征收的所得税,是一种以纯所得为征税对象、以应纳税所得额为计税依据的税种。企业所得税作为我国的主体税种之一,因其较强的筹集财政收入功能而有经济运行的"内在稳定器"之称。完善对企业所得税的稽查工作将会在维护国家税收权益方面发挥不容小觑的作用。

保险业作为现代金融体系的三大支柱之一,与银行业、证券业并驾齐驱,在我国的经济发展中发挥着重要作用。作为我国加入世界贸易组织后开放最彻底、发展最快的金融行业,保险业在我国国民经济中的地位是不容忽视的,完善、健全保险行业企业所得税稽查理论以及实务方法体系也日益重要。由于保险业的经营特点较为特殊、会计核算方法较为复杂,目前与之相关的税务稽查研究也相对匮乏,可参考的案例也远远少于其他行业。因此,保险公司的企业所得税稽查难度较大。关注保险业企业所得税稽查,为相关的稽查工作提供行之有效的方法、手段,不仅丰富了我国税务稽查的理论和方法体系,从而保障税收收入,也进一步规范了我国保险业的经营行为、促进其健康发展。

二、企业所得税稽查基本理论

(一) 稽查目标

在税务稽查的工作规程中,稽查人员应注意分析纳税人生产经营的特点和现状,带着明确目的去选择稽查对象、确定检查方向、提高检查效率。在正式开展稽查工作之前,选定一个具体、明晰的稽查目标并据此进行有关的资料准备、技术准备,对于提升稽查工作质量、促进稽查工作顺利开展,都是十分有必要的。与企业所得税有关的稽查目标主要涉及以下五个方面的内容。

(1) 确定影响应纳税所得额增加的项目是否完整,是否存在漏记的情况。具体项目包括营业收入、公允价值变动收益、投资收益、营业外收入、纳税调整增加额这五项。此目标主要是考察纳税人对应纳税所得额有关内容记录的"完整性"。

(2) 确定影响应纳税所得额减少的项目是否"存在"或"发生",是否存在多记的情况。具体项目包括营业成本、营业税金及附加、销售费用、管理费用、财务费用、资产减值损失与纳税调整减少额这七项。此目标主要是考察应纳税所得额有关内容记录的"发生性"。

(3) 关注影响应纳税所得额的项目的计价与分摊,也就是上述第 (1) 类、第 (2) 类中的有关项目的金额是否正确,前者的数额是否偏低、后者的数额是否偏高。

(4) 关注影响应纳税所得额的项目的会计分歧,也就是收入类是否存在推迟情况、开支类是否存在提前情况。

(5) 确定影响企业所得税的披露是否恰当。企业所得税会计信息的披露质量将会对企业所得税的成本等方面产生一定影响。

简单来说,企业所得税的稽查目标是从涉税事项的多个方面评价纳税人是否较好地遵守了国家的税收法律法规以及相关规定,是否遵循了与缴纳企业所得税有关的会计准则、规范。

本节主要探讨保险公司的企业所得税稽查，具体的稽查目标定为：保险公司的保费收入的记录是否完整、无误。保费收入是指从事保险业务的企业销售保险产品并承担相应的保险责任而取得的收入，包括实收或应收保险费、追偿款收入、分保费收入，这也是保险公司的主要收入项目。稽查保险公司的保费收入，是检查保险公司企业所得税缴纳情况的重要着手点。

（二）稽查手段

稽查手段的选择应当与稽查目标紧密结合，每个被稽查对象的具体情况不同，不同的稽查目标要求稽查人员找出相应的稽查重点、采取对应的方法程序进行检查。脱离具体的稽查目标去讨论稽查手段的选择、操作，恐怕只能得出一些空谈。与企业所得税有关的法律条文较为复杂，且各行各业之间的科目差异较大、会计处理方式也各异，这对企业所得税稽查目标的具体性提出了更高的要求。营业收入是影响应纳税所得额增加的项目之一，本节选取营业收入的稽查作为主要目标，对相关的稽查手段做进一步探讨、阐释。

总的来看，营业收入稽查的实质性程序一般包括以下九个方面的内容。

（1）稽查小组取得或编制营业收入明细表，确认复核加计正确，并与总账数和明细账合计数以及企业所得税年度纳税申报表核对相符。

（2）查明被稽查企业主营业务收入的确认原则、方法并确定有关的列报是否恰当。注意是否符合企业会计准则和会计制度规定的收入实现条件，前后期是否一致。特别关注周期性、偶然性的收入是否符合既定的收入确认原则和方法。

（3）根据增值税发票申报表或普通发票，估算全年收入，与实际入账收入金额进行核对，并检查是否存在虚开发票或已销售但未开发票的情况。必要时，可以与地税局票证部门以及其他有关单位协查。

（4）将企业本年与上年的主营业务收入进行比较，并分析本年各月各种主营业务收入的波动情况。检查是否存在异常情况，异常变动的原因是否合理。

（5）获取企业产品价格目录，抽查定价是否合理、是否符合有关政策，注意销售给关联企业或关系密切的重要客户的产品价格是否合理。

（6）抽取本期一定数量的销售发票和记账凭证，检查有关的日期、品名、数量、单价、金额等是否相一致。

（7）结合对资产负债表日应收账款的函证程序，检查是否存在未经顾客认可的巨额销售。

（8）检查销售折扣、销售退回与折让业务是否真实、内容是否记录完整并检查相关的会计处理。

（9）调查集团内部的销售情况和向关联方销售的情况，记录其交易品种、数量和金额。

本节考察的纳税对象是属于金融保险业的保险公司，金融保险业与一般工商企业之间存在许多不同之处，在会计核算、业务分类方面都较为特殊。保险公司的会计核算实行分业管理，也就是分别对财产险、人身险、再保险进行核算和报告。保险公司的主营业务收入也就是保费收入的确认也比较复杂，一些特有的会计科目和核算方法可能会给稽查工作带来较大的难度。保险公司营业收入的稽查与上述程序在方向上基本一致，但在具体处理上略有不同，相关内容和步骤将在本节的第三部分进行详细阐述。

三、保险公司企业所得税稽查的特殊性

稽查实施环节包括两个阶段：准备阶段和具体实施阶段。税务稽查小组在开展具体的稽查工作之前，有必要根据具体的被稽查对象查找并明确相关的适用法律、财务报表的分析解读方法。后者要求稽查人员对被稽查企业的会计核算方法进行一定的了解、把握，做到知己知彼。保险行业业务的会计核算与其他行业有着很大的区别，本文在此对保险业务的会计核算做一定的介绍，以便后文相关稽查手段的介绍、阐释。

（一）保险业务会计核算的特点

保险公司作为金融机构组织体系的重要组成部分，其业务不仅有别于一般的工商企业，也与银行等其他金融企业有着较大的区别。

首先，保险业务核算的会计要素的构成具有特殊性，在资产构成、负债构成、所有者权益构成、营业利润构成等方面都较为独特。以所有者权益的构成为例，保险公司的所有者权益除了和其他企业具有相同的内容以外，还包括一般风险准备，这是按规定从税后利润中提取的，应在资产负债表中单独列示。

其次，各种准备金的计提也使保险公司业务的会计核算更显特殊。企业会计准则规定，保险公司应计提未到期责任准备金、未决赔款准备金、寿险责任准备金、长期健康险责任准备金四项准备金。这是因为每年年末都会有部分未到期的保单，这些长期保险业务保单的签发和有效期需要延续到以后会计年度，所以保险公司所承担的保险责任还没有终了。鉴于谨慎性和权责发生制原则，应当计提相应的责任准备金。

最后，保险公司的保险损益计算不是按照业务年度而是按照会计年度进行结算。这是为了规避保险公司确认当期损益时的随意性，减少保险公司调控利润的空间。

由于本节选定的税务稽查目标与保险公司的保费收入有关，所以接下来的部分将重点介绍各类业务中保费收入的确认、核算，其他方面的有关知识暂不涉及。

（二）保费收入稽查方法与要点

保费收入是保险企业的重要收入来源，应税保费收入的计算公式为：

年度应税保费收入＝年度全部保单的保费收入总额－（年度免税项目保费金额＋注销、契撤保单金额＋实际支付退保金额）

与保费收入有关的常见涉税问题及手段主要有：（1）不计或少计保费收入，手段主要有利用批单冲减保费收入、以净保费入账、不通过系统出具保单从而收入不入账；（2）以批单支付手续费或佣金并冲减收入；（3）账外隐匿保费收入；（4）保费收入入账不及时；（5）视同销售行为未做纳税调整。

针对上述问题，稽查人员应以如下手段进行检查。

（1）针对不计或少计保费收入，应检查保险合同与客户约定应缴的保费是否一次性

计入收入，分期缴纳的未按协议缴纳而少缴的是否已计入收入，发生退保业务时手续是否齐全、计算是否准确、是否合理冲减保费收入。寿险公司要检查"退保金"项目，调取相应保险合同、发票等进行核对，确认退保是否真实，是否存在假退保支付费用问题。保险公司要审查分保费收入，通过"系统内往来""应付分保账款""分保收入"等科目查看分保险业务收入是否按规定核算。

（2）针对以批单支付手续费或佣金并冲减收入，应调取保单、保险发票和批单，逐一核对。审查"应收保费""保费收入"贷方红字发生额和"预收保费"借方发生额。同时注意资金流向和支付对象，判断是否以批单和退保费发票支付佣金、经纪费、手续费、奖励、优惠、折扣额等以冲减保费收入。

（3）针对隐匿保费收入，要注意审查保险业务系统流程及保险协议、保单、批单签订情况，保单号、批单是否连续，如有断号应当查明原因。稽查人员可以选择经常性投标的企业进行协查，获取向被查保险公司投保的支出情况，与保险公司业务系统、财务系统中的数据进行比对，查实其有无隐瞒收入的行为。同时，还应审查核对保费发票与保险合同，对有疑问的进行适当的外调取证，查看是否存在"大头小尾"开具发票的现象。

（4）针对保费收入未及时入账，应当对"应收保费""预收保费"和"应退多交保费"科目的分户的贷方余额进行动态分析，对异常户调取保险合同和记账凭证进行检查，确定是否有长期挂往来账或延迟记收入的现象。同时要检查"追偿款收入"科目，向公司法律部门了解涉及理赔的诉讼事宜，结合"理赔支出"科目，分析是否存在对赔款的追偿收入未按时记入收入科目或冲减赔款支出。

（5）针对视同销售行为未做纳税调整，应当检查"营业费用""应付福利费""营业外支出"等科目，查看是否有赠送保单或为自己公司员工办理保险不记收入的情况。保险公司常见的视同提供劳务的行为主要是将保险产品用于捐赠和职工福利，稽查时应注意是否存在视同提供劳务行为不确认收入的情况。统计业务系统中一定时期的保费总额与财务系统中保费收入进行比对，查核是否有赠送保单或为员工保险不做账务处理的情况。同时要外围调查员工福利情况，检查与企业账面列支的工资福利是否一致，是否存在未在账面反映的员工福利，核查该员工福利资金来源是否为隐瞒收入。另外，要检查保险集团有限公司向所属子公司提供服务的有关处理是否正确。母公司为其子公司提供各种服务而发生的费用，应按照独立企业之间公平交易原则确定服务的价格，母公司将其作为营业收入申报纳税；未按独立企业之间的业务往来收取价款的，税务机关有权予以调整。

对保险收入涉税问题，应注意取证要求。取证时应获得能够证明该收入保险公司已实现，但未在账面反映或已在账面反映未在纳税申报时填入所得税申报表的相关证据。主要为保费收入明细账、退保金明细账、业务系统中打印的保费收入电子数据、保单（保险合同）、批单、保费发票、收款单据、退保付款单据、退保付款委托书、相关银行账、往来账、所得税年度申报表及附表；费用凭证中赠送保单的记录；代办保险机构的结算单据；从投保单位获得的外围取证材料；相关询问笔录等。

四、案例分析

这里以 A 财险公司虚假保费收入为例，进一步阐释相关稽查的流程以及本文第三部分介绍的保费收入稽查方法。

（一）企业概况

A 保险股份有限公司成立于 1999 年 2 月 6 日，经营范围包括企业财产损失保险、家庭财产损失保险、建筑工程保险、安装工程保险、货物运输保险、机动车辆保险、船舶保险、能源保险、一般责任保险、保证保险、信用保险（出口信用保险除外）、短期健康保险、意外伤害保险以及中国银保监会批准的其他财产保险业务。税款征收方式为查账征收，企业所得税由国税局征管。该公司下设营业部和支公司，负责辖区内保险业务的承保和理赔业务。公司本部为管理机构，不承接任何保险业务。

（二）稽查流程

1. 查前准备

（1）做好有关的法律准备。学习与保险业相关的各项税收政策，掌握财税差异。查阅手机保险业稽查案例，了解保险业常见的涉税问题，明确检查方法和重点。

（2）做好有关的资料准备。从征管档案中调取被稽查公司的财务报表、企业所得税申报表，了解其已入账的收入、成本和利润的情况以及历年保费收入及缴纳企业所得税费情况。

（3）做好有关的技术准备。了解企业的生产经营特点、会计核算方式、财务核算软件、承保业务信息系统，对企业财务报表、企业所得税申报表等电子信息进行综合分析。制订检查方案，确定从业务系统入手，核对全部承保保单和全部退保批改单，比对注销、契撤保单①，然后与财务部门账务系统进行核对，发现涉税疑点。

（4）根据以上综合分析结果，确定检查所属期限、检查时间和检查时限。送达税务稽查通知书。

2. 稽查实施

稽查小组于 2012 年 7 月 11 日调取该公司的证账资料，对其 2009 年 1 月 1 日至 2011 年 12 月 31 日的纳税情况进行检查，重点核实保费收入和退保费收入的真实性。

稽查小组首先要求该公司开放业务系统，从中整理出 2009 年至 2011 年的全部承保保单和全部退保批改单的清单，并将其与注销、契撤保单的清单进行比对，在此基础上从"应收保费"科目贷方发生额、贷方红字发生额和"保费收入"科目——"意外健康险"贷方红字发生额入手，对其收退的保费逐笔翻查凭证，收集凭证中冲减应收保费的具体保单号、批单号、退保金额、退保原因等信息。

在此基础上，稽查小组进入该公司的业务系统，查询每笔保单下的承保资料、批单批

---

① 契撤是指签署契约后客户在规定的契撤日期（一般为十日）内无条件放弃投保，保险公司退回所有已支付费用。

改资料，分析退保原因，鉴定每笔保费优惠折扣、降低费率、支付手续费和经纪费等情况的真伪。因提前还清贷款、车辆报废、转让而终止保险合同的情况为真退保。

3. 发现的问题

（1）2009 年该公司账面上体现应税保费收入为 7 598 万元，以退保名义支付手续费、折让折扣 880 万元冲减保费收入；以退保名义支付保险经纪费直接冲减收入 169 万元，两项合计少申报收入 1 049 万元，实际取得保费收入应为 8 647 万元，少申报企业所得税 262.25 万元。

（2）2010 年该公司有两笔业务未做相应的纳税调整。记账凭证 2 号和 5 号的记录分别如下：

2010 年 12 月 5 日，公司收到银行转来的收账通知，是 B 集团公司投保 5 年期团寿险，投保对象为该集团所有员工 500 人，约定每月 5 日按 100 元/人/月的标准交纳保费，现预交 2010 年 12 月至 2011 年 12 月的保费 600 000 元。

会计分录：

借：银行存款　　　　　　　　　　　　　　　　　　　　　　600 000

　　贷：预收保费——B 集团公司　　　　　　　　　　　　　　　600 000

2010 年 12 月 9 日，普通寿险保户陈某因移居海外而要求退保，业务部门已按规定标准计算应退 21000 元，财务部门审核无误后，以现金支付退保金。该保费已支付佣金 2500 元。

会计分录：

借：退保金——普通寿险　　　　　　　　　　　　　　　　　21 000

　　贷：现金　　　　　　　　　　　　　　　　　　　　　　　21 000

前者未按照权责发生制确认保费收入，应调增应纳税所得额 47 500 元（50 000 ~ 2 500）；后者未对因退保收入而支付的佣金进行相应的纳税调整，应调增应纳税所得额 2 500元。

（3）2011 年 12 月该公司确认保费收入 2 000 万元，预收保费 400 万元。经检查该公司以往月份预收保费的金额都在 100 万元左右，初步怀疑存在少确认保费收入的情况。检查该公司预收保费的确认时间，发现多笔业务是在 12 月份确认的，稽查小组进一步采取抽样调查的方法查看预收保费中相应的保单信息和相关承保资料，发现有 10 份保单合同信息完整，原保险合同成立并承担相应保险责任，并且被保险人也将保费在 2011 年 12 月交予该保险公司。上述 10 份保单在 2011 年 12 月已符合保费收入的确认条件却未在该月确认保费收入，存在跨年度转移保费收入的情况，财务业务数据失真。

4. 处理结果

（1）该企业应及时补缴 2009 年应纳的企业所得税 262.25 万元；调增 2010 年应纳税所得额 50 000 元、补缴企业所得税 12 500 元；针对 2011 年财务数据失真、跨年度调节保费收入的行为，应公开谴责并要求、督促该企业加强自查行为并增强自查报告的真实性。

（2）根据《中华人民共和国税收征收管理法》第六十三条的规定："纳税人伪造、变造、隐匿、擅自销毁账簿、记账凭证，或者在账簿上多列支出或者不列、少列收入，或者经税务机关通知申报而拒不申报或者进行虚假的纳税申报，不缴或者少缴应纳税款的，是偷税。对纳税人偷税的，由税务机关追缴其不缴或者少缴的税款、滞纳金，并处不缴或者少缴的税款百分之五十以上五倍以下的罚款；构成犯罪的，依法追究刑事责任。扣缴义务人采取前款所列手段，不缴或者少缴已扣、已收税款，由税务机关追缴其不缴或者少缴的税款、滞纳金，并处不缴或者少缴的税款百分之五十以上五倍以下的罚款；构成犯罪的，依法追究刑事责任。"该公司以退保费的名义，将优惠折扣、降低费率、支付手续费和经纪费等支出从保费收入中扣除，减少账面应税收入，少缴税款的行为，应定性为偷税，处以所偷税款 0.5 倍的罚款。

（3）根据《中华人民共和国税收征收管理法》第三十二条的规定："纳税人未按照规定期限缴纳税款的，扣缴义务人未按照规定期限解缴税款的，税务机关除责令限期缴纳外，从滞纳税款之日起，按日加收滞纳税款万分之五的滞纳金。"该公司应按时缴纳相应滞纳金。

五、结束语

综合本节前四部分的阐述，可以发现保险公司具有较为特殊的经营特点与会计核算制度。这一方面增加了相关稽查工作的难度，在事前准备、事中实施等方面都对稽查人员提出了更高的要求；另一方面，也为稽查工作的展开提供了一些便利，比如：稽查人员可以从保险业务信息系统入手，将系统内的信息与会计财务系统的信息比对，从而找出稽查的重点。保险公司保费收入稽查工作的难点和突破口，前文已进行有关介绍，在此基础上提出两条建议。

第一，稽查人员应充分掌握保险行业会计核算的知识。保险行业业务和会计核算方法的特殊性都为保险公司谋取自身利益最大化、不顾及国家税收利益提供了空间，如果稽查人员不能充分把握相关业务的会计核算方法，则难以发现保险公司运用税法和会计差异违反相关法律法规的行为。掌握好保险行业的财会知识，是做好相关稽查工作的重要前提之一。

第二，稽查人员应当树立多方面、全方位稽查的整体意识，把握细节并善于运用各方信息资源展开稽查工作。一方面，稽查人员应合理运用保险公司内部的业务信息系统，将其作为辅助工具，合理运用综合复核方法进行稽查；另一方面，稽查人员要加强和其他有关单位的合作，比如和银行协查核实保险公司是否有利用银行未达账项调节收入的情况，和与保险公司业务往来频繁的单位协查保险公司的账面异常波动的原因等。

保费收入的稽查只是保险公司企业所得税稽查工作的一部分，但所涉及的会计知识、税务知识都十分庞杂，需要稽查人员付诸极大的精力去排查众多账证、项目。本节虽有许多不足，所阐释的内容也相当有限，但仍希望能为保险公司企业所得税的稽查研究以及实务工作提供一些微小的帮助。

（执笔：梁辰）

◎ **参考文献**

[1] 国家税务总局. 企业所得税管理操作指南 [M]. 北京：中国税务出版社，2011：82-

84，273-274.

[2] 马毅民. 保险业稽查实务 [M]. 北京：中国财政经济出版社，2011：234-237.

[3] 唐登山. 税务稽查学 [M]. 武汉：武汉大学出版社，2010：221-223.

[4] 杨文国. 保险业财税操作与稽查实务 [M]. 北京：经济科学出版社，2009：259-261.

第三节　铁矿石采选企业所得税稽查

一、引言

铁矿石采选企业因为矿产转让频繁、监管困难，企业偷漏税情况较为严重。为揭露和遏制税收违法行为，保障财政收入，加强对铁矿石企业税务稽查则变得极为重要。

得益于中国经济快速增长对钢铁的需求拉动，铁矿石行业经历了 2002—2012 年的黄金十年，铁矿石的价格一路飙升。然而近年来，随着中国经济结构调整、经济增速持续放缓，以及世界经济弱势增长，全球铁矿石需求增速放缓。2009 年以前，全球铁矿石市场基本上处于供不应求的阶段，2009—2012 年供给不足逐渐到供求平衡；而随着产能的持续扩张和需求的放缓，自 2013 年以来铁矿石的价格一路下跌，跌幅达 50%，一度跌穿国产矿完全成本线并逼近直接生产成本线，国内部分高成本矿山陆续关停。这种现象已经引起国家层面的高度关注，因此 2014 年国家出台了首个《中国铁矿中长期发展规划》，其主旨是"未来十年，我国将着力培育大型矿业集团，力争使国产矿比例达到 50% 以上，破解铁矿石原料供给高度依赖进口的钢铁困局"。

在此背景下，目前铁矿石企业并购、矿产转让频繁，被并购企业在出售资产时不开具发票、多抵增值税或税前扣除不合理支出的情况比较常见。在企业日常经营中，设置"账外账"、隐瞒收入、多转成本等企业偷漏税行为屡见不鲜。除此之外，当铁矿石企业形成大型矿业集团后，其业务更加复杂，偷漏税的隐蔽性更高。因此对铁矿石企业所得税的稽查成为值得深入研究的课题。

二、铁矿石采选企业所得税稽查目标

企业所得税是对我国境内的企业和其他取得收入的组织的生产经营所得和其他所得征收的所得税。现行企业所得税基本规范，是 2007 年 3 月 16 日第十届全国人民代表大会第五次全体会议通过的《中华人民共和国企业所得税法》和 2007 年 11 月 28 日国务院第197 次常务会议通过的《中华人民共和国企业所得税法实施条例》。企业所得税的稽查目标一般应注意以下几个问题。

（1）确定影响应纳税所得额增加的项目是否完整、是否存在漏记的情况，具体包括以下内容：

①营业收入；

②公允价值变动收益；

③投资收益；

④营业外收入；

⑤纳税调整增加额。

（2）确定影响应纳税所得额减少的项目是否"存在"或"发生"、是否存在多记的情况，具体包括以下内容：

①营业成本；

②营业税金及附加；

③销售费用；

④管理费用；

⑤财务费用；

⑥资产减值损失；

⑦纳税调整减少额（其中包括：不征税收入、免税收入、减计收入、减（免）税项目所得、加计扣除、抵扣应纳税所得额）。

（3）上述第1类、第2类项目的金额是否准确，即第1类项目是否存在"低估"，第2类项目是否存在"高估"情况。

（4）上述第1类、第2类项目的截止是否及时，即第1类项目是否存在"推迟"，第2类项目是否存在"提前"情况。

（5）确定影响企业所得税的披露是否恰当。

三、铁矿石企业稽查程序

（一）确定税务稽查选案对象

税务稽查选案的一般方法有以下几种。

（1）计算机选案。即采用计算机选案分析系统，在输入的纳税人的纳税资料中选择稽查对象。常用的计算机选案技术有聚类分析法和 Logistic 回归分析法，利用大量纳税人数据筛选出小类可能偷逃税款的纳税人为稽查对象首选。

（2）筛选或者抽样选案。即根据税务稽查计划，按征管户数的一定比例筛选或者随机抽取税务稽查对象。一般不具有针对性。

（3）举报、转办、交办、情报交换选案。即根据群众举报、有关部门转办、上级交办、稽查部门之间情报交换等途径获取的税案线索，确定税务稽查对象。

而铁矿石采选企业稽查选案除一般方法外还有其特有方法：观察企业的产量电耗比。税务稽查选案部门可从电力部门取得辖区内铁矿石企业购买电量情况，从征管部门取得铁矿采选企业年度产成品数量。根据取得的数据对各企业产量电耗比进行了计算，计算出行业均值，而实际产量电耗比低于行业均值的企业为重点稽查对象。

（二）做好稽查准备

在进行对企业全面检查之前对企业的纳税申报信息进行计算分析，以确定稽查方向，应关注以下几个方面。

1. 法律准备

税收法律及其他相关经济法律是税务稽查工作的根本法律依据，针对目前铁矿石企业纳税人并购、矿产转让频繁、管理难度大以及违法表现多种多样的现状，要求稽查人员有较高的执法水平和能力。在该阶段税务机关应根据具体稽查对象查找并明确相关的适用法律，以保证稽查工作顺利进行。

2. 资料准备

按照我国现行的税收管理体制和要求，纳税人申报纳税时必须同时向其税务主管部门报送各类财务报表。为提高税务稽查效率和效果，税务稽查机关和稽查人员在准备阶段可以分析相关报表，找出疑点，确定实施稽查目标。通过纵向比较企业增值税税负变化，当增值税税负出现明显下降时，将检查企业是否有隐匿销售收入及是否多抵扣进项税额为检查的主要方向。

3. 技术准备

全面分析纳税人的情况，拟定稽查的提纲和重点，由于每个被稽查对象的具体情况不同，除分析财务报表外，还要分析纳税人生产经营的特点和现状，确定稽查的目标和重点。如隔月零申报情况可能存在少记收入，应以企业原料、生产车间、动力与产量的产耗比为切入点检查；可能存在多转成本、多抵扣进项税额情况，则企业的重点检查部门应放在财务室、货物检斤等，通过货物过磅真实数据与明细账逐笔核对以发现问题。

（三）税务稽查过程

1. 稽查方法

（1）顺查法。

顺着会计资料的形成路径进行检查，叫做税务稽查的顺查法，即沿着"证→账→表"的方向进行检查。

顺查法的适用范围如下：与收入增加、支出（或费用、损失等）减少相关的交易、账户余额、列报等信息。稽查时，着重考察其"完整性"，而对其"存在"或者"发生"不予考察。企业所得税的税基大致由收入项和支出项（或成本、费用、损失、税金等）构成。企业的收入类项目是企业会计利润、应税所得和企业所得税的"增加项"，因此在企业所得税的稽查过程中，应对企业收入项的"完整性"保持高度警惕，与此相反，对收入项的"存在"或"发生"可不予考察。

（2）逆查法。

逆着会计资料的形成路径进行检查，叫做税务稽查的逆查法，即沿着"表→账→证"的方向进行检查。

逆查法的适用范围如下：与收入减少、支出（或费用、损失等）增加相关的交易、账户余额、列报等信息。稽查时，着重考察其"存在"或者"发生"，而对其"完整性"不予考察。企业的支出类项目（或成本、费用、损失、税金等）是企业会计利润、应税所得和企业所得税的"减少项"，因此在企业所得税的稽查过程中，应对企业支出项的"存在"或"发生"保持高度警惕，与此相反，对支出项的"完整性"可不予考察。

2. 对影响应纳税所得额增加项目的审查

影响应纳税所得额增加的项目，即企业收入类项目，主要包括营业收入、公允价值变动收益、投资收益、营业外收入以及纳税调整增加额。在企业所得税稽查过程中，审查收入增加项时适用顺查法，对企业收入项的"完整性"保持高度警惕，而审查收入减少项时适用逆查法，对企业收入项的"发生"或"存在"保持关注。

铁矿石企业在收入项常见的偷逃税方法为通过设置"账外账"、隐瞒少记或不计、以低价销售产品等方法降低收入，同时对于稽查时发现的非法收入也应予以关注。

（1）设置"账外账"、隐瞒收入的情况。

设置"账外账"，即分内账和外账，外账用于申报，而内账为企业内部记录，一般来说铁矿石行业本身具有经营范围广而杂的特点，内账记录的多为与个人交易的记录，与个人交易可不开增值税发票，从而隐匿收入。当稽查人员检查企业会计账簿资料，整理会计凭证时发现会计凭证号出现大量重叠时，可以初步证实很可能存在两套账，再将整理账簿数据与申报数据对比即可得到其偷逃税款的相关证据。

（2）低价销售降低收入的情况。

有些铁矿石企业会通过与无采矿权企业签订采矿权收购协议，采矿企业再以远低于市场价格和成本价格向被收购采矿权企业提高铁矿石价格，导致企业在出售铁矿石项目上出现亏损，从而降低收入，达到少缴企业所得税的目的。当铁矿石行情较好时，此项收入出现亏损，是比较明显的疑点，稽查人员可以以此为切入点。

（3）对于非法收入的处理。

为避免对非法收入征税默认其合法性，在税务部门已明确是违法收入（或所得）的情况下，如制假、售假，传销，矿山越界开采等，税务机关不就其非法收入（或所得）征税；税务机关在不明确其收入（或所得）是违法还是合法的情况下一律征税。

3. 对影响应纳税所得额减少项目的审查

影响应纳税所得额减少的项目，即企业支出类项目，主要包括营业成本、营业税金及附加、销售费用、管理费用、财务费用、营业外支出以及纳税调整减少额。在企业所得税稽查过程中，审查支出增加项时适用逆查法，对企业收入项的"发生"或"存在"保持关注，而审查支出减少项时适用顺查法，应对企业的收入项的"完整性"保持高度警惕。

铁矿石企业在支出项常见的偷逃税方法为通过多转成本、减少进项税额转出以及税前扣除不合理支出等方法增加成本费用支出。

（1）多转成本情况。

在结转外购铁矿石成本过程中，有些企业不使用企业向税务机关备案的"加权平均价格法"计算结转成本，而是采用公司指定的计划价格，这会导致多结转相关成本，从而达到偷漏税目的。对于这种情况稽查人员应注意审查其结转成本的计算方法。

（2）减少进项税额转出情况。

除了应资本化的费用化、免税收入未转出等一般企业都会发生的情况，铁矿石企业减少进项税额转出还存在以下两种情况。

一是企业在购买固定资产和无形资产不开具发票。受国家战略以及市场竞争状况影响，铁矿石企业并购、矿产转让频繁，被并购企业在出售资产时往往不开具发票，无法取得合法凭证。税源管理部门应密切关注企业动态，及时把握收购情况，避免税源流失；

二是非应税项目抵扣进项税额。企业不动产的在建工程耗用材料抵扣进项税额未做转出处理，这类情况的稽查重点在相关材料的领用。

（3）税前扣除不合理支出情况。

税前扣除不合理支出的情况较多，需要稽查部门人员仔细审查，例如企业发生的土地补偿费等以白条入账的费用不得扣除；企业运输矿石发生的工时费等杂费不得计算扣除；管理费用中列支的预提费用，未发生实际支出不得扣除。

（四）税务稽查审理和执行

将稽查实施环节结束后制作的稽查报告进行审理，对不合规定的稽查报告提出补充改进意见；制作审理报告、税收处理决定书，连同稽查报告呈报局长批准；将批准的税务处理决定书转交稽查执行环节执行，制作其他有关的法律文书；收到税务处理决定书后，要求被查对象按期缴纳税款和滞纳金或税收罚款，对不履行纳税义务的被查对象及时采取税收强制措施；执行完毕后，制作执行报告，经批准后，报送有关部门。

四、案例说明

针对铁矿石企业企业所得税稽查程序，本节选取了三个相关案例来说明实际稽查工作中的问题和经验启示。

（一）稽查选案对象和检查准备案例

1. 案例介绍

某选矿厂，私营独资企业，主营铁矿粉，自身无主体矿山，以外购铁矿石为主要原料，经磨碎后加工为铁精粉。2004年3月该选矿厂办理税务登记，为增值税一般纳税人，企业所得税由地方税务机关征收。

2006年6月，B县国家税务局稽查局决定对辖区内铁矿采选行业实施税收专项检查。该局选案部门从电力部门取得辖区内10个铁矿石企业2004—2005年购买电量情况，从征管部门取得铁矿采选企业以上年度产成品数量。选案人员根据取得数据对各企业产量电耗比进行了计算，结果显示采、选联合生产的企业指标均值为12.33吨/千度、单独选矿企业指标均值为14.54吨/千度。经筛选发现，该选矿厂这两项指标两年度均偏低，分别为7.80吨/千度和8.88吨/千度。由于该企业在本地区铁矿采选企业中规模较小，2005年未被列为被查对象。据此，选案部门决定将该企业列为重点被查对象，交实施部门对其2004—2005年度的纳税情况进行检查。

检查人员对该企业的纳税申报信息进行了计算分析，发现了以下疑点：

（1）该企业2004年、2005年增值税税负率分别为3.8%和2.5%，明显低于行业平均税负率5.3%。

（2）在2004—2005年铁精粉为卖方市场的情况下，该企业不足两年间竟出现了7个月的纳税零申报，且零申报月份互相间隔，不存在连续3个月的情况。

检查人员怀疑企业间隔月份零申报是逃避税务机关监管的有意为之。检查人员决定，以企业原料、动力与产量的产耗比为切入点，对该企业进行检查。

检查初始，企业财务账簿财务处理清晰，无明显漏洞。后在企业放松戒备时，检查人员对企业检斤房进行突击检查，获得了其销售检斤记录。检斤记录所载的产品销售数量远远超过了账簿记载的销售数量。企业法定代表人最终承认了账外经营的违法事实。

2. 违法分析

（1）违法事实。

该企业成立之初就为偷税进行了精心的策划，在财务账簿上同时少列成本、少记收入，并做到数额配比无误，账簿中没有明显漏洞。企业真实生产经营情况在账外记录，相关数据、资料并不传递到财务部门。月末结账前，法定代表人仅将需要开具发票的金额告知财务人员用以核算收入，再根据这一收入确定入账的铁矿石数量并向供货方索取发票，对其他销售收入则予以隐匿。共隐瞒收入 666 万元，少缴增值税 69 万元。

（2）定性处理。

依据《中华人民共和国增值税暂行条例》第一条、第二条第（一）项、第五条、第六条第一款、第十九条第（一）项，《中华人民共和国税收征收管理法》第六十三条、第三十二条的规定，该企业在账簿上少列收入、造成少缴税款的行为是偷税，追缴其少缴税款 69 万元，并处偷税数额一倍罚款，并加收滞纳金。

该企业涉嫌偷税犯罪，依据《中华人民共和国税收征收管理法》第七十七条第一款、国务院《行政执法机关移送涉嫌犯罪案件的规定》第三条的规定，将其移送司法机关追究刑事责任。2007 年 8 月，B 县人民法院以偷税罪判从该法定代表人王某有期徒刑 3 年，缓期 3 年执行，并处罚金 130 万元。

3. 案例启示

本案涉税违法行为具有明显早期筹划特征。涉税违法分子为避免引起税务机关怀疑，在账上少计的同时还少计生产成本，制造出购销配比合理的假象，同时隔月零申报纳税。对于这种违法行为，税务稽查人员应不断提高自身的稽查能力，积极探索新的选案以及检查思路和方法。

偷税企业账证、报表数据与其真实生产经营情况往往相去甚远。因此，稽查人员在选案、预案、检查环节中应注重对第三方信息的取得和利用。本案中，到电力公司取得购电数据、暗访检斤房这些"账外功夫"均对案件告破发挥了重要作用。

（二）对影响应纳税所得额增加项目的审查案例

1. 案例简介

某矿业有限公司成立于 2005 年 10 月，注册类型为有限责任公司，注册资本人民币 1 000 万元（L 省某铸造机械有限责任公司投资 86%，胡某（S 省人）投资 14%）。按照省、市两级专项检查工作部署，B 市国税稽查局于 2012 年 5 月 3 日至 2012 年 12 月 20 日，选派人员对该矿业有限公司 2010—2011 年纳税情况进行检查。

稽查人员依法对企业账簿采取调账检查，但账簿资料残缺不全，一名稽查人员在明细账中无意发现一份《2010 年经营及考核情况报告》，报告中收入数据显示比其纳税申报表中多出 2800 余万元，说明该企业可能隐匿收入或者企业还有一套账。稽查人员向局领导汇报后，提请与公安机关联合办案。

稽查人员将调取的账簿资料与公安机关搜查的账簿资料进行汇总检查，发现会计凭证中有手工填写，有计算机打印，两者凭证号却有重叠。稽查人员将汇总的数据与纳税申报表对比发现，该公司人为地将公司账簿、会计凭证分为"内账"和"外账"。"外账"是对外公开，用于向税务机关申报计算税金的，全部由计算机打印；"内账"是对内、不公开的，但也是真实的账簿、凭证，用手工书写。"内账"中的销售收入未计提销项税金，销售对象大多为个人，不需要开具发票。至此，该公司隐匿销售收入、少缴税款的事实铁证如山。

2. 违法分析

（1）违法事实。

该企业采取设置内外"两套账"手段，隐匿 2010 年销售收入 71 笔，含税销售收入 2 826.81 万元，占年总销售收入的 40%；隐匿 2011 年销售收入 69 笔，含税销售收入 2 371.47 万元，占年总销售收入的 25%。合计偷逃税款 5 833 079.88 元。

（2）定性处理。

依据《中华人民共和国增值税暂行条例》第一条、第四条的规定，追缴该企业 2010 年、2011 年少缴增值税 4 263 632.83。依据《中华人民共和国税收征收管理法》第三十五条、《国家税务总局关于印发（企业所得税核定征收办法）（试行）通知》第三条第（四）项的规定，追缴该公司 2010 年、2011 年少缴企业所得税 1 569 447.05 元。依据《中华人民共和国税收征收管理法》第六十三条和第三十二条的规定，该企业隐匿销售收入、不向税务机关申报、造成少缴税款的行为是偷税，处以少缴税款一倍的罚款；并从滞纳税款之日起，按日加收滞纳税款万分之五的滞纳金。

3. 案件启示

税务稽查不能简单"就账查账"，应保持敏锐的"嗅觉"。如果"就账查账"，很容易被企业蒙混过关。因此稽查人员要树立正确的办案理念，扩宽查账思路，改变固有模式，充分利用调查信息，拟定具体检查方案。

加强税警协作是查办类似案件的关键。纳税人设置"账外账"的情况并不少见，但对于此类案件，税务稽查部门往往受到取证手段的局限，难以取得证实其违法行为的关键证据。但公安机关具有搜查权，有效地解决了这一取证问题。两者合作可以有效提高工作效率。

（三）对影响应纳税所得额减少项目的审查案例

1. 案例简介

某集团矿业有限责任公司，注册类型为其他有限责任公司，主营铁矿粉，自有主体矿山，以矿石为主要原料，加工铁精粉。该企业为增值税一般纳税人，企业所得税由国税机构征收。2011 年 7 月，B 市国家税务局决定对辖区内规模以上铁矿采选企业实施税收专项检查，决定将该矿业有限责任公司作为重点检查对象，交实施部门对其 2009—2010 年度的纳税情况进行检查。

稽查人员调取了该企业相关涉税信息，并向征管部门了解了该企业近年的生产经营情况，并进行了评估分析，发现企业可能存在以下问题。

（1）经向征管部门了解，得知该公司是近年收购附近选厂而成立的企业，收购选厂取得的固定资产、无形资产、产成品和原材料未取得合法凭据，企业可能根据中介机构评估价值入账计提固定资产折旧和无形资产摊销，产成品和原材料按评估价值计入成本。

（2）该公司生产铁精粉所用的主要原材料矿石，除自产部分外，还存在外购矿石，多向个人收购，可能无法取得发票，还可能存在将外购矿石由销售方缴纳的增值税计入本企业原材料购进成本的问题。

稽查人员据此拟定的检查重点为：检查企业收购的固定资产和无形资产提取折旧和摊销情况，收购的产成品和原材料耗用情况；检查企业外购矿石是否取得发票，代开发票缴纳的增值税由谁承担，企业是否计入本单位材料购进成本；检查运费发票开具的矿石运输数量是否与实际相符，是否将工时费、作业费等杂费计提进项税；扣除项目逐项检查。

2. 违法分析

（1）违法事实。

稽查人员在检查企业的固定资产折旧明细账和记账凭证时发现，该公司 2009 年 11 月购入 A 选厂、B 选厂、C 选厂固定资产 31 840 469.87 元，无形资产——采矿权 104 534 534.73元，取得的铁精粉和材料未取得发票。2009 年提取折旧 263 458 元，无形资产摊销 1 742 075.58 元，原材料按评估价值计入成本 1 311 906.66 元；2010 年提取折旧 3 194 608.18 元，无形资产摊销 11 091 017.84 元，产成品按评估价值计入成本 1 849 680.00元。

稽查人员在检查企业原材料明细账时发现，该公司 2010 年 12 月外购矿石，应由矿石销售方缴纳的增值税 80 750.10 元，计入本企业原材料购进成本。检查企业其他应付款明细账和税前扣除项目，该公司发生的土地补偿费、租赁费、伙食补助、评审费等以白条入账计入费用 19 344.00 元，在税前扣除；2010 年工会经费提而未缴 12 289.78 元。检查企业取得的运输发票，发现 2009 年 12 月该公司运输矿石发生的工时费，开具运费发票抵扣进项税 5 484.50 元。

（2）定性处理。

依据《中华人民共和国增值税暂行条例》第八条第二款及《中华人民共和国增值税暂行条例实施细则》第十八条的规定，该单位支付工时费等杂费不得计算扣除进项税额，追缴其少缴增值税 5 484.50 元。依据《中华人民共和国税收征收管理法》第十九条、第三十二条，《中华人民共和国企业所得税法》第十条、第十五条，《中华人民共和国企业所得税法实施条例》第四十一条、第五十六条、第五十八条、第六十六条和第七十二条的规定，追缴该企业 2009—2010 年少缴的企业所得税 4 966 282.54 元，并按日加收万分之五的滞纳金。

3. 案例启示

近年来，铁矿厂并购现象时有发生。被收购企业在出售资产时不开具发票、多抵增值税或税前扣除不合理支出的情况比较常见。建议税务管理部门加大对铁矿采选行业的征管力度，密切关注企业的生产经营情况，发现有出售迹象，要及早做好跟踪清理准备，避免税款流失。

五、结论及建议

本节首先分析铁矿石采选企业的特点，并阐述了企业所得税的稽查目标。结合铁矿石采选企业实践情况以及偷漏税常见手段，本文针对企业所得税稽查程序各阶段的情况进行了详细的论述，具体包括确定税务稽查选案对象、做好纳税检查准备、影响应纳税所得额增加类和减少类项目的审查，以及税务稽查审理和执行等五个程序，同时对每个程序中存在的问题和采取的稽查办法进行了相关介绍。重点侧重于收入和支出两方面稽查，并对设置"账外账"、隐瞒收入、减少进项税额转出、税前扣除不合理支出等企业偷漏税情况进行了具体案例说明。

根据相关稽查案例的经验和启示，本节对于铁矿石采选企业稽查提出以下几点建议。

1. 注重企业数据分析，做好检查预案

合理地运用企业数据，可以有效地发现"问题"企业，从而更有针对性地进行税务稽查。将企业本年与上一年主营业务收入、增值税税负率进行比较，分析异常变动的原因；与同行业企业本年相关数据资料进行对比，检查是否异常。通过一系列数据分析，可以准确地找到企业存在的问题，从而确定稽查的具体目标和方向，现如今信息技术的发展也为其提供了条件。

2. 树立正确办案理念，加大征管力度

检查人员要树立正确的办案理念，扩宽查账思路，改变固有模式，充分利用调查信息，拟定具体检查方案。税务稽查不能简单"就账查账"，应保持敏锐的"嗅觉"。如果"就账查账"，很容易被企业蒙混过关。而且铁矿厂并购现象时有发生，被收购企业在出售资产时不开具发票、多抵增值税或税前扣除不合理支出的情况比较常见。因此加大对铁矿采选行业的征管力度，密切关注企业生产经营情况，做好跟踪清理准备，避免税款流失。

3. 加强税警合作，扩展稽查信息来源

偷税企业账证、报表数据与其真实生产经营情况往往相去甚远。税务稽查部门往往受到取证手段的局限，难以取得证实企业违法行为的关键证据。但与公安机关协作可以有效地解决取证问题。此外，稽查人员在选案、预案、检查环节中还应注重对第三方信息的取得和利用，着力对企业生产、仓储、运输、检测等重要环节进行调查。例如到电力公司取得企业的购电数据、暗访检斤房等，这些"账外功夫"在稽查方面均发挥了重要作用。

（执笔：李博峰）

◎ **参考文献**

[1] 陈颖，吴璇. 税务稽查选案存在的问题及指标体系选择 [J]. 税务研究，2005（8）：80-81.

[2] 梁炳琪. 铁矿石行业面临的市场形势及竞争策略 [J]. 管理观察，2015（31）：78-80.

[3] 唐登山. 税务稽查学 [M]. 武汉：武汉大学出版社，2010.

[4] 伍红，侯伟．税务稽查执法风险的分析与控制 [J] ．税务研究，2010（9）：84-86.

[5] 许建国．纳税评估、日常检查、税务稽查关系的规范 [J] ．税务研究，2008（1）：80-83.

[6] 张捷．税务稽查案例精选 [M] ．北京：中国税务出版社，2015.

第四节　食品行业增值税税务稽查
——以 A 食品生产企业为例

一、背景介绍

武汉市 A 食品生产企业成立于 2003 年 9 月，注册资本 300 万元，注册类型为私营有限责任公司，主要从事饼干、糖果等食品生产和销售，被税务机关认定为增值税一般纳税人。该企业购进主要材料面粉，辅助材料白砂糖、糖稀和食品添加剂，消耗原煤和电力，生产主要产品酥性饼干和韧性饼干，并以饼干塑料纸袋、纸箱进行包装。生产工艺流程如图 13-1 所示。

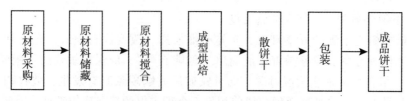

图 13-1　饼干生产企业工艺流程

2016 年该企业发生如下业务。

（1）2 月 10 日企业采取分期收款方式销售货物一批，价款 210 万元，该批产品的成本 120 万元，分三次平均收取价款，按合同规定收款日期分别为 2 月 10 日、5 月 10 日和 8 月 10 日。

（2）2 月 15 日企业采取预收货款方式销售货物一批，价款 50 万元，该批产品的成本 30 万元。

（3）3 月 5 日企业向武商量贩销售饼干 1 000 箱，销售货物的同时向购货方收取包装费 90 000 元，开具资金往来发票，记入"其他应付款"账户，汇总企业的账务处理如下：

借：银行存款　　　　　　　　　　　　　　　　　　　　　　90 000

　　贷：其他应付款　　　　　　　　　　　　　　　　　　　　　　90 000

（4）2017 年 2 月底"其他应付款——包装物押金"明细账的贷方余额为 26 000 元，其中：2016 年 1 月 4 日收取押金 5 000 元，2016 年 1 月 20 日收取押金 5 000 元，2016 年 9 月 6 日收取押金 16 000 元。

（5）4 月 1 日该企业采取以物易物的方式用本企业生产的饼干从面粉厂换购 100 袋面粉，金额为 11 万元。

（6）该企业共有职工 142 人，端午节将企业加工生产的饼干发放给职工，每人发放 10 斤，该批饼干的市场价格是 5.85 元/斤，成本价为 3 元/斤，该企业 5 月 27 日的凭证会计分录为：

借：应付职工薪酬——职工福利　　　　　　　　　　　　　　　　　　4 260

　　贷：库存商品——饼干　　　　　　　　　　　　　　　　　　　　　　4 260

（7）5 月 28 日该企业外购一批白砂糖用于企业职工食堂，取得增值税专用发票，发票上注明价款 5 000 元，企业在当期将增值税专用发票上注明的税款在销项税额中抵扣。

（8）5 月 30 日该企业无偿调拨 1 000 公斤面粉赠送给职工，该批面粉的购进价格为 4 000元，进项税额已经抵扣。该业务的凭证记录为：

借：应付职工薪酬　　　　　　　　　　　　　　　　　　　　　　　　4 000

　　贷：原材料——面粉　　　　　　　　　　　　　　　　　　　　　　　4 000

二、税务稽查目标

税务稽查的目标主要从以下几个方面入手：①"全不全"，即企业所发生的实际业务在会计处理时是否全部入账；②"在不在"，即企业账务中记录的业务在现实中是否能找到实际的业务与之相对应；③"对不对"，即记账金额是否正确，查询账簿凭证中的金额和实际发生的业务金额是否对得上；④关注企业的会计分期是否提前或者滞后；⑤着眼于企业的表达披露，即在企业的表达披露中该说明的事项是否都说明了，比如关联企业等。

（一）销项税额的稽查目标

增值税纳税人的销售行为按照税法的规定可以分为正常销售行为、特殊销售行为和视同销售行为三类，我们分别按照这三种不同的销售行为确定对企业纳税行为进行税收稽查的目标。

1. 正常销售行为计税依据的稽查

对正常的销售行为，主要是检查企业的销售收入是否完整及时地入账以及企业入账金额是否准确。

税务机关在对企业发生的正常销售行为所取得的销售收入是否完整入账进行检查时要重点关注以下几个方面：（1）是否存在着销售产品不开发票的情况。（2）是否存在取得收入不按规定入账，销售收入长期挂账不转收入的情况。（3）特别注意向购货方收取的各种价外费用是否按规定纳税，价外费用主要包括价外向购买方收取的手续费、补贴、基金、集资费、返还利润、奖励费、违约金、滞纳金、延期付款利息、赔偿金、代收款项、代垫款项、包装费、包装物租金、储备费、优质费、运输装卸费以及其他各种性质的价外收费。

税务机关在检查企业发生的正常销售行为所取得的销售收入入账金额是否准确的时候要重点关注以下几个方面：（1）是否存在收取外单位或个人水、电、汽等费用，不计、少计收入或冲减费用的情况。（2）是否将应收取的销售款项，先支付费用（如购货方的回扣、推销奖、营业费用、委托代销商品的手续费等），再将余款入账作收入的情况。（3）计算应纳税额时所销售产品的适用税率是否准确。（4）发生销售退回和销售折让是否取得税务机关开具的退税凭证并据此开具增值税红字专用发票作为抵减销项税额的依据。

2. 特殊销售行为计税依据的稽查

特殊销售行为包括折扣销售、以旧换新、还本销售、以物易物、带包装物销售货物、销售自己使用过的固定资产、混合销售行为和兼营行为等。

税务机关在进行税务稽查的时候，对企业发生的特殊销售行为所取得的销售收入是否完整入账进行检查时要重点关注以下几个方面：（1）是否存在以货易货、以货抵债的业务未记收入的情况，根据税法规定，对发生以物易物行为的，交易双方都要同时做购销处理。（2）对逾期未收回的包装物押金是否按税法规定计提缴纳销项税额。

税务机关在检查企业发生的特殊销售行为所取得的销售收入入账金额是否准确的时候要重点关注以下几个方面：（1）折扣销售业务的销售额和折扣额是否在同一张发票的"金额栏"中分别注明，如果是将折扣额填写在发票的备注栏，则不允许抵减销售额。（2）以旧换新的经营业务中是否存在冲减旧货物的收购价格以实际收取的款项作为销项税额的计税依据的情况，根据我国税法的规定，除了金银首饰以外，其他以旧换新的业务中不得以新货物的价格扣减旧货物的收购价格。（3）还本销售的经营业务中是否存在将还本支出从企业销项税额中扣除的情况，根据税法规定，企业销售货物时发生的还本支出一律不得从增值税应纳税所得额中扣除。（4）混合销售行为是否依法纳税，兼营非增值税应税项目是否按规定分别核算货物或应税劳务和非增值税应税项目的销售额，对不分别核算或者不能准确核算的，是否按主管税务机关核定的货物或者应税劳务的销售额缴纳增值税。

3. 视同销售行为计税依据的稽查

税法中将企业发生的视同销售行为归为以下几类，分别是将货物委托他人代销，销售代销货物，非同一县（市）将货物从一个机构移送其他机构用于销售，将自产或委托加工的货物用于非应税项目，将自产或委托加工的货物用于集体福利或个人消费，将自产、委托加工或购买货物用于投资、分配或者无偿赠送他人。

税务机关在进行税务稽查的时候，对企业发生的视同销售行为计税依据的检查要重点关注企业是否存在发生视同销售行为但是未按规定计提销项税额的情况，比如将自产或委托加工的货物用于非增值税应税项目、集体福利或个人消费，但是不计或少计应税收入，将自产、委托加工或购买的货物用于投资、分配、无偿捐助、赠送以及将外购的材料改变用途对外销售等，但是不计或少计应税收入。

（二）进项税额的稽查目标

进项税额的检查重点是对准予从销项税额中抵扣的进项税额和进项税额转出的检查，包括核实进项税额的抵扣范围和抵扣金额，即稽查"全不全""在不在"和"对不对"。

1. 准予从销项税额中抵扣的进项税额的稽查

在对企业准予从销项税额中抵扣的进项税额的稽查中，重点关注"在不在"和"对不对"的问题，具体来说，包括以下几个方面：（1）用于抵扣的进项税额是否取得增值税专用发票，取得的增值税专用发票是否真实合法。（2）是否有开票单位与收款单位不一致的情况。（3）是否有票面所记载货物与实际入库货物不一致的发票用于抵扣。（4）是否有用于非增值税应税项目、免征增值税项目、集体福利和个人消费、非正常损失的货物（劳务）、非正常损失的在产品、产成品所耗用的购进货物（劳务）所发生的金额抵扣进项。

2. 进项税额转出的稽查

当企业购进的货物发生非正常损失或者企业将购进货物改变用途如用于非应税项目、集体福利或个人消费等，其抵扣的进项税额应通过"应交税费——应交增值税（进项税额转出）"科目转入有关科目，不予以抵扣。

税务机关在对进项税额转出进行稽查的时候，要重点关注"全不全"的问题，具体来说，包括以下几个方面：（1）发生退货或取得销售折让是否按规定作进项税额转出。（2）用于非增值税应税项目、免征增值税项目、集体福利和个人消费、非正常损失的货物（劳务）、非正常损失的在产品、产成品所耗用的购进货物（劳务）是否按规定作进项税额转出。（3）是否存在将返利挂入其他应付款、其他应收款等往来账或冲减营业费用，而不作进项税额转出的情况。

三、税务稽查程序

税务机关于 2017 年 3 月 5 日对 A 食品生产企业当年缴纳增值税的情况进行了纳税检查。首先对企业在三种销售方式下销售货物缴纳增值税销项税额的情况进行了检查，然后对企业购进原材料取得增值税专用发票可抵扣的进项税额以及由于非正常损失和改变用途发生的进项税额转出进行了核查。

（一）销项税额的稽查

1. 正常销售行为计税依据的稽查

税务检查人员采取抽查法对 A 食品生产企业当年发生正常销售行为缴纳增值税的业务进行检查。

（1）税务稽查人员发现该企业于 2 月 10 日采取分期收款方式销售货物一批，价款 210 万元，该批产品的成本 120 万元，分三次平均收取价款，按合同规定收款日期分别为 2 月 10 日、5 月 10 日和 8 月 10 日。于是税务稽查人员重点审查了"分期收款发出商品""库存商品""主营业务收入""主营业务成本"等账户，核对记账凭证、原始凭证和销售合同。结果发现，前两次货款如期收到，企业按照规定确认收入和结转成本，但从 8 月 10 日至检查日为止，第三笔货款始终没有确认销售收入。税务稽查人员向企业负责人询问，企业管理人员以没有收到货款为由说明未确认收入，也未结转成本。而按照我国税法规定，以分期收款方式销售货物，纳税义务发生时间为合同约定的收款日期，因此税务稽查人员要求企业对账务进行调整并向机关补缴税款。

（2）税务稽查人员发现 2 月 15 日企业采取预收货款方式销售货物一批，价款 50 万元，该批产品的成本 30 万元。税务稽查人员进行报表检查时发现该企业"预收账款"期末余额 585 000 元，金额较大。经进一步检查"预收账款"明细账和有关记账凭证、原始凭证及产品出库单，查明产品已经出库，企业计入"预收账款"账户的余额全部是企业销售产品收到的货款和税款。经核实，该批商品的生产成本为 30 万元并已结转成本。因此经过以上核查，税务稽查人员发现该企业存在长期预收货款挂账、不转收入的情况，要求该企业对账务进行调整并向机关补缴税款。

（3）在"其他应付款明细账"中，税务稽查人员发现 A 企业 3 月 5 日在向武商量贩销售 1 000 箱饼干的同时，将购货方收取的包装费 90 000 元列入了其他应付款，稽查人员核查企业记账凭证，发现其具体的账务处理为：

借：银行存款   90 000

 贷：其他应付款   90 000

包装费属于向购买方收取的价外费用，应该缴纳增值税，而该企业将收取的包装费列入其他应付款逃避了增值税，违反了税法的规定。

2. 特殊销售行为计税依据的稽查

（1）在"其他应付款明细账"中，税收稽查人员发现 A 企业截至 2 月底对 2016 年销售饼干收取的包装物押金仍未转账，根据我国税法规定，包装物押金在收取时不征税，而逾期或超过一年以上仍不退还的包装物押金应计征增值税。A 企业对逾期未收回的包装物押金没有按照税法规定计提缴纳销项税额，因此税务稽查人员要求企业对账务进行调整并向机关补缴税款。

（2）在"原材料"账户中，税务稽查人员发现该企业从某面粉厂购进面粉 100 袋，金额为 11 万元，然而在检查核对"银行存款""应付账款"账户时，却均未发现有这笔交易的记录。稽查人员进一步查看对应的记账凭证，发现企业所做的会计分录为：

借：原材料——面粉   110 000

 贷：库存商品——饼干   110 000

税务稽查人员接着检查记账凭证所附的原始凭证，原始凭证共有两张，一张是该企业开出的销售水泥的普通发票记账联，另一张是面粉厂开出的面粉出售普通发票。根据税法规定，对发生以物易物销售行为的，交易双方都要同时做购销处理，而该企业发生以物易物的行为未计入增值税应税收入，逃避了增值税应纳税款，因此税务稽查人员要求企业对账务进行调整并向税务机关补缴税款。

3. 视同销售行为计税依据的稽查

在"库存商品"明细账中，税务稽查人员发现 A 企业将自己加工生产的饼干作为职工福利发放给职工时账务出现问题，于是对企业的记账凭证和原始凭证做了进一步的检查，查看其记账凭证，发现企业 5 月 27 日具体的凭证会计分录为：

借：应付职工薪酬——职工福利   4 260

 贷：库存商品——饼干   4 260

再进一步检查企业的产品出库单，发现企业没有开具增值税专用发票。企业将自己加工生产的饼干作为职工福利发放给职工的过程中，没有计征增值税，会计处理上违反了企业会计准则的规定，也违反了《中华人民共和国增值税暂行条例实施细则》。根据税法规定，对于发生视同销售行为的，应按照规定向税务机关计缴增值税。而根据该企业对这笔业务的会计分录，将自产货物作为职工福利发放给职工并没有计提增值税，逃避了增值税应纳税款，因此税务稽查人员要求企业对账务进行调整并向机关补缴税款。

（二）进项税额的稽查

1. 准予从销项税额中抵扣的进项税额的稽查

对准予从销项税额中抵扣的进项税额的稽查重点是核实进项税额的抵扣范围和抵扣金额。

在"原材料"明细账中，税务稽查人员发现 A 企业 5 月 28 日外购了一批白砂糖用于企业职工食堂，于是对企业的记账凭证和原始凭证做了进一步的检查，查看其记账凭证，发现企业具体的账务处理为：

借：原材料——白砂糖   5 000

    应交税费——应交增值税（进项税额）   850

    贷：银行存款   5 850

企业将外购的白砂糖用于企业职工食堂，在当期将取得的增值税专用发票上注明的税款在销项税额中抵扣。税务稽查人员发现该企业购进的白砂糖是用于非增值税应税项目的，不属于进项税额可抵扣的范围，取得的增值税专用发票上注明的增值税进项税额不能在销项税额中扣除。而该企业对该笔业务做了进项税额的抵扣，违反了税法规定，因此税务稽查人员要求企业对已抵扣的进项税额做转出处理。

2. 进项税额转出的稽查

在"原材料"明细账中，税务稽查人员发现企业无偿调拨 1 000 公斤面粉赠送给职工的账务出现问题，于是对企业的记账凭证和原始凭证进行了进一步的检查，查看其记账凭证，发现企业具体的账务处理为：

借：应付职工薪酬   4 000

    贷：原材料——面粉   4 000

在进一步检查企业的产品出库单时，税务稽查人员发现企业没有开具增值税红字专用发票。该企业将外购的 1 000 公斤面粉改变用途用于企业职工福利，外购面粉所发生的进项税额已经抵扣，根据我国税法规定，当企业购进的货物发生非正常损失或者企业将购进货物改变用途如用于非应税项目、集体福利或个人消费等，其抵扣的进项税额应通过"应交税费——应交增值税（进项税额转出）"科目转入有关科目，不予以抵扣。而该企业对该笔业务没有做进项转出处理，违反了税法规定，因此税务稽查人员要求该企业对账务进行调整并做相应的进项税额转出处理，发生的增值税额直接计入外购商品的成本。

四、税务稽查结果分析

通过税务机关对 A 食品企业的稽查，稽查人员发现该企业存在着偷漏税的情况，因此针对该企业以上的违法行为，税务机关根据《中华人民共和国企业会计准则》《中华人民共和国增值税暂行条例》《中华人民共和国增值税暂行条例实施细则》的有关规定，以及《中华人民共和国税收管理法》第四十条关于"纳税人采取伪造、变匿、隐匿、擅自销毁账簿、记账凭证，在账簿上多列支出或者不列、少列收入，或者进行虚假的纳税申报的手段，不缴或者少缴税款的，是偷税"的规定，认定该企业以上的几笔经济业务属于在账簿上少列收入、进行虚假申报少纳税的偷税行为，具体处理如下。

（一）补缴税款与调整账务

1. 分期收款销售货物，收入确认不及时

（1）补缴税款。

8月份应收不含税销售款：2 100 000/3 = 700 000（元）

应补缴增值税：700 000×17% = 119 000（元）

（2）调整账务。

确认收入：

借：应收账款　　　　　　　　　　　　　　　　　　　819 000

　　贷：主营业务收入　　　　　　　　　　　　　　　　　700 000

　　　　应交税费——增值税检查调整　　　　　　　　　　119 000

结转成本：

借：主营业务成本　　　　　　　　　　　　　　　　　400 000

　　贷：分期收款发出商品　　　　　　　　　　　　　　　400 000

2. 预收货款长期挂账，不转收入

（1）补缴税款。

应补缴增值税：500 000×17% = 85 000（元）

（2）调整账务。

借：预收账款　　　　　　　　　　　　　　　　　　　585 000

　　贷：主营业务收入　　　　　　　　　　　　　　　　　500 000

　　　　应交税费——增值税检查调整　　　　　　　　　　85 000

3. 价外费用列入其他应付款

（1）补缴税款。

不含税销售价：90 000/（1+17%）= 76 923.08（元）

应补缴增值税：76 923.08×17% = 13 076.92（元）

（2）调整账务。

借：其他应付款　　　　　　　　　　　　　　　　　　90 000

　　贷：主营业务收入　　　　　　　　　　　　　　　　　76 923.08

　　　　应交税费——增值税检查调整　　　　　　　　　　13 076.92

4. 逾期包装物押金，未征增值税

（1）补缴税款。

包装物不含税销售价：10 000/（1+17%）= 8 547（元）

应补缴增值税：8 547×17% = 1 453（元）

（2）调整账务。

借：其他应付款　　　　　　　　　　　　　　　　　　10 000

　　贷：其他业务收入　　　　　　　　　　　　　　　　　8 547

　　　　应交税费——增值税检查调整　　　　　　　　　　1 453

5. 以物易物不做销售

（1）补缴税款。

应补缴增值税：110 000×17%＝18 700（元）

（2）调整账务。

借：原材料——面粉		128 700
主营业务成本		110 000
贷：主营业务收入		110 000
应交税费——增值税检查调整		18 700
库存商品——饼干		110 000

6. 将自产货物用于职工福利未计提销项税额

（1）补缴税款。

饼干不含税销售价：142×10×5.85∕（1+17%）＝7 100（元）

应补缴增值税：7 100×17%＝1 207（元）

（2）调整账务。

借：应付职工薪酬		5 467
贷：主营业务收入		4 260
应交税费——增值税检查调整		1 207

7. 外购货物用于增值税非应税项目做了进项税额抵扣

（1）补缴税款。

应从销项税额中转出的增值税：5 000×17%＝850（元）

（2）调整账务。

借：库存商品		5 850
贷：银行存款		5 850

8. 购进货物用于职工福利

（1）补缴税款。

应补缴增值税：4 000×13%＝520（元）

（2）调整账务。

借：应付职工薪酬		4 520
贷：主营业务收入		4 000
应交税费——应交增值税（进项税额转出）		520

（二）给予处罚

经核实，该企业申报的应纳税额为 200 万元，2016 年总偷漏税数额为 23.98 万元，偷税数额占应纳税额的比重超过 10%，税务机关按照法定程序，对该企业的偷税行为处以应补增值税 3 倍的罚款。

应处以罚款：239 806.92×3＝719 420.76（元）

（执笔：时良彦）

◎ **参考文献**

［1］李传喜，吴俊龙．税务稽查［M］．北京：经济科学出版社，2013.

［2］刘宪茹．税收征管改革理论与实践［M］．大连：东北财经大学出版社，2002.

［3］谭光荣．税务稽查［M］．长沙：湖南大学出版社，2003.

［4］唐登山．税务稽查学［M］．武汉：武汉大学出版社，2010.

［5］许文．关于税务稽查若干问题的理论思考［J］．吉林工商学院学报，2002（1）：13-18.

［6］张爱球．税收征管概念的辨析与建构——兼论税收征管改革的对象和目标［J］．学海，2005（4）：152-157.

［7］张铁牛．关于税务稽查科学化和精细化管理的思考［J］．中国税务，2007（10）：51-51.

附录一 税务稽查工作规程

第一条 为了保障税收法律、行政法规的贯彻实施，规范税务稽查工作，强化监督制约机制，根据《中华人民共和国税收征收管理法》（以下简称《税收征管法》）、《中华人民共和国税收征收管理法实施细则》（以下简称《税收征管法细则》）等有关规定，制定本规程。

第二条 税务稽查的基本任务，是依法查处税收违法行为，保障税收收入，维护税收秩序，促进依法纳税。

税务稽查由税务局稽查局依法实施。稽查局主要职责，是依法对纳税人、扣缴义务人和其他涉税当事人履行纳税义务、扣缴义务情况及涉税事项进行检查处理，以及围绕检查处理开展的其他相关工作。稽查局具体职责由国家税务总局依照《税收征管法》《税收征管法细则》有关规定确定。

第三条 税务稽查应当以事实为根据，以法律为准绳，坚持公平、公开、公正、效率的原则。

税务稽查应当依靠人民群众，加强与有关部门、单位的联系和配合。

第四条 稽查局在所属税务局领导下开展税务稽查工作。

上级稽查局对下级稽查局的稽查业务进行管理、指导、考核和监督，对执法办案进行指挥和协调。

各级国家税务局稽查局、地方税务局稽查局应当加强联系和协作，及时进行信息交流与共享，对同一被查对象尽量实施联合检查，并分别作出处理决定。

第五条 稽查局查处税收违法案件时，实行选案、检查、审理、执行分工制约原则。

稽查局设立选案、检查、审理、执行部门，分别实施选案、检查、审理、执行工作。

第六条 税务稽查人员应当依法为纳税人、扣缴义务人的商业秘密、个人隐私保密。纳税人、扣缴义务人的税收违法行为不属于保密范围。

第七条 税务稽查人员有《税收征管法细则》规定回避情形的，应当回避。

被查对象要求税务稽查人员回避的，或者税务稽查人员自己提出回避的，由稽查局局长依法决定是否回避。稽查局局长发现税务稽查人员有规定回避情形的，应当要求其回避。稽查局局长的回避，由所属税务局领导依法审查决定。

---

① 原《税务稽查工作规程》是按"章"来编排，本书为了编排体例的统一，改为按"节"来编排。下同。

第八条 税务稽查人员应当遵守工作纪律，恪守职业道德，不得有下列行为：

（一）违反法定程序、超越权限行使职权；

（二）利用职权为自己或者他人谋取利益；

（三）玩忽职守，不履行法定义务；

（四）泄露国家秘密、工作秘密，向被查对象通风报信、泄露案情；

（五）弄虚作假，故意夸大或者隐瞒案情；

（六）接受被查对象的请客送礼；

（七）未经批准私自会见被查对象；

（八）其他违法乱纪行为。

税务稽查人员在执法办案中滥用职权、玩忽职守、徇私舞弊的，依照有关规定严肃处理；涉嫌犯罪的，依法移送司法机关处理。

第九条 税务机关必须不断提高稽查信息化应用水平，充分利用现代信息技术采集涉税信息，强化稽查管理和执法监督。

第二节 管　辖

第十条 稽查局应当在所属税务局的征收管理范围内实施税务稽查。

前款规定以外的税收违法行为，由违法行为发生地或者发现地的稽查局查处。

税收法律、行政法规和国家税务总局对税务稽查管辖另有规定的，从其规定。

第十一条 税务稽查管辖有争议的，由争议各方本着有利于案件查处的原则逐级协商解决；不能协商一致的，报请共同的上级税务机关协调或者决定。

第十二条 省、自治区、直辖市和计划单列市国家税务局稽查局、地方税务局稽查局可以充分利用税源管理和税收违法情况分析成果，结合本地实际，按照以下标准在管辖区域范围内实施分级分类稽查：

（一）纳税人生产经营规模、纳税规模；

（二）分地区、分行业、分税种的税负水平；

（三）税收违法行为发生频度及轻重程度；

（四）税收违法案件复杂程度；

（五）纳税人产权状况、组织体系构成；

（六）其他合理的分类标准。

分级分类稽查应当结合税收违法案件查处、税收专项检查、税收专项整治等相关工作统筹确定。

第十三条 上级稽查局可以根据税收违法案件性质、复杂程度、查处难度以及社会影响等情况，组织查处或者直接查处管辖区域内发生的税收违法案件。

下级稽查局查处有困难的重大税收违法案件，可以报请上级稽查局查处。

第三节 选　案

第十四条 稽查局应当通过多种渠道获取案源信息，集体研究，合理、准确地选择和确定稽查对象。

选案部门负责稽查对象的选取，并对税收违法案件查处情况进行跟踪管理。

第十五条 稽查局必须有计划地实施稽查，严格控制对纳税人、扣缴义务人的税务检查次数。

稽查局应当在年度终了前制订下一年度的稽查工作计划，经所属税务局领导批准后实施，并报上一级稽查局备案。

年度稽查工作计划中的税收专项检查内容，应当根据上级税务机关税收专项检查安排，结合工作实际确定。

经所属税务局领导批准，年度稽查工作计划可以适当调整。

第十六条 选案部门应当建立案源信息档案，对所获取的案源信息实行分类管理。案源信息主要包括：

（一）财务指标、税收征管资料、稽查资料、情报交换和协查线索；

（二）上级税务机关交办的税收违法案件；

（三）上级税务机关安排的税收专项检查；

（四）税务局相关部门移交的税收违法信息；

（五）检举的涉税违法信息；

（六）其他部门和单位转来的涉税违法信息；

（七）社会公共信息；

（八）其他相关信息。

第十七条 国家税务总局和各级国家税务局、地方税务局在稽查局设立税收违法案件举报中心，负责受理单位和个人对税收违法行为的检举。

对单位和个人实名检举税收违法行为并经查实，为国家挽回税收损失的，根据其贡献大小，依照国家税务总局有关规定给予相应奖励。

第十八条 税收违法案件举报中心应当对检举信息进行分析筛选，区分不同情形，经稽查局局长批准后分别处理：

（一）线索清楚，涉嫌偷税、逃避追缴欠税、骗税、虚开发票、制售假发票或者其他严重税收违法行为的，由选案部门列入案源信息；

（二）检举内容不详，无明确线索或者内容重复的，暂存待办；

（三）属于税务局其他部门工作职责范围的，转交相关部门处理；

（四）不属于自己受理范围的检举，将检举材料转送有处理权的单位。

第十九条 选案部门对案源信息采取计算机分析、人工分析、人机结合分析等方法进行筛选，发现有税收违法嫌疑的，应当确定为待查对象。

待查对象确定后，选案部门填制《税务稽查立案审批表》，附有关资料，经稽查局局长批准后立案检查。

税务局相关部门移交的税收违法信息，稽查局经筛选未立案检查的，应当及时告知移交信息的部门；移交信息的部门仍然认为需要立案检查的，经所属税务局领导批准后，由稽查局立案检查。

对上级税务机关指定和税收专项检查安排的检查对象，应当立案检查。

第二十条 经批准立案检查的，由选案部门制作《税务稽查任务通知书》，连同有关资料一并移交检查部门。

选案部门应当建立案件管理台账，跟踪案件查处进展情况，并及时报告稽查局局长。

第四节 检 查

第二十一条 检查部门接到《税务稽查任务通知书》后，应当及时安排人员实施检查。

检查人员实施检查前，应当查阅被查对象纳税档案，了解被查对象的生产经营情况、所属行业特点、财务会计制度、财务会计处理办法和会计核算软件，熟悉相关税收政策，确定相应的检查方法。

第二十二条 检查前，应当告知被查对象检查时间、需要准备的资料等，但预先通知有碍检查的除外。

检查应当由两名以上检查人员共同实施，并向被查对象出示税务检查证和《税务检查通知书》。

国家税务局稽查局、地方税务局稽查局联合检查的，应当出示各自的税务检查证和《税务检查通知书》。

检查应当自实施检查之日起 60 日内完成；确需延长检查时间的，应当经稽查局局长批准。

第二十三条 实施检查时，依照法定权限和程序，可以采取实地检查、调取账簿资料、询问、查询存款账户或者储蓄存款、异地协查等方法。

对采用电子信息系统进行管理和核算的被查对象，可以要求其打开该电子信息系统，或者提供与原始电子数据、电子信息系统技术资料一致的复制件。被查对象拒不打开或者拒不提供的，经稽查局局长批准，可以采用适当的技术手段对该电子信息系统进行直接检查，或者提取、复制电子数据进行检查，但所采用的技术手段不得破坏该电子信息系统原始电子数据，或者影响该电子信息系统正常运行。

第二十四条 实施检查时，应当依照法定权限和程序，收集能够证明案件事实的证据材料。收集的证据材料应当真实，并与所证明的事项相关联。

调查取证时，不得违反法定程序收集证据材料；不得以偷拍、偷录、窃听等手段获取侵害他人合法权益的证据材料；不得以利诱、欺诈、胁迫、暴力等不正当手段获取证据材料。

第二十五条 调取账簿、记账凭证、报表和其他有关资料时，应当向被查对象出具《调取账簿资料通知书》，并填写《调取账簿资料清单》交其核对后签章确认。

调取纳税人、扣缴义务人以前会计年度的账簿、记账凭证、报表和其他有关资料的，应当经所属税务局局长批准，并在 3 个月内完整退还；调取纳税人、扣缴义务人当年的账簿、记账凭证、报表和其他有关资料的，应当经所属设区的市、自治州以上税务局局长批准，并在 30 日内退还。

第二十六条 需要提取证据材料原件的，应当向当事人出具《提取证据专用收据》，由当事人核对后签章确认。对需要归还的证据材料原件，检查结束后应当及时归还，并履行相关签收手续。需要将已开具的发票调出查验时，应当向被查验的单位或者个人开具

《发票换票证》；需要将空白发票调出查验时，应当向被查验的单位或者个人开具《调验空白发票收据》，经查无问题的，应当及时退还。

提取证据材料复制件的，应当由原件保存单位或者个人在复制件上注明"与原件核对无误，原件存于我处"，并由提供人签章。

第二十七条　询问应当由两名以上检查人员实施。除在被查对象生产、经营场所询问外，应当向被询问人送达《询问通知书》。

询问时应当告知被询问人如实回答问题。询问笔录应当交被询问人核对或者向其宣读；询问笔录有修改的，应当由被询问人在改动处捺指印；核对无误后，由被询问人在尾页结束处写明"以上笔录我看过（或者向我宣读过），与我说的相符"，并逐页签章、捺指印。被询问人拒绝在询问笔录上签章、捺指印的，检查人员应当在笔录上注明。

第二十八条　当事人、证人可以采取书面或者口头方式陈述或者提供证言。当事人、证人口头陈述或者提供证言的，检查人员可以笔录、录音、录像。笔录应当使用能够长期保持字迹的书写工具书写，也可使用计算机记录并打印，陈述或者证言应当由陈述人或者证人逐页签章、捺指印。

当事人、证人口头提出变更陈述或者证言的，检查人员应当就变更部分重新制作笔录，注明原因，由当事人、证人逐页签章、捺指印。当事人、证人变更书面陈述或者证言的，不退回原件。

第二十九条　制作录音、录像等视听资料的，应当注明制作方法、制作时间、制作人和证明对象等内容。

调取视听资料时，应当调取有关资料的原始载体；难以调取原始载体的，可以调取复制件，但应当说明复制方法、人员、时间和原件存放处等事项。

对声音资料，应当附有该声音内容的文字记录；对图像资料，应当附有必要的文字说明。

第三十条　以电子数据的内容证明案件事实的，应当要求当事人将电子数据打印成纸质资料，在纸质资料上注明数据出处、打印场所，注明"与电子数据核对无误"，并由当事人签章。

需要以有形载体形式固定电子数据的，应当与提供电子数据的个人、单位的法定代表人或者财务负责人一起将电子数据复制到存储介质上并封存，同时在封存包装物上注明制作方法、制作时间、制作人、文件格式及长度等，注明"与原始载体记载的电子数据核对无误"，并由电子数据提供人签章。

第三十一条　检查人员实地调查取证时，可以制作现场笔录、勘验笔录，对实地检查情况予以记录或者说明。

制作现场笔录、勘验笔录，应当载明时间、地点和事件等内容，并由检查人员签名和当事人签章。

当事人拒绝在现场笔录、勘验笔录上签章的，检查人员应当在笔录上注明原因；如有其他人员在场，可以由其签章证明。

第三十二条　需要异地调查取证的，可以发函委托相关稽查局调查取证；必要时可以派人参与受托地稽查局的调查取证。

受托地稽查局应当根据协查请求，依照法定权限和程序调查；对取得的证据材料，应当连同相关文书一并作为协查案卷立卷存档；同时根据委托地稽查局协查函委托的事项，将相关证据材料及文书复制，注明"与原件核对无误"，注明原件存放处，并加盖本单位印章后一并移交委托地稽查局。

需要取得境外资料的，稽查局可以提请国际税收管理部门依照税收协定情报交换程序获取，或者通过我国驻外机构收集有关信息。

第三十三条 查询从事生产、经营的纳税人、扣缴义务人存款账户的，应当经所属税务局局长批准，凭《检查存款账户许可证明》向相关银行或者其他金融机构查询。

查询案件涉嫌人员储蓄存款的，应当经所属设区的市、自治州以上税务局局长批准，凭《检查存款账户许可证明》向相关银行或者其他金融机构查询。

第三十四条 检查从事生产、经营的纳税人以前纳税期的纳税情况时，发现纳税人有逃避纳税义务行为，并有明显的转移、隐匿其应纳税的商品、货物以及其他财产或者应纳税收入迹象的，经所属税务局局长批准，可以依法采取税收保全措施。

第三十五条 稽查局采取税收保全措施时，应当向纳税人送达《税收保全措施决定书》，告知其采取税收保全措施的内容、理由及依据，并依法告知其申请行政复议和提起行政诉讼的权利。

采取冻结纳税人在开户银行或者其他金融机构的存款措施时，应当向纳税人开户银行或者其他金融机构送达《冻结存款通知书》，冻结其相当于应纳税款的存款。

采取查封商品、货物或者其他财产措施时，应当填写《查封商品、货物或者其他财产清单》，由纳税人核对后签章；采取扣押纳税人商品、货物或者其他财产措施时，应当出具《扣押商品、货物或者其他财产专用收据》，由纳税人核对后签章。

采取查封、扣押有产权证件的动产或者不动产措施时，应当依法向有关单位送达《税务协助执行通知书》，通知其在查封、扣押期间不再办理该动产或者不动产的过户手续。

第三十六条 有下列情形之一的，稽查局应当依法及时解除税收保全措施：

（一）纳税人已按履行期限缴纳税款的；

（二）税收保全措施被复议机关决定撤销的；

（三）税收保全措施被人民法院裁决撤销的；

（四）其他法定应当解除税收保全措施的。

第三十七条 解除税收保全措施时，应当向纳税人送达《解除税收保全措施通知书》，告知其解除税收保全措施的时间、内容和依据，并通知其在限定时间内办理解除税收保全措施的有关事宜：

（一）采取冻结存款措施的，应当向冻结存款的纳税人开户银行或者其他金融机构送达《解除冻结存款通知书》，解除冻结。

（二）采取查封商品、货物或者其他财产措施的，应当解除查封并收回《查封商品、货物或者其他财产清单》。

（三）采取扣押商品、货物或者其他财产的，应当予以返还并收回《扣押商品、货物或者其他财产专用收据》。

税收保全措施涉及协助执行单位的，应当向协助执行单位送达《税务协助执行通知书》，通知解除税收保全措施相关事项。

第三十八条 采取税收保全措施的期限一般不得超过 6 个月；查处重大税收违法案件中，有下列情形之一，需要延长税收保全期限的，应当逐级报请国家税务总局批准：

（一）案情复杂，在税收保全期限内确实难以查明案件事实的；

（二）被查对象转移、隐匿、销毁账簿、记账凭证或者其他证据材料的；

（三）被查对象拒不提供相关情况或者以其他方式拒绝、阻挠检查的；

（四）解除税收保全措施可能使纳税人转移、隐匿、损毁或者违法处置财产，从而导致税款无法追缴的。

第三十九条 被查对象有下列情形之一的，依照《税收征管法》和《税收征管法细则》有关逃避、拒绝或者以其他方式阻挠税务检查的规定处理：

（一）提供虚假资料，不如实反映情况，或者拒绝提供有关资料的；

（二）拒绝或者阻止检查人员记录、录音、录像、照相、复制与税收违法案件有关资料的；

（三）在检查期间转移、隐匿、损毁、丢弃有关资料的；

（四）其他不依法接受税务检查行为的。

第四十条 检查过程中，检查人员应当制作《税务稽查工作底稿》，记录案件事实，归集相关证据材料，并签字、注明日期。

第四十一条 检查结束前，检查人员可以将发现的税收违法事实和依据告知被查对象；必要时，可以向被查对象发出《税务事项通知书》，要求其在限期内书面说明，并提供有关资料；被查对象口头说明的，检查人员应当制作笔录，由当事人签章。

第四十二条 检查结束时，应当根据《税务稽查工作底稿》及有关资料，制作《税务稽查报告》，由检查部门负责人审核。

经检查发现有税收违法事实的，《税务稽查报告》应当包括以下主要内容：

（一）案件来源；

（二）被查对象基本情况；

（三）检查时间和检查所属期间；

（四）检查方式、方法以及检查过程中采取的措施；

（五）查明的税收违法事实及性质、手段；

（六）被查对象是否有拒绝、阻挠检查的情形；

（七）被查对象对调查事实的意见；

（八）税务处理、处罚建议及依据；

（九）其他应当说明的事项；

（十）检查人员签名和报告时间。

经检查没有发现税收违法事实的，应当在《税务稽查报告》中说明检查内容、过程、事实情况。

第四十三条 检查完毕，检查部门应当将《税务稽查报告》《税务稽查工作底稿》及相关证据材料，在 5 个工作日内移交审理部门审理，并办理交接手续。

第四十四条　有下列情形之一，致使检查暂时无法进行的，检查部门可以填制《税收违法案件中止检查审批表》，附相关证据材料，经稽查局局长批准后，中止检查：

（一）当事人被有关机关依法限制人身自由的；

（二）账簿、记账凭证及有关资料被其他国家机关依法调取且尚未归还的；

（三）法律、行政法规或者国家税务总局规定的其他可以中止检查的。

中止检查的情形消失后，应当及时填制《税收违法案件解除中止检查审批表》，经稽查局局长批准后，恢复检查。

第四十五条　有下列情形之一，致使检查确实无法进行的，检查部门可以填制《税收违法案件终结检查审批表》，附相关证据材料，移交审理部门审核，经稽查局局长批准后，终结检查：

（一）被查对象死亡或者被依法宣告死亡或者依法注销，且无财产可抵缴税款或者无法定税收义务承担主体的；

（二）被查对象税收违法行为均已超过法定追究期限的；

（三）法律、行政法规或者国家税务总局规定的其他可以终结检查的。

第五节　审　　理

第四十六条　审理部门接到检查部门移交的《税务稽查报告》及有关资料后，应当及时安排人员进行审理。

审理人员应当依据法律、行政法规、规章及其他规范性文件，对检查部门移交的《税务稽查报告》及相关材料进行逐项审核，提出书面审理意见，由审理部门负责人审核。

案情复杂的，稽查局应当集体审理；案情重大的，稽查局应当依照国家税务总局有关规定报请所属税务局集体审理。

第四十七条　对《税务稽查报告》及有关资料，审理人员应当着重审核以下内容：

（一）被查对象是否准确；

（二）税收违法事实是否清楚、证据是否充分、数据是否准确、资料是否齐全；

（三）适用法律、行政法规、规章及其他规范性文件是否适当，定性是否正确；

（四）是否符合法定程序；

（五）是否超越或者滥用职权；·

（六）税务处理、处罚建议是否适当；

（七）其他应当审核确认的事项或者问题。

第四十八条　有下列情形之一的，审理部门可以将《税务稽查报告》及有关资料退回检查部门补正或者补充调查：

（一）被查对象认定错误的；

（二）税收违法事实不清、证据不足的；

（三）不符合法定程序的；

（四）税务文书不规范、不完整的；

（五）其他需要退回补正或者补充调查的。

第四十九条 《税务稽查报告》认定的税收违法事实清楚、证据充分，但适用法律、行政法规、规章及其他规范性文件错误，或者提出的税务处理、处罚建议错误或者不当的，审理部门应当另行提出税务处理、处罚意见。

第五十条 审理部门接到检查部门移交的《税务稽查报告》及有关资料后，应当在15日内提出审理意见。但下列时间不计算在内：

（一）检查人员补充调查的时间；

（二）向上级机关请示或者向相关部门征询政策问题的时间。

案情复杂确需延长审理时限的，经稽查局局长批准，可以适当延长。

第五十一条 拟对被查对象或者其他涉税当事人作出税务行政处罚的，向其送达《税务行政处罚事项告知书》，告知其依法享有陈述、申辩及要求听证的权利。《税务行政处罚事项告知书》应当包括以下内容：

（一）认定的税收违法事实和性质；

（二）适用的法律、行政法规、规章及其他规范性文件；

（三）拟作出的税务行政处罚；

（四）当事人依法享有的权利；

（五）告知书的文号、制作日期、税务机关名称及印章；

（六）其他相关事项。

第五十二条 对被查对象或者其他涉税当事人的陈述、申辩意见，审理人员应当认真对待，提出判断意见。

对当事人口头陈述、申辩意见，审理人员应当制作《陈述申辩笔录》，如实记录，由陈述人、申辩人签章。

第五十三条 被查对象或者其他涉税当事人要求听证的，应当依法组织听证。听证主持人由审理人员担任。

听证依照国家税务总局有关规定执行。

第五十四条 审理完毕，审理人员应当制作《税务稽查审理报告》，由审理部门负责人审核。《税务稽查审理报告》应当包括以下主要内容：

（一）审理基本情况；

（二）检查人员查明的事实及相关证据；

（三）被查对象或者其他涉税当事人的陈述、申辩情况；

（四）经审理认定的事实及相关证据；

（五）税务处理、处罚意见及依据；

（六）审理人员、审理日期。

第五十五条 审理部门区分下列情形分别作出处理：

（一）认为有税收违法行为，应当进行税务处理的，拟制《税务处理决定书》；

（二）认为有税收违法行为，应当进行税务行政处罚的，拟制《税务行政处罚决定书》；

（三）认为税收违法行为轻微，依法可以不予税务行政处罚的，拟制《不予税务行政处罚决定书》；

（四）认为没有税收违法行为的，拟制《税务稽查结论》。

《税务处理决定书》《税务行政处罚决定书》《不予税务行政处罚决定书》《税务稽查结论》引用的法律、行政法规、规章及其他规范性文件，应当注明文件全称、文号和有关条款。

《税务处理决定书》《税务行政处罚决定书》《不予税务行政处罚决定书》《税务稽查结论》经稽查局局长或者所属税务局领导批准后由执行部门送达执行。

第五十六条 《税务处理决定书》应当包括以下主要内容：

（一）被查对象姓名或者名称及地址；

（二）检查范围和内容；

（三）税收违法事实及所属期间；

（四）处理决定及依据；

（五）税款金额、缴纳期限及地点；

（六）税款滞纳时间、滞纳金计算方法、缴纳期限及地点；

（七）告知被查对象不按期履行处理决定应当承担的责任；

（八）申请行政复议或者提起行政诉讼的途径和期限；

（九）处理决定的文号、制作日期、税务机关名称及印章。

第五十七条 《税务行政处罚决定书》应当包括以下主要内容：

（一）被查对象或者其他涉税当事人姓名或者名称及地址；

（二）检查范围和内容；

（三）税收违法事实及所属期间；

（四）行政处罚种类和依据；

（五）行政处罚履行方式、期限和地点；

（六）告知当事人不按期履行行政处罚决定应当承担的责任；

（七）申请行政复议或者提起行政诉讼的途径和期限；

（八）行政处罚决定的文号、制作日期、税务机关名称及印章。

第五十八条 《不予税务行政处罚决定书》应当包括以下主要内容：

（一）被查对象或者其他涉税当事人姓名或者名称及地址；

（二）检查范围和内容；

（三）税收违法事实及所属期间；

（四）不予税务行政处罚的理由及依据；

（五）申请行政复议或者提起行政诉讼的途径和期限；

（六）不予行政处罚决定的文号、制作日期、税务机关名称及印章。

第五十九条 《税务稽查结论》应当包括以下主要内容：

（一）被查对象姓名或者名称及地址；

（二）检查范围和内容；

（三）检查时间和检查所属期间；

（四）检查结论；

（五）结论的文号、制作日期、税务机关名称及印章。

第六十条 税收违法行为涉嫌犯罪的，填制《涉嫌犯罪案件移送书》，经所属税务局局长批准后，依法移送公安机关，并附送以下资料：

（一）《涉嫌犯罪案件情况的调查报告》；

（二）《税务处理决定书》《税务行政处罚决定书》的复制件；

（三）涉嫌犯罪的主要证据材料复制件；

（四）补缴应纳税款、缴纳滞纳金、已受行政处罚情况明细表及凭据复制件。

第六节 执 行

第六十一条 执行部门接到《税务处理决定书》《税务行政处罚决定书》《不予税务行政处罚决定书》《税务稽查结论》等税务文书后，应当依法及时将税务文书送达被执行人。

执行部门在送达相关税务文书时，应当及时通过税收征管信息系统将税收违法案件查处情况通报税源管理部门。

第六十二条 被执行人未按照《税务处理决定书》确定的期限缴纳或者解缴税款的，稽查局经所属税务局局长批准，可以依法采取强制执行措施，或者依法申请人民法院强制执行。

第六十三条 经稽查局确认的纳税担保人未按照确定的期限缴纳所担保的税款、滞纳金的，责令其限期缴纳；逾期仍未缴纳的，经所属税务局局长批准，可以依法采取强制执行措施。

第六十四条 被执行人对《税务行政处罚决定书》确定的行政处罚事项，逾期不申请行政复议也不向人民法院起诉、又不履行的，稽查局经所属税务局局长批准，可以依法采取强制执行措施，或者依法申请人民法院强制执行。

第六十五条 稽查局对被执行人采取强制执行措施时，应当向被执行人送达《税收强制执行决定书》，告知其采取强制执行措施的内容、理由及依据，并告知其依法申请行政复议或者提出行政诉讼的权利。

第六十六条 稽查局采取从被执行人开户银行或者其他金融机构的存款中扣缴税款、滞纳金、罚款措施时，应当向被执行人开户银行或者其他金融机构送达《扣缴税收款项通知书》，依法扣缴税款、滞纳金、罚款，并及时将有关完税凭证送交被执行人。

第六十七条 拍卖、变卖被执行人商品、货物或者其他财产，以拍卖、变卖所得抵缴税款、滞纳金、罚款的，在拍卖、变卖前应当依法进行查封、扣押。

稽查局拍卖、变卖被执行人商品、货物或者其他财产前，应当拟制《拍卖/变卖抵税财物决定书》，经所属税务局局长批准后送达被执行人，予以拍卖或者变卖。

拍卖或者变卖实现后，应当在结算并收取价款后 3 个工作日内，办理税款、滞纳金、罚款的入库手续，并拟制《拍卖/变卖结果通知书》，附《拍卖/变卖扣押、查封的商品、货物或者其他财产清单》，经稽查局局长审核后，送达被执行人。

以拍卖或者变卖所得抵缴税款、滞纳金、罚款和拍卖、变卖费用后，尚有剩余的财产或者无法进行拍卖、变卖的财产的，应当拟制《返还商品、货物或者其他财产通知书》，附《返还商品、货物或者其他财产清单》，送达被执行人，并自办理税款、滞纳金、罚款入库手续之日起 3 个工作日内退还被执行人。

第六十八条　被执行人在限期内缴清税款、滞纳金、罚款或者稽查局依法采取强制执行措施追缴税款、滞纳金、罚款后，执行部门应当制作《税务稽查执行报告》，记明执行过程、结果、采取的执行措施以及使用的税务文书等内容，由执行人员签名并注明日期，连同执行环节的其他税务文书、资料一并移交审理部门整理归档。

第六十九条　执行过程中发现涉嫌犯罪的，执行部门应当及时将执行情况通知审理部门，并提出向公安机关移送的建议。

对执行部门的移送建议，审理部门依照本规程第六十条处理。

第七十条　执行过程中发现有下列情形之一的，由执行部门填制《税收违法案件中止执行审批表》，附有关证据材料，经稽查局局长批准后，中止执行：

（一）被执行人死亡或者被依法宣告死亡，尚未确定可执行财产的；

（二）被执行人进入破产清算程序尚未终结的；

（三）可执行财产被司法机关或者其他国家机关依法查封、扣押、冻结，致使执行暂时无法进行的。

（四）法律、行政法规和国家税务总局规定其他可以中止执行的。

中止执行情形消失后，应当及时填制《税收违法案件解除中止执行审批表》，经稽查局局长批准后，恢复执行。

第七十一条　被执行人确实没有财产抵缴税款或者依照破产清算程序确实无法清缴税款，或者有其他法定终结执行情形的，稽查局可以填制《税收违法案件终结执行审批表》，依照国家税务总局规定权限和程序，经税务局相关部门审核并报所属税务局局长批准后，终结执行。

第七节　案卷管理

第七十二条　《税务处理决定书》《税务行政处罚决定书》《不予行政处罚决定书》《税务稽查结论》执行完毕，或者依照本规程第四十五条进行终结检查或者依照第七十一条终结执行的，审理部门应当在 60 日内收集稽查各环节与案件有关的全部资料，整理成税务稽查案卷，归档保管。

第七十三条　税务稽查案卷应当按照被查对象分别立卷，统一编号，做到一案一卷、目录清晰、资料齐全、分类规范、装订整齐。

税务稽查案卷分别立为正卷和副卷。正卷主要列入各类证据材料、税务文书等可以对外公开的稽查材料；副卷主要列入检举及奖励材料、案件讨论记录、法定秘密材料等不宜对外公开的稽查材料。如无不宜公开的内容，可以不立副卷。副卷作为密卷管理。

第七十四条　税务稽查案卷材料应当按照以下规则组合排列：

（一）案卷内材料原则上按照实际稽查程序依次排列；

（二）证据材料可以按照材料所反映的问题等特征分类，每类证据主要证据材料排列在前，旁证材料排列在后；

（三）其他材料按照材料形成的时间顺序，并结合材料的重要程度进行排列。

税务稽查案卷内每份或者每组材料的排列规则是：正件在前，附件在后；重要材料在前，其他材料在后；汇总性材料在前，基础性材料在后。

第七十五条 税务稽查案卷按照以下情况确定保管期限：

（一）偷税、逃避追缴欠税、骗税、抗税案件，以及涉嫌犯罪案件，案卷保管期限为永久；

（二）一般行政处罚的税收违法案件，案卷保管期限为 30 年；

（三）前两项规定以外的其他税收违法案件，案卷保管期限为 10 年。

第七十六条 查阅或者借阅税务稽查案卷，应当按照档案管理规定办理手续。

税务机关人员需要查阅或者借阅税务稽查案卷的，应当经稽查局局长批准；税务机关以外人员需要查阅的，应当经稽查局所属税务局领导批准。

查阅税务稽查案卷应当在档案室进行。借阅税务稽查案卷，应当按照规定的时限完整归还。

未经稽查局局长或者所属税务局领导批准，查阅或者借阅税务稽查案卷的单位和个人，不得摘抄、复制案卷内容和材料。

第七十七条 税务稽查案卷应当在立卷次年 6 月 30 日前移交所属税务局档案管理部门保管；稽查局与所属税务局异址办公的，可以适当延迟移交，但延迟时间最多不超过 2 年。

第八节 附 则

第七十八条 本规程相关税务文书的式样，由国家税务总局规定。

第七十九条 本规程所称签章，区分以下情况确定：

（一）属于法人或者其他组织的，由相关人员签名，加盖单位印章并注明日期；

（二）属于个人的，由个人签名并注明日期。

本规程所称以上、日内，包括本数。

第八十条 本规程自 2010 年 1 月 1 日起执行。国家税务总局 1995 年 12 月 1 日印发的《税务稽查工作规程》同时废止。

附录二　会计资料式样（部分）

资产负债表

编制单位：某公司　　　　　　　2009 年 12 月 31 日　　　　　　　单位：元

资　　　产	期末余额	年初余额	负债和所有者权益	期末余额	年初余额
流动资产：			流动负债：		
货币资金			短期借款		
以公允价值计量且其变动计入当期损益的金融资产			以公允价值计量且其变动计入当期损益的金融负债		
应收票据			应付票据		
应收账款			应付账款		
预付账款			预收账款		
应收利息			应付职工薪酬		
应收股利			应交税费		
其他应收款			应付利息		
存货			应付股利		
划分为持有待售的资产			其他应付款		
一年内到期的非流动资产			划分为持有待售的负债		
其他流动资产			一年内到期的非流动负债		
流动资产合计			其他流动负债		
非流动资产：			流动负债合计		
可供出售金融资产			非流动负债：		
持有至到期投资			长期借款		
长期应收款			应付债券		
长期股权投资			长期应付款		
投资性房地产			专项应付款		
固定资产			预计负债		
在建工程			递延收益		
工程物资			递延所得税负债		
固定资产清理			其他非流动负债		
生产性生物资产			非流动负债合计		

续表

资　　产	期末余额	年初余额	负债和所有者权益	期末余额	年初余额
油气资产			负债合计		
无形资产			所有者权益(或股东权益)：		
开发支出			实收资本（或股本）		
商誉			资本公积		
长期待摊费用			减：库存股		
递延所得税资产			其他综合收益		
其他非流动资产			盈余公积		
非流动资产合计			未分配利润		
			所有权权益（或股东权益）合计		
资产总计			负债和所有者权益总计		

利　润　表

编制单位：某公司　　　　　　　　　　　　　2009 年　　　　　　　　　　单位：元

项　　目	本期金额	上期金额（略）
一、营业收入		
减：营业成本		
营业税金及附加		
销售费用		
管理费用		
财务费用		
资产减值损失		
加：公允价值变动收益（损失以"-"号填列)		
投资收益（损失以"-"号填列）		
其中：对联营企业和合营企业的投资收益		
其他收益		
二、营业利润（亏损以"-"号填列)		
加：营业外收入		
其中：非流动资产处置利得		
减：营业外支出		
其中：非流动资产处置损失		
三、利润总额（亏损以"-"号填列)		

续表

项　　目	本期金额	上期金额（略）
减：所得税费用		
四、净利润（净亏损以"-"号填列）		
五、每股收益：		
（一）以后不能重分类进损益的其他综合收益		
1. 重新计量设定受益计划净负债或净资产的变动		
2. 权益法下在被投资单位不能重分类进损益的其他综合收益中享有的份额		
……		
（二）以后将重分类进损益的其他综合收益		
1. 权益法下在被投资单位以后将重分类进损益的其他综合收益中享有的份额		
2. 可供出售金融资产公允价值变动损益		
3. 持有至到期投资重分类为可供出售金融资产损益		
4. 现金流量套期损益的有效部分		
5. 外币财务报表折算差额		
……		
六、综合收益总额		
七、每股收益		
（一）基本每股收益		
（二）稀释每股收益		

主营业务收支明细表

编制单位：某化妆品有限公司　　　　　　　　　　2009 年　　　　　　　　　单位：万元

项　　目	行次	主营业务收入	主营业务成本	主营业务税金及附加	主营业务利润
一、产品销售收入：					
1.	1	38 850	25 623	7 293	5 934
2.	2				
3.	3				
4.	4				
5.	5				
6.	6				
…	…				

续表

项　　目	行次	主营业务收入	主营业务成本	主营业务税金及附加	主营业务利润
二、其他业务：					
1.	21	150	112.5	1.5	36
2.	22				
3.	23				
……	…				
合计					

现金日记账

第　　页

年		凭证号码		对方科目	摘要	收入	付出	结余
月	日	现收	现付					

现金收入日记账

第　　页

年		收款凭证		摘要	贷方科目			收入合计	支出合计	余额
月	日	字	号							

记　账　凭　证

2009 年 10 月 1 日　　　　　　　　　　　　凭证编号 1

摘要	借方科目		贷方科目		金　　额										记账
	总账科目	明细科目	总账科目	明细科目	千	百	十	万	千	百	十	元	角	分	
销货	应收账款	某百货公司	其他应收款	某百货公司		1	7	5	5	0	0	0	0	0	√
			银行存款						4	5	0	0	0	0	√
合计						¥	1	8	0	0	0	0	0	0	

附单据　4　张

会计主管：葛某　　　　　复核：关某　　　　　出纳：孙某　　　　　制单：王某

主营业务收入　明细分类账

户名：××企业　　　　　　　　　　　　　　　　　　第34页

2009年		凭证号	摘要	借方									贷方									借或贷	金额								
月	日			百	十	万	千	百	十	元	角	分	百	十	万	千	百	十	元	角	分		百	十	万	千	百	十	元	角	分
11	7	19	销售			7	5	0	0	0	0	0										贷			7	5	0	0	0	0	0
12	25	278	销售												7	5	0	0	0	0	0	平									

228

第 4 页

材料采购　　明细分类账

户名：脂肪醇

2009年		凭证号	摘要	借　方									贷　方									借或贷	余　额								
月	日			百	十	万	千	百	十	元	角	分	百	十	万	千	百	十	元	角	分		百	十	万	千	百	十	元	角	分
10	2	6	购料		7	5	0	0	0	0	0	0																			
10	2	7	入库											7	5	0	0	0	0	0	0	平									
11	4	6	购料		3	9	0	0	0	0	0	0																			
11	4	7	入库											3	9	0	0	0	0	0	0	平									
11	4	6	购料		3	9	0	0	0	0	0	0																			
11	4	7	入库											3	9	0	0	0	0	0	0	平									
12	4	14	购料		8	5	0	0	0	0	0	0																			
12	4	15	入库											8	5	0	0	0	0	0	0	平									

明细分类账

应收账款

第27页

户名：某百货公司

2009年		凭证号	摘要	借方									贷方									借或贷	金额								
月	日			百	十	万	千	百	十	元	角	分	百	十	万	千	百	十	元	角	分		百	十	万	千	百	十	元	角	分
10	1	1	销货		1	8	0	0	0	0	0	0																			
10	28	256	回款											1	8	0	0	0	0	0	0	平									0

明细分类账

其他业务收入

户名：专利 A

2009年		凭证号	摘要	借方									贷方									借或贷	金额								
月	日			百	十	万	千	百	十	元	角	分	百	十	万	千	百	十	元	角	分		百	十	万	千	百	十	元	角	分
11	7	19	转让专利			7	5	0	0	0	0	0										贷			7	5	0	0	0	0	0
12	25	278	转让专利												7	5	0	0	0	0	0	平									

| 委邮 | **某银行托收承付结算凭证**（回单联）**1** 第 169 号 |

托收号码：×××××××

委托日期：2009 年 10 月 1 日

<table>
<tr><td rowspan="3">收款人</td><td>全称</td><td colspan="2">某化妆品有限公司</td><td rowspan="3">付款人</td><td>全称</td><td>某百货公司</td></tr>
<tr><td>账号</td><td colspan="2">×××××–×</td><td>账号或地址</td><td>某市动大街 15 号</td></tr>
<tr><td>开户银行</td><td>某银行江平办</td><td>行号 ××××</td><td>开户银行</td><td>某银行福州东大办</td></tr>
</table>

托收金额	人民币（大写）壹拾捌万元整	千	百	十	万	千	百	十	元	角	分
			¥	1	8	0	0	0	0	0	0

附　件		商品发运情况	合同名称号码
附寄单证张数或册数	4	已发	×××××××

备注：	款项收妥日期		
	10 月 28 日收到	收款人开户行盖章	10 月 1 日

单位主管：张某　　　会计：葛某　　　复核：关某　　　记账：王某

××增值税专用发票

此联不做报销、扣税凭证使用

No 23166576

开票日期：2009 年 10 月 1 日

<table>
<tr><td rowspan="4">购货单位</td><td>名称：某百货公司</td><td rowspan="4">密码区</td><td rowspan="4">略</td></tr>
<tr><td>纳税人识别号：××××××××××××××</td></tr>
<tr><td>地址、电话：某市东大街 15 号</td></tr>
<tr><td>开户行及账号：某银行东大办×××××–×</td></tr>
</table>

货物或应税劳务名称	规格型号	单位	数量	单价（元）	金额（元）	税率	税额（元）
××洗发水	BS100	箱	10	15 000	150 000.00	17%	25 500.00

价税合计（大写）	壹拾柒万伍仟伍佰元整	（小写）　¥175 500.00

<table>
<tr><td rowspan="4">销货单位</td><td>名称：某化妆品有限公司</td><td rowspan="4">备注</td></tr>
<tr><td>纳税人识别号：××××××××××××××</td></tr>
<tr><td>地址、电话：某市东吴中路 10 号</td></tr>
<tr><td>开户行及账号：某银行江平办×××××–×</td></tr>
</table>

收款人：孙某　　　复核：关某　　　开票人：王某　　　销货单位：（章）

第四联：记账联　销货方记账凭证

某市工商业统一发票　　　　　　　　　　No 3324458

开票日期：2009 年 11 月 5 日　　　　　　　　　　某国税（2009）A

购货单位	名　称	某百货公司			销货单位	名　称	某化妆品有限公司							
	税务登记号	××××××××××××				税务登记号	××××××××××××							

编号	货物或应税劳务	计量单位	数量	单价（元）	金　额（含税）								
					千	十	万	千	百	十	元	角	分
	××洗发水	箱	10	15 000	1	7	5	5	0	0	0	0	0
合计（大写）	壹拾柒万伍仟伍佰元整				¥	1	7	5	5	0	0	0	0

第三联：记账联

收款：孙某　　　　　　　经办：王某　　　　　　　收款单位：（盖章）

产 品 出 库 单

2009 年 11 月 20 日

品名	发出		单价（元）	金　额								
	单位	数量		百	十	万	千	百	十	元	角	分
××洗发水	箱	8	7 500			6	0	0	0	0	0	0

仓库保管员：张某　　　　　　　领取人：王某

第三联：收据

某银行转账支票存根

支票号码：ⅣⅣ3035169

科　　目：

对方科目：

签发日期：2009 年 10 月 1 日

收款单位名称：某站货运处
金额：¥4 500.00 元
用途或预算科目：代垫运费
- -
备注：

单位主管：张某　　　　会计：葛某　　　　复核：关某　　　　记账：王某

原 材 料　验 收 入 库 单

类别：1　　　编号：101　　　2009 年 10 月 2 日　　　　　　　　　　　　第 297 号

名称	规格	计量单位	数量	单价（元）	总 价							
					十	万	千	百	十	元	角	分
脂肪醇	一级	公斤	200	3 000	6	0	0	0	0	0	0	0

负责人	张某	仓库负责人	李某	入库负责人	张某	记账	刘某	备注	

第三联：财会

工 作 通 知 单

编号：156

生产车间：机工　姓名：赵某　　　　　　　　　　　　　　　　　　设备名称：铣床

生产小组：2　工号：126　　　　　2009 年 2 月 6 日　　　　　　　　设备编号：212

产品型号或订单号	零件名称	零件编号	工序名称	工序编号	工作等级	计量单位	单位定额工时（分）	生产任务	
								数量	定额工时
5658	齿轮	99	铣	18	5	只	25	14	5：50

任务完成情况			交验结果								
开工时间	完工时间	实用工时	交验数量	合格品数量	定额工时	返修数量	工废数量	废料数量	短缺数量	检验员	通知单号
月 日 时 分	月 日 时 分										
2 6 8 0	2 6 13 50	5：20	14	12	5：00	1		1		黄某	21

计 件 工 资				备注：
计件单价	合格品工薪	废品工薪	工薪合计	
1.50	18.00	1.50	19.50	

领 料 单

车间别：基本生产一车间　　　　　2009 年 10 月 11 日　　　　　　原字　第　201 号

贷方科目	原材料		借方科目	生产成本	
用途	生产		明细科目	××洗发水	
材料名称	规格	计量单位	明细数量	实发数量	计划单价（元）	金额（元）
脂肪醇	一级	公斤	150	150	3 000	450 000

厂长：张某　财务：葛某　发料单位负责人：李某　发料人：于某　领料单位负责人：辛某　领料人：韩某

第二联：财会

工薪结算汇总表
2009 年 1 月 31 日

单位：元

车间或部门	职工类别	应发计时工薪	计件工薪	工薪性津贴和补贴		奖金	应发工薪	非工薪性津贴		代扣款项		实发工薪
				中夜班津贴	食品补贴			车贴	房贴	宿舍租金	储蓄	
基本生产车间	生产工人	21 000.00	31 500.00	1 500.00	6 000.00	11 500.00	71 500.00	2 500.00	366.00	200.00	1 250.00	72 916.00
修理车间	管理人员	2 400.00			250.00	460.00	3 110.00	110.00	14.00	20.00	60.00	3 154.00
	全部人员	2 800.00			300.00	560.00	3 660.00	140.00	17.00	30.00	80.00	3 707.00
销售部门	销售人员	1 800.00			200.00	350.00	2 350.00	90.00	11.00	10.00	50.00	2 391.00
行政管理部门	管理人员	4 850.00			450.00	990.00	6 290.00	270.00	36.00	50.00	150.00	6 396.00
医务部门	医务人员	920.00			100.00	180.00	1 200.00	40.00	6.00		20.00	1 226.00
合计		33 770.00	31 500.00	1 500.00	7 300.00	14 040.00	88 110.00	3 150.00	450.00	310.00	1 610.00	89 790.00

工薪费用分配表

2009 年 1 月 31 日

应借账户		成本或费用项目	直接计入工薪费用（元）	间接计入工薪费用			工薪费用合计（元）
				生产工时	分配率	分配金额（元）	
基本生产成本	A产品	工薪及福利费	18 000.00	7 500	3.2	24 000.00	42 000.00
	B产品	工薪及福利费	13 500.00	5 000	3.2	16 000.00	29 500.00
	小计		12 500			40 000.00	71 500.00
辅助生产成本	修理车间	工薪及福利费	3 660.00				3 660.00
制造费用		工薪	3 110.00				3 110.00
产品销售费用		销售机构经费	2 350.00				2 350.00
管理费用		公司经费	6 290.00				6 290.00
应付福利费			1 200.00				1 200.00
合计			48 110.00			40 000.00	88 110.00

材料费用分配汇总表（按实际成本计价）

2009 年 1 月 31 日

金额单位：元

应借账户		成本（费用）项目	直接计入	定额消耗量	分配计入 分配率	分配计入 分配金额	合计
基本生产成本	A产品	原材料	56 448	18 000	2.842	51 156	107 604
	B产品	原材料	31 458	9 000	2.842	25 578	57 036
	小计		87 906	27 000		76 734	164 640
辅助生产成本	供电车间	原材料	5 488				5 488
	供水车间	原材料	3 430				3 430
	小计		8 918				8 918
制造费用		机物料消耗	5 151				5 151
产品销售费用		销售机构经费	1 717				1 717
管理费用		公司经费	2 929				2 929
合计			106 621			76 734	183 355

制造费用分配表

车间：基本生产车间　　　　　　　　　　2009 年 1 月　　　　　　　　　　单位：元

应借账户	生产工人工时	分配率	分配金额
基本生产成本——A 产品	5 540	3.50	19 390
基本生产成本——B 产品	2 860	3.50	10 010
合计	8 400	3.50	29 400

产品成本计算表

产品名称：A 产品　　　　　　　　　　2009 年 1 月 31 日　　　　　　　　　　产量：300 件

成本项目	月初在产品成本（元）	本月生产费用（元）	生产费用合计（元）	费用分配率	完工产品成本		月末在产品成本	
					定额（元）	实际成本（元）	定额（元）	实际成本（元）
（1）	（2）	（3）	（4）=（2）+（3）	（5）=$\frac{(4)}{(6)+(8)}$	（6）	（7）=（6）×（5）	（8）	（9）=（8）×（5）
原材料	17 250.00	68 600.00	85 850.00	1.01	51 000	51 510.00	34 000	34 340.00
燃料及动力	2 062.00	5 270.00	7 332.00	0.78	6 600	5 148.00	2 800	2 184.00
工薪及福利费	20 298.00	48 040.00	68 338.00	7.27	6 600	47 982.00	2 800	20 356.00
制造费用	8 820.00	21 072.00	29 892.00	3.18	6 600	20 988.00	2 800	8 904.00
废品损失		3 300.00	3 300.00			3 300.00		
合计	48 430.00	146 282.00	194 712.00	—		128 928.00	—	65 784.00

产品成本计算表

产品名称：B 产品　　　　　　　　　　2009 年 1 月 31 日　　　　　　　　　　产量：400 件

成本项目	月初在产品成本（元）	本月生产费用（元）	生产费用合计（元）	费用分配率	完工产品成本		月末在产品成本	
					定额（元）	实际成本（元）	定额（元）	实际成本（元）
（1）	（2）	（3）	（4）=（2）+（3）	（5）=$\frac{(4)}{(6)+(8)}$	（6）	（7）=（6）×（5）	（8）	（9）=（8）×（5）
原材料	11 280.00	51 600.00	62 880.00	104.80	400	41 920.00	200	20 960.00
燃料及动力	664.00	3 600.00	4 264.00	8.20	400	3 280.00	120	984.00
工薪及福利费	5 960.00	328 320.00	38 792.00	74.60	400	29 840.00	120	8 952.00
制造费用	2 604.00	14 400.00	17 004.00	32.70	400	13 080.00	120	3 924.00
废品损失	—	320.00	320.00	0.80	400	320.00	—	—
合计	20 508.00	102 752.00	123 260.00	—	—	88 440.00	—	34 820.00

产品单位成本计算表

单位：元

产品名称	产量	成本	原材料	燃料及动力	工薪及福利费	制造费用	废品损失	合计
A 产品	300 件	总成本	51 510.00	5 148.00	47 982.00	20 988.00	3 300.00	128 928.00
		单位成本	171.70	17.16	159.94	69.96	11.00	429.76
B 产品	400 件	总成本	41 920.00	3 280.00	29 840.00	13 080.00	320.00	88 440.00
		单位成本	104.80	8.20	74.60	32.70	0.80	221.10

坏账损失申请单

2009 年 10 月 20 日   No 20021

总账科目	往来户名称	金额（元）	欠账期限	报损原因
应收账款	某百货公司	75 000	10 年	①欠账时间过长 ②由于发洪水单位下落不明
主管部门批示同意核销			单位领导批示同意核销 张某	

会计主管：葛某   复核：关某   制单：王某

某银行进账单（收账通知） 3

2009 年 11 月 3 日   第 265 号

付款人	全称	某商场	收款人	全称	某化妆品有限公司
	账号	×××××-×		账号或地址	×××××-×
	开户银行	某银行东关办		开户银行	某银行江平办

人民币（大写）	壹拾柒万伍仟伍佰元整	千	百	十	万	千	百	十	元	角	分
			¥	1	7	5	5	0	0	0	0

票据种类	转账支票	
票据张数	1	收款人开户行盖章
单位主管：张某 会计：葛某 复核：关某 记账：王某		

此联是收款人开户银行交给收款人的收账通知

239

某银行信汇凭证（收账通知） **4**

第 号

应汇编号码：

委托日期：2009 年 10 月 7 日

<table>
<tr>
<td rowspan="3">收款人</td>
<td>全称</td>
<td colspan="3">某化妆品有限公司</td>
<td rowspan="3">付款人</td>
<td colspan="2">全 称</td>
<td colspan="3">某日化二厂</td>
</tr>
<tr>
<td>账号</td>
<td colspan="3">×××××-×</td>
<td colspan="2">账号或地址</td>
<td colspan="3">×××××-×</td>
</tr>
<tr>
<td>汇入地点</td>
<td>某市</td>
<td>汇入行名称</td>
<td>某银行江平办</td>
<td>汇出地点</td>
<td colspan="2">某市</td>
<td>汇出行名称</td>
<td colspan="2">某银行海河办</td>
</tr>
<tr>
<td colspan="2">托收金额</td>
<td colspan="3">人民币（大写）柒万伍仟元整</td>
<td>千</td>
<td>百</td>
<td>十</td>
<td>万</td>
<td>千</td>
<td>百</td>
<td>十</td>
<td>元</td>
<td>角</td>
<td>分</td>
</tr>
<tr>
<td colspan="5"></td>
<td></td>
<td></td>
<td>¥</td>
<td>7</td>
<td>5</td>
<td>0</td>
<td>0</td>
<td>0</td>
<td>0</td>
<td>0</td>
</tr>
<tr>
<td colspan="6">汇款用途：购专利技术</td>
<td colspan="9">留行待取预留
收款人印鉴</td>
</tr>
<tr>
<td colspan="3">上列款项已代进账，如有错误，请持此联来行面洽。

汇入行盖章
2009 年 11 月 7 日</td>
<td colspan="3">上列款项已照收无误。

收款人盖章
年 月 日</td>
<td colspan="9">科目（付）
对方科目（收）
汇入行解汇日期

年 月 日
复核 出纳 记账</td>
</tr>
</table>

此联是给收款人的收账通知或代取款收据

委邮 **委托银行收款** 结算凭证（回单联） **1** 第 968 号

委托号码：9802467

委托日期：2009 年 12 月 2 日

<table>
<tr>
<td rowspan="3">收款人</td>
<td>全称</td>
<td colspan="3">某化妆品有限公司</td>
<td rowspan="3">付款人</td>
<td colspan="2">全称</td>
<td colspan="3">某商厦</td>
</tr>
<tr>
<td>账号</td>
<td colspan="3">×××××-×</td>
<td colspan="2">账号或地址</td>
<td colspan="3">×××××-×</td>
</tr>
<tr>
<td>开户银行</td>
<td>某银行江平办</td>
<td>行号</td>
<td>××××</td>
<td colspan="2">开户银行</td>
<td colspan="3">某银行沪同里办</td>
</tr>
<tr>
<td colspan="2">委托金额</td>
<td colspan="3">人民币（大写）捌拾捌万零伍佰元整</td>
<td>千</td>
<td>百</td>
<td>十</td>
<td>万</td>
<td>千</td>
<td>百</td>
<td>十</td>
<td>元</td>
<td>角</td>
<td>分</td>
</tr>
<tr>
<td colspan="5"></td>
<td></td>
<td>¥</td>
<td>8</td>
<td>8</td>
<td>0</td>
<td>5</td>
<td>0</td>
<td>0</td>
<td>0</td>
<td>0</td>
</tr>
<tr>
<td colspan="2">款项内容</td>
<td colspan="2">销货款，代垫运费</td>
<td>委托收款凭据名称</td>
<td colspan="2">销货发票，运费单</td>
<td>附寄单证张数</td>
<td colspan="4">3</td>
</tr>
<tr>
<td colspan="2">备注：</td>
<td colspan="3">款项收妥日期</td>
<td colspan="6">收款人开户行盖章 12 月 2 日</td>
</tr>
</table>

单位主管：张某 会计：葛某 复核：关某 记账：王某
此联是收款单位开户银行给收款单位的回单

中华人民共和国

税 收 缴 款 书 地（2002）　　　　　　　某地税缴 646514 号

隶属关系：地方　经济类型：国有　填发日期：2009 年 12 月 30 日　征收机关：某市地税局

缴款单位	代码	××××	预算科目	工商税收
	全称	某化妆品有限公司	款项	企业所得税
	开户银行	工商银行江平办	级次	市级
	账号	×××××-×	收缴国库	市国库

税款所属时期 2008 年　　月　　日　　　　税款限缴日期　2009 年 4 月 30 日

品目名称	课税数量	计税金额或销售收入（元）	税率或单位税额	已缴或扣除额（元）	实缴税额									
					千	百	十	万	千	百	十	元	角	分
企业所得税		188 088	2‰			1	8	0	8	8	0	0		
加收滞纳金						1	2	0	0	0	0	0		
金额合计	（大写）叁拾万零捌仟零捌拾捌元整				¥	3	0	8	0	8	8	0	0	

缴款单位（人）（盖章）　经办人（章）	税务机关（盖章）　填票人（章）	上列款项已收妥并划转收款单位账户 国库（银行）盖章　　　年　月　日	备注：

无银行收讫章无效

第一联（收据）国库（经收处）收款盖章后退缴款单位（人）作完税凭证

缴款单位所属行业　化工

某银行现金收入传票

（贷）＿＿＿＿＿＿＿＿　　　年　月　日　　　　　　总字第　　　号

（借）库存现金＿＿＿＿＿＿＿　　　　　　　　　　　　字第　　　号

户名或账号	摘要	金　　额										
		亿	千	百	十	万	千	百	十	元	角	分
合　　计												

会计　　　　　　出纳　　　　　　　复核　　　　　　记账

某银行现金付出传票

（借）＿＿＿＿＿＿＿＿＿　　　　　年　月　日　　　　　　　　总字第　号

（贷）库存现金＿＿＿＿＿　　　　　　　　　　　　　　　　　字第　号

户名或账号	摘要	金　额										
		亿	千	百	十	万	千	百	十	元	角	分
合　计												

会计　　　　　　出纳　　　　　　　复核　　　　　　记账

某银行转账借方传票

总字第　号

字第　号

科目（借）	年月日	对方科目		（贷）								
户名或账号	摘要	金　额										
		亿	千	百	十	万	千	百	十	元	角	分

会计　　　　　　复核　　　　　　记账

某银行转账贷方传票

总字第　号

字第　号

科目（贷）	年月日	对方科目		（借）								
户名或账号	摘要	金　额										
		亿	千	百	十	万	千	百	十	元	角	分

会计　　　　　　复核　　　　　　记账

某银行特种转账借方传票

年　月　日

付款人	全称		收款人	全称										
	账号			账号或地址										
	开户银行	行号		开户银行				行号						
金额	人民币（大写）			千	百	十	万	千	百	十	元	角	分	

原凭证金额	赔偿金	科目（借）
原凭证名称	号码	对方科目（贷）
转账原因	银行盖章	会计　　　　复核　　　　记账

某银行特种转账贷方传票

年　月　日

付款人	全称		收款人	全称										
	账号			账号或地址										
	开户银行	行号		开户银行				行号						
金额	人民币（大写）			千	百	十	万	千	百	十	元	角	分	

原凭证金额	赔偿金	科目（借）
原凭证名称	号码	对方科目（贷）
转账原因	银行盖章	会计　　　　复核　　　　记账

某银行外汇买卖借方传票

年　　月　　日

总字第　　号
字第　　号

（借）外汇买卖

外币金额												牌价	人民币金额												
百	十	亿	千	百	十	万	千	百	十	元	角	分		百	十	亿	千	百	十	万	千	百	十	元	角	分
摘要													会计 复核 记账 制票											

某银行外汇买卖贷方传票

年　　月　　日

总字第　　号
字第　　号

（贷）外汇买卖

外币金额												牌价	人民币金额												
百	十	亿	千	百	十	万	千	百	十	元	角	分		百	十	亿	千	百	十	万	千	百	十	元	角	分
摘要													会计 复核 记账 制票											

某银行表外科目付出传票

年　　月　　日

总字第　　号
字第　　号

户名	摘要	表外科目代号	金额										
			亿	千	百	十	万	千	百	十	元	角	分

会计　　　　日记账　　　　复核　　　　记账　　　保管　　　经手

某银行表外科目收入传票

年　月　日

总字第　号
字第　号

科目_____

户名	摘要	表外科目代号	金　额										
			亿	千	百	十	万	千	百	十	元	角	分

会计　　日记账　　复核　　记账　保管　经手

附录三 纳税申报资料式样（部分）

增值税纳税申报表（主表）

项　目		栏次	一般货物及劳务		即征即退货物及劳务	
			本月数	本年累计	本月数	本年累计
销售额	（一）按适用税率征税货物及劳务销售额	1				
	其中：应税货物销售额	2				
	应税劳务销售额	3				
	纳税检查调整的销售额	4				
	（二）按简易征收办法征税货物销售额	5				
	其中：纳税检查调整的销售额	6				
	（三）免、抵、退办法出口货物销售额	7			—	—
	（四）免税销售额	8			—	—
	其中：免税货物销售额	9			—	—
	免税劳务销售额	10			—	—
税款计算	销项税额	11				
	进项税额	12				
	上期留抵税额	13			—	—
	进项税额转出	14				
	免、抵、退应退税额	15			—	—
	按适用税率计算的纳税检查应补缴税额	16				
	应抵扣税额合计	$17 = 12 + 13 - 14 - 15 + 16$			—	—
	实际抵扣税额	18（如 17 < 11，则为 17，否则为 11）				
	应纳税额	$19 = 11 - 18$				

项　　目		栏次	一般货物及劳务		即征即退货物及劳务	
			本月数	本年累计	本月数	本年累计
税款计算	期末留抵税额	20＝17－18			—	—
	简易征收办法计算的应纳税额	21				
	按简易征收办法计算的纳税检查应补缴税额	22			—	—
	应纳税额减征额	23				
	应纳税额合计	24＝19＋21－23				
税款缴纳	期初未缴税额（多缴为负数）	25				
	实收出口开具专用缴款书退税额	26			—	—
	本期已缴税额	27＝28＋29＋30＋31				
	①分次预缴税额	28			—	—
	②出口开具专用缴款书预缴税额	29			—	—
	③本期缴纳上期应纳税额	30				
	④本期缴纳欠缴税额	31				
	期末未缴税额（多缴为负数）	32＝24＋25＋26－27				
	其中：欠缴税额（≥0）	33＝25＋26－27			—	—
	本期应补（退）税额	34＝24－28－29			—	—
	即征即退实际退税额	35		—		
	期初未缴查补税额	36				
	本期入库查补税额	37			—	—
	期末未缴查补税额	38＝16＋22＋36－37			—	—

本期销售情况明细表

一、按适用税率征收增值税货物及劳务的销售额和销项税额明细

项目	栏次	应税货物 16%税率			应税货物 10%税率			应税劳务			小计		
		份数	销售额	销项税额	份数	销售额	销项税额	份数	销售额	销项税额	份数	销售额	销项税额
防伪税控系统开具的增值税专用发票	1												
非防伪税控系统开具的增值税专用发票	2												
开具普通发票	3												
未开具发票	4	—			—			—			—		
小计	5=1+2+3+4	—			—			—			—		
纳税检查调整	6	—			—			—			—		
合计	7=5+6	—			—			—			—		

二、简易征收办法征收增值税货物的销售额和应纳税额明细

项目	栏次	5%征收率			3%征收率			小计	
		份数	销售额	应纳税额	份数	销售额	应纳税额	销售额	应纳税额
防伪税控系统开具的增值税专用发票	8								
非防伪税控系统开具的增值税专用发票	9								
开具普通发票	10								

续表

项目	栏次	5%征收率			3%征收率			小计		
		份数	销售额	应纳税额	份数	销售额	应纳税额	份数	销售额	应纳税额
未开具发票	11	—			—			—		
小计	12=8+9+10+11	—			—			—		
纳税检查调整	13	—			—			—		
合计	14=12+13	—			—			—		

三、免征增值税货物及劳务销售额明细

项目	栏次	免税货物		免税劳务		小计		
		份数	免税销售额	税额	份数	免税销售额	税额	份数	销售额	税额
防伪税控系统开具的增值税专用发票	15				—		—			
开具普通发票	16		—		—		—	—		
未开具发票	17		—		—		—	—		
合计	18=15+16+17		—		—		—			

249

本期进项税额明细表

一、申报抵扣的进项税额				
项　目	栏次	份数	金额	税额
（一）认证相符的防伪税控增值税专用发票	1			
其中：本期认证相符且本期申报抵扣	2			
前期认证相符且本期申报抵扣	3			
（二）非防伪税控增值税专用发票及其他扣税凭证	4			
其中：16%税率	5			
10%税率	6			
6%扣除率	7			
5%征收率	8			
3%征收率	9			
（三）期初已征税款	10		—	—
当期申报抵扣进项税额合计	11			
二、进项税额转出额			
项　目	栏次	税额	
本期进项税转出额	12		
其中：免税货物用	13		
非应税项目用	14		
非正常损失	15		
按简易征收办法征税货物用	16		
免抵退税办法出口货物不得抵扣进项税额	17		
纳税检查调减进项税额	18		
未经认证已抵扣的进项税额	19		
	20		
三、待抵扣进项税额				
项　目	栏次	份数	金额	税额
（一）认证相符的防伪税控增值税专用发票	21	—	—	—
期初已认证相符但未申报抵扣	22			
本期认证相符且本期未申报抵扣	23			
期末已认证相符但未申报抵扣	24			
其中：按照税法规定不允许抵扣	25			
（二）非防伪税控增值税专用发票及其他扣税凭证	26			

续表

项　　目	栏次	份数	金额	税额
其中：16%税率	27			
10%税率	28			
6%税率	29			
5%征收率	30			
3%征收率	31			
	32			
四、其他				
项　　目	栏次	份数	金额	税额
本期认证相符的全部防伪税控增值税专用发票	33			
期初已征税款挂账额	34	—	—	
期初已征税款余额	35	—	—	
代扣代缴税额	36	—	—	

防伪税控增值税专用发票申报抵扣明细表

类别	序号	发票代码	发票号码	开票日期	金额	税额	销货方纳税人识别号	认证日期	备注
本期认证相符且本期申报抵扣									
	小计	—	—	—			—	—	—

类别	序号	发票代码	发票号码	开票日期	金额	税额	销货方纳税人识别号	认证日期	备注
前期认证相符且本期申报抵扣									
	小计	—	—	—			—	—	—
	合计	—	—	—			—	—	—

防伪税控增值税专用发票存根联明细表

序号	发票代码	发票号码	开票日期	购货方纳税人识别号	金额	税额	作废标志
合计	—	—	—	—			—

增值税运输发票抵扣清单

金额单位：元至角分

纳税人名称				纳税人识别号：						
序号	发票种类	发票号码	开票日期	运输单位名称	运输单位纳税人识别号	运输单位主管地方税务局名称	运输单位主管地方税务局代码	运费金额	允许计算抵扣的运费金额	计算抵扣的进项税额
一	铁路运输	—	—	—	—	—	—			
二	航空运输	—	—	—	—	—	—			
三	管道运输	—	—	—	—	—	—			
四	海洋运输	—	—	—	—	—	—			
五	公路运输	1									
		2									
		3									
		4									
		5									
		6									
		7									
		小计	—	—	—	—	—	—			
六	内河运输	1									
		2									
		3									
		4									
		5									
		6									
		7									
		小计	—	—	—	—	—	—			
合计			—	—	—	—	—	—			

说明：铁路运输、航空运输、管道运输、海洋运输栏填写汇总数，公路运输和内河运输按发票分别填写。

253

开具红字增值税专用发票申请单 NO.

销售方	名称		购买方	名称	
	税务登记代码			税务登记代码	

开具红字专用发票内容	货物（劳务）名称	单价	数量	金额	税额
	合计				

说明	对应蓝字专用发票抵扣增值税销项税额情况： 　　已抵扣□ 　　未抵扣□ 　　　　纳税人识别号认证不符□ 　　　　专用发票代码、号码认证不符□ 　　　　对应蓝字专用发票密码区内打印的代码：＿＿＿＿ 　　　　　　　　　　　　　　　　　　　号码：＿＿＿＿ 开具红字专用发票理由：

申明：我单位提供的申请单内容真实，否则将承担相关法律责任。

购买方经办人：　　　　　　购买方名称（印章）：＿＿＿＿＿＿＿＿

年　　月　　日

注：本申请单一式两联：第一联，购买方留存；第二联，购买方主管税务机关留存。

开具红字增值税专用发票通知单

<table>
<tr><td rowspan="2">销售方</td><td>名称</td><td></td><td rowspan="2">购买方</td><td>名称</td><td></td></tr>
<tr><td>税务登记代码</td><td></td><td>税务登记代码</td><td></td></tr>
<tr><td rowspan="8">开具
红字
专用
发票
内容</td><td>货物（劳务）
名称</td><td>单价</td><td>数量</td><td>金额</td><td>税额</td></tr>
<tr><td></td><td></td><td></td><td></td><td></td></tr>
<tr><td></td><td></td><td></td><td></td><td></td></tr>
<tr><td></td><td></td><td></td><td></td><td></td></tr>
<tr><td></td><td></td><td></td><td></td><td></td></tr>
<tr><td></td><td></td><td></td><td></td><td></td></tr>
<tr><td></td><td></td><td></td><td></td><td></td></tr>
<tr><td>合计</td><td>—</td><td>—</td><td></td><td></td></tr>
<tr><td>说
明</td><td colspan="5">需要做进项税额转出□
不需要做进项税额转出□
　　　纳税人识别号认证不符□
　　　专用发票代码、号码认证不符□
　　　对应蓝字专用发票密码区内打印的代码：_____
　　　　　　　　　　　号码：_____

开具红字专用发票理由：</td></tr>
</table>

经办人：　　　　负责人：　　　　主管税务机关名称（印章）：_____

注：1. 本通知单一式三联：第一联，购买方主管税务机关留存；第二联，购买方送交销售方留存；第三联，购买方留存。

2. 通知单应与申请单一一对应。

3. 销售方应在开具红字专用发票后到主管税务机关进行核销。

销售货物或者提供应税劳务清单

购买方名称：

销售方名称：

所属增值税专用发票代码： 号码： 共 页 第 页

序号	货物（劳务）名称	规格型号	单位	数量	单价	金额	税率	税额
备注								

填开日期： 年 月 日

注：本清单一式两联：第一联，销售方留存；第二联，销售方送交购买方。

附录四　常见审计、税务稽查术语

一、审计部分

审计（中国式）——财务报表审计的目标是注册会计师通过执行审计工作，对财务报表的下列方面发表审计意见：（一）财务报表是否按照适用的会计准则和相关会计制度的规定编制；（二）财务报表是否在所有重大方面公允反映被审计单位的财务状况、经营成果和现金流量。

财务报表——依据某一财务报告编制基础对被审计单位历史财务信息作出的结构性表述，包括相关附注，旨在反映某一时点的经济资源或义务或者某一时期经济资源或义务的变化。相关附注通常包括重要会计政策概要和其他解释性信息。财务报表通常是指整套财务报表，有时也指单一财务报表。整套财务报表的构成应当根据适用的财务报告编制基础的规定确定。

财务报表审计——注册会计师对财务报表是否不存在重大错报提供合理保证，以积极方式提出意见，增强除管理层之外的预期使用者对财务报表信赖的程度。

审计准则——衡量注册会计师执行财务报表审计业务的权威性标准，涵盖从接受业务委托到出具审计报告的整个过程，注册会计师在执业过程中应当遵守审计准则的要求。《中华人民共和国注册会计师法》第 21 条规定，注册会计师执行审计业务，必须按照执业准则、规则确定的工作程序出具报告。第 35 条规定，中国注册会计师协会依法拟定注册会计师执业准则、规则，报国务院财政部门批准后施行。

认定——是指管理层在财务报表中作出的明确或隐含的表达，注册会计师将其用于考虑可能发生的不同类型的潜在错报。认定与审计目标密切相关，注册会计师的基本职责就是确定被审计单位管理层对其财务报表的认定是否恰当。注册会计师了解了认定，就很容易确定每个项目的具体审计目标。通过考虑可能发生的不同类型的潜在错报，注册会计师运用认定评估风险，并据此设计审计程序以应对评估的风险。

审计风险——是指当财务报表存在重大错报时，注册会计师发表不恰当审计意见的可能性。审计风险是一个与审计过程相关的技术术语，并不是指注册会计师执行业务的法律后果，如因诉讼、宣传或其他与财务报表审计相关的事项而导致损失的可能性。审计风险取决于重大错报风险和检查风险。

重大错报风险——财务报表在审计前存在重大错报的可能性。重大错报风险与被审计单位的风险相关，且独立于财务报表审计而存在。在设计审计程序以确定财务报表整体是否存在重大错报时，注册会计师应当从财务报表层次和各类交易、账户余额和披露认定层次方面考虑重大错报风险。《中国注册会计师审计准则第 1211 号——通过了解被审计单位及其环境识别和评估重大错报风险》对注册会计师如何评估财务报表层次和认定层次的重大错报风险提出了详细的要求。

固有风险——在考虑相关的内部控制之前，某类交易、账户余额或披露的某一认定易于发生错报（该错报单独或连同其他错报可能是重大的）的可能性。

控制风险——某类交易、账户余额或披露的某一认定发生错报，该错报单独或连同其他错报是重大的，但没有被内部控制及时防止或发现并纠正的可能性。控制风险取决于与财务报表编制有关的内部控制的设计和运行的有效性。由于控制的固有局限性，某种程度的控制风险始终存在。

内部控制——是被审计单位为了合理保证财务报告的可靠性、经营的效率和效果以及对法律法规的遵守，由治理层、管理层和其他人员设计和执行的政策和程序。

检查风险——是指某一鉴证对象信息存在错报，该错报单独或连同其他错报是重大的，但注册会计师未能发现这种错报的可能性。

经营失败——是指企业由于经济或经营条件的变化，如经济衰退、不当的管理决策或出现意料之外的行业竞争等，而无法满足投资者的预期。经营失败的极端情况是申请破产。

审计失败——是指注册会计师由于没有遵守审计准则的要求而发表了错误的审计意见。例如，注册会计师可能指派了不合格的助理人员去执行审计任务，未能发现应当发现的财务报表中存在的重大错报。

重要性——是指鉴证对象信息中存在错报的严重程度。重要性取决于在具体环境下对错报金额和性质的判断。如果一项错报单独或连同其他错报可能影响预期使用者依据鉴证对象信息做出的经济决策，则该项错报是重大的。

过失——是指在一定条件下，缺少应具有的合理的谨慎。评价注册会计师的过失，是以其他合格注册会计师在相同条件下可做到的谨慎为标准的。

欺诈——又称舞弊，是以欺骗或坑害他人为目的的一种故意的错误行为。作案具有不良动机是欺诈的重要特征，也是欺诈与普通过失和重大过失的主要区别之一。

推定欺诈——又称涉嫌欺诈，是指虽无故意欺诈或坑害他人的动机，但却存在极端或异常的过失。

财务报表审计的账户法（account approach）——对报表的每个账户余额单独进行审计。

财务报表审计的循环法（cycle approach）——将财务报表分成几大块进行审计，即把紧密联系的交易种类（含事项）和账户余额归入同一块中。

风险评估程序——是指注册会计师实施的了解被审计单位及其环境并识别和评估财务报表重大错报风险的程序。风险评估程序是必要程序。

审计证据——是指注册会计师为了得出审计结论、形成审计意见而使用的所有信息，包括财务报表依据的会计记录中含有的信息和其他信息。

审计的总体目标——在执行财务报表审计工作时，注册会计师的总体目标是：①对财务报表整体是否不存在由于舞弊或错误导致的重大错报获取合理保证，使得注册会计师能够对财务报表是否存在所有重大方面按照适用的财务报告编制基础编制发表审计意见；②

按照审计准则的规定，根据审计结果对财务报表出具审计报告，并与管理层和治理层沟通。在任何情况下，如果不能获取合理保证，并且在审计报告中发表保留意见也不足以实现向预期使用者报告的目的，注册会计师应当按照审计准则的规定出具无法表示意见的审计报告，或者在法律法规允许的情况下终止审计业务或解除业务约定。

审计程序——是指注册会计师在审计过程中的某个时间，对将要获取的某类审计证据如何进行收集的详细指令。在涉及审计程序时，注册会计师通常使用规范的措辞或术语，以使审计人员能够准确理解和执行。例如，注册会计师为了验证 Y 公司应收账款 2016 年 12 月 31 日的存在，取得 Y 公司编制的应收账款明细账，对应收账款进行函证。

审计程序的目的——按审计程序的目的可将注册会计师为获取充分、适当的审计证据而实施的审计程序分为风险评估程序、控制测试（必要时或决定测试时）和实质性程序。

实质性程序——指注册会计师针对评估的重大错报风险实施的直接用以发现认定层次重大错报的审计程序，包括对各类交易、账户余额、列报的细节测试以及实质性分析程序。注册会计师实施的实质性程序应当包括下列与财务报表编制完成阶段相关的审计程序：（1）将财务报表与其所依据的会计分录相核对；（2）检查财务报表编制过程中做出的重大会计分录和其他会计调整。注册会计师对会计分录和其他会计调整检查的性质和范围，取决于被审计单位财务报告过程的性质和复杂程度以及由此产生的重大错报风险。注册会计师对重大错报风险的评估是一种判断，可能无法充分识别所有的重大错报风险，并且由于内部控制存在固有局限性，无论对重大错报风险的评估结果如何，注册会计师都应当针对所有重大的各类交易、账户余额、列报实施实质性程序。

细节测试——对各类交易、账户余额、列报的具体细节进行测试，目的在于直接识别财务报表认定是否存在错报。

审计工作底稿——是指注册会计师对制定的审计计划、实施的审计程序、获取的相关审计证据，以及得出的审计结论做出的记录。审计工作底稿是审计证据的载体，是注册会计师在审计过程中形成的审计工作记录和获取的资料。它形成于审计过程，也反映整个审计过程。

穿行测试——追踪交易在财务报告信息系统中的处理过程，即追踪交易从发生到记账的整个过程。

控制测试——指测试控制运行的有效性。只有存在下列情形之一，控制测试才是必要的：（1）在评估认定层次重大错报风险时，预期控制的运行是有效的，注册会计师应当实施控制测试以支持评估结果；（2）仅实施实质性程序不足以提供认定层次充分、适当的审计证据，注册会计师应当实施控制测试，以获取内部控制运行有效性的审计证据。

抽样风险——指注册会计师根据样本得出的结论，和对总体全部项目实施与样本同样的审计程序得出的结论存在差异的可能性。

信赖过度风险——属于控制测试中的一种风险。即推断的控制有效性高于其实际有效性的风险。该风险与审计的效果有关。如果注册会计师评估的控制有效性高于其实际有效性，从而导致评估的重大错报风险水平偏低，注册会计师可能不适当地减少从实质性程序中获取的证据，因此审计的有效性下降。对于注册会计师而言，信赖过度风险更容易导致注册会计师发表不恰当的审计意见，因而更应予以关注。

信赖不足风险——与信赖过度风险相反。信赖不足风险会降低审计效果。

误受风险——属于实施细节测试中的一种风险。即注册会计师推断某一重大错报不存在而实际上存在的风险。如果账面金额实际上存在重大错报而注册会计师认为其不存在重大错报，注册会计师通常会停止对该账面金额继续进行测试，并根据样本结果得出账面金额无重大错报的结论。与信赖过度风险类似，误受风险影响审计效果，容易导致注册会计师发表不恰当的审计意见，因此注册会计师更应予以关注。

误拒风险——与误受风险相反。误拒风险影响审计效果。

二、税务稽查部分

代开发票——指为与自己没有发生直接购销关系的他人开具发票的行为。此行为是严重的违法行为。对代开专用发票的，一律按票面所列货物的适用税率全额征补税款，并按《税收征收管理法》的规定按偷税给予处罚。对纳税人取得的代开增值税专用发票，不得作为增值税合法抵扣凭证抵扣进项税额。代开发票构成犯罪的，按全国人大常委会发布的《关于惩治虚开、伪造和非法出售增值税专用发票犯罪的决定》处以刑罚。

虚开发票——指在没有任何购销事实的前提下，为他人、为自己或让他人为自己或介绍他人开具发票的行为。此行为是严重的违法行为。对虚开专用发票的，一律按票面所列货物的适用税率全额征补税款，并按《税收征收管理法》的规定按偷税给予处罚。对纳税人取得的虚开增值税专用发票，不得作为增值税合法抵扣凭证抵扣进项税额。虚开发票构成犯罪的，按全国人大常委会发布的《关于惩治虚开、伪造和非法出售增值税专用发票犯罪的决定》处以刑罚。

大头小尾发票——开具发票方，在开具手写发票时，所开具的发票的正式发票联数额大，而存根联数额小的一种现象。根据《税收征收管理法》的规定，纳税人开具大头小尾发票，隐匿经营收入，造成不缴或少缴税款的，属于偷税行为。

主要参考文献

[1] 陈玉琢，叶美萍．税务检查综合案例与模拟查账 [M]．北京：中国税务出版社，2003．

[2] 陈筠．税务稽查典型案例评析 [M]．北京：法律出版社，2016．

[3] 丁元霖．成本会计 [M]．上海：立信会计出版社，2017．

[4] 蓝敏．税务稽查应对与维权 [M]．北京：机械工业出版社，2014．

[5] 沈中立．税务检查技术 [M]．北京：中国税务出版社，1999．

[6] 税务稽查案例编写组．税务稽查案例精选 [M]．北京：中国市场出版社，2016．

[7] 孙瑞标．税务稽查审计型检查工作底稿指引 [M]．北京：中国税务出版社，2011．

[8] 唐登山．税务稽查学 [M]．武汉：武汉大学出版社，2010．

[9] 王平武，朱青．税务稽查操作实务（国税分册） [M]．北京：中国税务出版社，2000．

[10] 王素荣．税务会计与税收筹划（第2版）[M]．北京：机械工业出版社，2009．

[11] 翟继光．营业税改增值税的税务稽查与查账 [M]．上海：立信会计出版社，2016．

[12] 翟继光．营业税改增值税政策解析与纳税筹划 [M]．上海：立信会计出版社，2016．

[13] 张捷．税务稽查案例精选 [M]．北京：中国税务出版社，2015．

[14] 张文璋，米红．实用现代统计分析方法及 spss 应用 [M]．北京：当代中国出版社，2004．

[15] 中国注册会计师协会．会计 [M]．北京：中国财政经济出版社，2018．

[16] 中国注册会计师协会．财务成本管理 [M]．北京：中国财政经济出版社，2018．

[17] 中国注册会计师协会．审计 [M]．北京：中国财政经济出版社，2018．

[18] 中国注册会计师协会．税法 [M]．北京：中国财政经济出版社，2018．

[19] 中国注册会计师协会．经济法 [M]．北京：中国财政经济出版社，2018．

[20] 中国注册会计师协会．公司战略与风险管理 [M]．北京：中国财政经济出版社，2018．

[21] 周开君，陈子龙，谢金荣．税务检查实务与案例分析（国税分册）[M]．北京：中国税务出版社，2003．

[22] 庄粉荣、王忠汉．税务稽查案例分析与点评 [M]．北京：中国法制出版社，2015．

[23] 柏鹏，唐跃，臧桂芹，汪树强．大数据背景下构建电子税务局的思考 [J]．税务研究，2017（1）．

[24] 蔡登明，许建国．浅析税务机关推进"互联网+税务"的路径选择 [J]．税务研究，

2016（7）.

[25] 蔡伟鸿，郭陈熹. 遗传算法优化 BP 神经网络在纳税评估中的应用 [J]. 汕头大学学报（自然科学版），2008（2）.

[26] 陈昌坤，王由之. 揭开瞒报销售收入之谜——某纺织品公司偷税案查处纪实 [J]. 税收征纳，2007（10）.

[27] 陈丹萍. 信息环境下现代审计技术的探索：实时在线审计 [J]. 审计与经济研究，2005（4）.

[28] 陈刚. 税务稽查取证问题的法律分析 [J]. 科技经济市场，2009（10）.

[29] 陈洪贵. 正确定位纳税评估 [J]. 湖南税务高等专科学校学报，2007（4）.

[30] 陈建浦. 重大税案程序化审理路径选择 [J]. 税收征纳，2009（4）.

[31] 陈仕鸿，张英明. 二分类 Logistic 回归分析在税务稽查中的应用 [J]. 华南金融电脑，2009（6）.

[32] 陈伟. 计算机辅助审计实验教学探析 [J]. 中国管理信息化，2009（1）.

[33] 陈伟，刘思峰，邱广华. 计算机审计中一种基于孤立点检测的数据处理方法 [J]. 商业研究，2006（17）.

[34] 陈伟，张金城，QIU Ro-Bin. 计算机辅助审计技术（CAATs）研究综述 [J]. 计算机科学，2007（10）.

[35] 陈婉玲. 计算机辅助税务稽查的探讨 [J]. 中国会计电算化，2003（3）.

[36] 陈彦云. 如何识别假发票 [J]. 中国乡镇企业会计，2004（9）.

[37] 迟丽华. ERP 环境下的审计技术方法创新 [J]. 中央财经大学学报，2008（6）.

[38] 重庆市国家税务局课题组. 以票控税：基于信息管税的视角 [J]. 税务研究，2012（4）.

[39] 崔景华. 完善企业所得税纳税评估指标体系及峰值分析法的思考 [J]. 扬州大学税务学院学报，2007（3）.

[40] 崔景华，姜福进. "互联网+税务稽查"数据管理系统运行机制研究——基于韩国和美国"互联网+税务稽查"改革实践的探索 [J]. 税务研究，2017（8）.

[41] 大连市国家税务局课题组. 税收征管模式的创新与完善 [J]. 税务研究，2013（2）.

[42] 董根泰. 中美税务审计比较及借鉴 [J]. 涉外税务，2003（5）.

[43] 董蕾，王向东. "管数制"税收征管模式创新研究 [J]. 税务研究，2017（3）.

[44] 方佳雄. 现代税务稽查体系研究 [J]. 涉外税务，2006（3）.

[45] 付树林. 借鉴国外税务审计经验完善我国税务审计制度 [J]. 涉外税务，2007（12）.

[46] 高凡修. 浅析常见的通过隐瞒销售收入偷逃税款的方法和稽查措施 [J]. 商场现代化，2006（9）.

[47] 高勇，耿新伟. 稽查选案系统数学模型简介 [J]. 税务研究，2001（7）.

[48] 贡晓军. 对弈式教学方法在税务稽查教学中的应用 [J]. 理论界，2006（8）.

[49] 郭敏，刘冰. 浅说 ERP 环境下的税务稽查策略 [J]. 财政研究，2006（12）.

[50] 郭焰. 税务稽查证据相关问题研究 [J]. 湖南税务高等专科学校学报，2004（6）.

[51] 郭焰．账外账及其税务稽查方法 [J]．湖南税务高等专科学校学报，2005（6）．

[52] 黄作明，丛秋实．实现远程计算机审计的前提条件 [J]．当代财经，2004（8）．

[53] 洪锋，樊玲．旅游业税收流失与治理 [J]．税收征纳，2007（9）．

[54] 怀宇，德羽，钟玲．本想交出假账 未料抖出真账 [J]．中国税务，2007（11）．

[55] 胡孝伦．对美国税收管理经验的借鉴 [J]．涉外税务，2007（3）．

[56] 蒋丽华．数据挖掘技术在税务稽查中的应用 [J]．税务研究，2007（5）．

[57] 姜涛．涉外企业税务审计中的几个问题 [J]．涉外税务，2007（5）．

[58] 焦艳芳．资产损失和营业外支出的差异分析及纳税调整 [J]．绿色财会，2008（10）．

[59] 金风清．南平市税收征管的问题及对策 [J]．商业经济，2008（16）．

[60] 景志伟．浅谈存货项目的税务稽查 [J]．经济与管理，2007（11）．

[61] 鞠志倩．浅谈税务稽查证据的收集 [J]．辽宁税务高等专科学校学报，2007（1）．

[62] 赖秋平．在涉外税务稽查中如何理解"无保留意见"审计报告 [J]．税务研究，2006（4）．

[63] 雷炳毅．"互联网+税务"要解决的问题与推进思路 [J]．税务研究，2016（5）．

[64] 冷秀华，黄文军．胜任力模型 税务稽查人员素质结构研究的新视角 [J]．扬州大学税务学院学报，2007（9）．

[65] 李从东，陈杰．基于企业逸出信息分析的税务稽查方法 [J]．税务与经济，2005（6）．

[66] 李红云．"账外账"偷税特点及治理对策 [J]．现代商业，2009（3）．

[67] 李进．浅析电子合同的印花税征管 [J]．电子商务，2007（8）．

[68] 李林木．美国国内收入局审计选案系统的发展述评 [J]．税务研究，2004（9）．

[69] 李璆梅．税务稽查学习辅导主要内容 [J]．中国税务，2008（9）．

[70] 李先琴．会计电算化下税务稽查的对策 [J]．湖北经济学院学报（人文社会科学版），2006（4）．

[71] 李晓红，史峰．借鉴韩国实践经验 促进我国税收征管现代化 [J]．税务研究，2016（11）．

[72] 李旭红．"互联网+"背景下的税收管理创新 [J]．税务研究，2016（11）．

[73] 李亚民．关于稽查工作的若干思考 [J]．税务研究，2007（3）．

[74] 梁俊娇．电子商务之税务稽查证据的真实性与合法性 [J]．税务研究，2013（2）．

[75] 刘次邦，李鹏．美国税务稽查法律制度及其启示 [J]．涉外税务，2006（12）．

[76] 刘锋．基层税收执法风险的成因与应对 [J]．税务研究，2017（1）．

[77] 刘合．稽查选案之我见 [J]．辽宁财专学报，2004（4）．

[78] 刘华，阳尧，邱伊莎．国外纳税遵从研究动态 [J]．涉外税务，2008（12）．

[79] 刘嘉怡，王平．十年磨一剑——国家税务总局稽查局 中国税务杂志社税务稽查十年回顾与展望研讨会综述 [J]．中国税务，2007（7）．

[80] 刘京娟．税务稽查委托代理模型 [J]．数学理论与应用，2006（9）．

[81] 刘瑞光，王新．规范中创新提高涉外税务审计绩效 [J]．涉外税务，2004（6）．

［82］刘淑叶. 交叉稽核方法在税务检查中的运用探析［J］. 辽宁税务高等专科学校学报, 2006（10）.

［83］卢晓晨, 屈震, 马泽方, 张帆. 论"互联网+大数据算法"在税收工作中的应用［J］. 税务研究, 2017（2）.

［84］马庆国, 王卫红, 陈健, 黄冠云, 戴和忠. 神经网络在税务稽查选案中的应用研究［J］. 数量经济技术经济研究, 2002（8）.

［85］毛杰. 虚开和取得虚开增值税专用发票行为定性论处的若干法律问题探析［J］. 税务研究, 2008（10）.

［86］欧阳晓娴. "互联网+税务"相关法律制度问题探析［J］. 税务研究, 2017（3）.

［87］潘涛, 张凌. 构建我国税务稽查选案体系的探讨［J］. 税务研究, 2008（8）.

［88］钱俊文. 境内反避税规范执法研究——兼论〈税收征管法〉一般反避税条款的增设［J］. 税务研究, 2017（5）.

［89］邱慈孙. 美国税收管理的特点及启示［J］. 涉外税务, 2006（7）.

［90］屈敏, 韦冬青. 广西国税 2007 年十大涉税违法案件［J］. 当代广西, 2008（10）.

［91］饶戈军. 我国〈涉外税务审计规程〉实施中的问题［J］. 税务研究, 2005（2）.

［92］饶立新. 德国的税收审计［J］. 涉外税务, 2002（8）.

［93］饶立新. 对公司注销后被发现的偷逃税款应如何处理［J］. 涉外税务, 2008（11）.

［94］饶立新, 饶凌乔. 税务稽查证据证明标准初论［J］. 税务研究, 2012（7）.

［95］阮班会. 企业固定资产税务稽查要点［J］. 天津经济, 2005（3）.

［96］邵峰, 蒋震宇, 张海波. 美国税务机关信息管税的经验与启示［J］. 税务研究, 2013（6）.

［97］深圳市国家税务局课题组. 完善网络交易货物和劳务税管理的探索［J］. 税务研究, 2012（5）.

［98］苏强. 纳税评估制度国际比较与借鉴［J］. 财会月刊, 2007（5）.

［99］孙莉. 案例教学法在税务稽查教学中的运用探析［J］. 南通航运职业技术学院学报, 2006（4）.

［100］孙玉洁. 税务稽查信息化建设的思考与应用［J］. 税务研究, 2008（10）.

［101］唐登山. 税务稽查选案方法探析［J］. 税务研究, 2011（4）.

［102］天津市红桥区地方税务局. 关于稽查体制问题的研究［J］. 天津经济, 2009（5）.

［103］王阁兰. 浅谈税务稽查取证工作［J］. 涉外税务, 2008（6）.

［104］王国庆. 浅议会计电算化下的偷税手段与税务稽查对策及建议［J］. 科技信息, 2009（8）.

［105］王宏伟. "互联网+"视角下的税收治理现代化［J］. 税务研究, 2017（3）.

［106］王丽萍. 建立税务稽查选案指标体系的原则和方法［J］. 税务与经济, 2005（5）.

［107］王罗灿. 税收不遵从的识别及其稽查对策研究［J］. 湖南冶金职业技术学院学报, 2007（9）.

［108］王平. 展示税务稽查风采 服务税收事业全局——全国税务稽查工作会议综述［J］. 中国税务, 2009（4）.

[109] 王卫红. 税务稽查选案系统企业所得税判别指标研究 [J]. 科技通报, 2005 (3).

[110] 王文海, 刘古太. 阳光下的"阴影"——金阳光房地产开发公司偷税案查处纪实 [J]. 税收征纳, 2008 (5).

[111] 王晓玲. 增值税常见逃税手法的剖析 [J]. 税收征纳, 2002 (8).

[112] 王煦赫. 偷税类型分析及"定式检查"的实践启示 [J]. 税务研究, 2012 (3).

[113] 王学荣, 张金诚. 网络环境下的实时自动化审计系统 [J]. 审计与经济研究, 2001 (2).

[114] 王跃青. 会计电算化下税务稽查应把握的四个关键环节 [J]. 甘肃税务, 2003 (3).

[115] 魏春田, 周蒙. CTAIS 系统下的执法过错责任追究 [J]. 税收与社会, 2003 (9).

[116] 魏朗, 潘敏虹. 我国税务稽查政策的实证研究 [J]. 暨南学报 (哲学社会科学版), 2005 (6).

[117] 魏雪梅. 实现税收法治的国际经验借鉴 [J]. 税务研究, 2017 (2).

[118] 卫红, 曹阳. 如何发现账外偷税 [J]. 经济研究参考, 2002 (79).

[119] 翁刚德. 规范小规模纳税人及个体双定户纳税对策 [J]. 当代经济, 2006 (12).

[120] 吴彩虹, 刘超群, 全承担. TOPSIS 算法在电子商务税务稽查选案中应用 [J]. 扬州大学税务学院学报, 2007 (9).

[121] 吴恒文, 翁祖萍. 营业外收入偷税处理及账务调整 [J]. 税收与会计, 2002 (8).

[122] 吴鑫涵. 反避税政策的溢出效应及效能系数分析 [J]. 涉外税务, 2008 (9).

[123] 吴璇, 陈颖, 李敏强. 基于神经网络的税务稽查选案方法与应用 [J]. 西安电子科技大学学报 (社会科学版), 2007 (9).

[124] 奚振航. 对 ERP 企业实施有效税源监控的途径 [J]. 税务研究, 2007 (7).

[125] 夏辉, 李仁发. 基于 SVM 与 SOM 的税务稽查选案模型研究 [J]. 科学技术与工程, 2009 (14).

[126] 夏玉辉. 加快"互联网+税收电子档案"建设初探 [J]. 税务研究, 2016 (4).

[127] 谢金荣, 谢金龙. 提升税务稽查效能的理论思考与实践探索 [J]. 扬州大学税务学院学报, 2008 (12).

[128] 谢琦. 如何提高税务稽查质量 [J]. 经济师, 2005 (9).

[129] 新税稽. 一起股东大会决定的缜密偷税案 [J]. 税收征纳, 2008 (7).

[130] 许建国. 纳税评估、日常检查、税务稽查关系的规范 [J]. 税务研究, 2008 (1).

[131] 许升祥, 张国雄, 柯利庆, 闻远. 房地产业税收稽查模式创新——专业化税收稽查 [J]. 税务研究, 2011 (4).

[132] 徐正云. 税收稽查选案中的数据挖掘技术 [J]. 税务研究, 2008 (8).

[133] 杨斌, 徐家尊. 提高企业所得税征管质量和效率的探讨 [J]. 税务与经济, 2008 (2).

[134] 杨丑贵, 毛八仙, 赵成锁. 铁矿行业税收管理存在的问题及建议 [J]. 政府法制, 2007 (24).

[135] 杨国强, 张登彦. 怎样检查"账外账" [J]. 甘肃税务, 2003 (9).

[136] 杨锦成. 案情乱如麻 稽查破迷阵——一起错综复杂的地产偷税案查处纪实 [J]. 税收征纳, 2007 (1).

[137] 杨默如. 国外税务稽查经验及借鉴 [J]. 涉外税务, 2008 (2).

[138] 杨杨, 杜剑. "互联网+"背景下税收合作性遵从实现的路径分析 [J]. 税务研究, 2016 (5).

[139] 尹磊. 企业重组税务稽查方法探析——基于税务稽查流程的"六位一体"递进法 [J]. 税务研究, 2017 (8).

[140] 叶建芳, 侯晓春. 浅议当前税务审计中存在的问题 [J]. 涉外税务, 2008 (2).

[141] 叶建芳, 尤家荣, 宋夏云. 涉外税务审计的现状问题及改进建议 [J]. 税务研究, 2005 (11).

[142] 游钰. 论税务稽查执法与比例原则 [J]. 税务研究, 2009 (9).

[143] 于革新, 孟育军, 王伟. 提高税务稽查质量的思考 [J]. 天津经济, 2008 (6).

[144] 乐琴丽, 陈克应, 龚萍. 低税负的背后——查处湖北解放汽车贸易有限公司偷税案纪实 [J]. 税收征纳, 2002 (10).

[145] 曾祥慧, 刘炳祥. 基于工作流的地税稽查软件模型研究与实现 [J]. 企业家天地下半月刊 (理论版), 2007 (7).

[146] 张国成. 向关联企业供电少计收入, 偷逃增值税 [J]. 科技信息, 2008 (30).

[147] 张洪彬. 国家税务总局曝光10起重大涉税案件 [J]. 中国税务, 2007 (5).

[148] 张金山. 巴西电子发票实践与我国深化税收征管体制改革对策 [J]. 税务研究, 2017 (5).

[149] 张敏敏, 杨慧玲. 浅谈税务稽查的证据收集 [J]. 河南税务, 2003 (18).

[150] 张万江. 浅谈稽查证据 [J]. 天津经济, 2008 (1).

[151] 张晓军. 税务稽查内部控制探究 [J]. 科技经济市场, 2007 (4).

[152] 张玉蓉. 会计电算化环境下的税务稽查 [J]. 信息系统工程, 2008 (6).

[153] 中国社会科学院个人所得税改革方案及征管条件研究课题组. 个人所得税改革方案及征管条件研究 [J]. 税务研究, 2017 (2).

[154] 赵健. 对提高税务稽查办案质量和效率的问题思考 [J]. 乌蒙论坛, 2007 (1).

[155] 赵晶晶. 应交税金的审计程序 [J]. 税务研究, 2002 (12).

[156] 钟晓鸣. 浅谈税务稽查如何适应企业应用财务软件新环境 [J]. 财会月刊, 2008 (26).

[157] 朱安海. 关于税务稽查执法环境的若干思考 [J]. 税务研究, 2008 (9).

[158] 朱宏强. 从明细账异常分录寻找稽查线索 [J]. 税收征纳, 2002 (9).

[159] 朱江涛. 运用"互联网"思维破解出口骗税难题 [J]. 税务研究, 2016 (5).

[160] 朱晓波, 周世杰, 王诚明. 税务稽查中非财务信息的分析与利用 [J]. 税务研究, 2003 (3).

后　记

　　2010 年，我把自己从事"税务稽查"本科教学的心得体会编写了一本由武汉大学出版社出版的《税务稽查学》。时间又过去了 8 年，与《税务稽查学》相关的形势发生了许多变化——税制结构发生了变化（营业税被增值税取代），其他学科发生了变化（比如注册会计师考试科目自 2009 年后新增了《公司战略与风险管理》，该科目对于了解被查单位所处环境及其涉税风险、内部控制的理解都有帮助；注册会计师考试科目之一的《审计》教材的编写也在不断优化）。因此，修订《税务稽查学》有其必要性。

　　中国的涉税从业人员何止百万，涉及征税方、纳税方、涉税中介方、科研方等。税务稽查学在经济与管理类的课程中具有不可替代的作用。理由如下：第一，传播税务稽查知识、培养未来的税务稽查人员是"知识社会"必不可少的一个环节。税收是市场经济社会取得公共收入的主要形式，纳税人良好的税收遵从行为除了需要纳税人的道德自律外，也需要税务稽查人员具有深厚的税务稽查知识提供保障。第二，法治是扩大市场经济半径的有效手段。而税务稽查是税务执法行为的一部分，因此其意义是显著的。第三，尽管注册会计师审计和税务稽查局的稽查有相似的地方，但是亚当·斯密的分工专业化思想仍然是指导两者"竞合"关系的思想源泉，是现代经济学识别和处理收益递增（increasing return）现象的思想源泉之一。注册会计师审计和税务局的税务稽查事业的分工日益专业化，有利于二者相互借鉴、取长补短。

　　新旧教材之间有哪些创新，即"不变中的变"？新教材除了保留原有的谋篇布局外，本人从教学中得出的体会如下：第一，在每个税种的具体稽查活动中，首先强调的是稽查的具体目标——"全不全"（纳税人现实中的交易或事项是否完整地被记录在案）、"在不在"（纳税人记录在案的信息是否属于现实中的交易或事项）、"准不准"（纳税人所记载的信息中涉及的数量、金额、单价等是否准确）、"对不对"（纳税人的会计期间的记录是否及时，是否存在推迟或提前的情况）、"说没说"（纳税人的表达与披露是否恰当），然后寻找稽查手段；第二，本教材将师生教学互动的结果——"学生习作精选"作为专门的一章，一方面展示我们教学上的微小绩效，另一方面为后来者提供借鉴并希望读者提出宝贵意见。

　　"今来海上升高望，不到蓬莱不是仙。"欢迎读者们加入税务稽查的事业中来！

唐登山

2018 年 12 月于武昌珞珈山